DAS KAFFEEHAUS

RICK RODGERS

DAS KAFFEEHAUS

120 KLASSISCHE
REZEPTE & GESCHICHTEN
AUS WIEN, BUDAPEST
UND PRAG

CHRISTIAN VERLAG

Aus dem Englischen übersetzt von Anke Kruppa
Redaktion: Michaela Röhrl, Germering
Korrektur: Christoph Taschner
Umschlaggestaltung: Horst Bätz
Satz: Maren Scherer, Germering

Copyright © 2003 der deutschsprachigen Ausgabe
by Christian Verlag, München
www.christian-verlag.de

Die Originalausgabe mit dem Titel *Kaffeehaus* wurde erstmals 2002
im Verlag Clarkson Potter, einem Imprint der Crown Publishing
Group, Random House, Inc., New York, veröffentlicht.

Copyright © 2002 für den Text: Rick Rodgers
Copyright © 2002 für die Fotos: Kelly Bugden
Design: Skouras Design

Druck und Bindung: Toppan
Printed in China

Alle deutschsprachigen Rechte vorbehalten

ISBN 3-88472-572-6

Hinweis
Alle Informationen und Hinweise, die in diesem Buch enthalten
sind, wurden vom Autor nach bestem Wissen erarbeitet und von
ihm und dem Verlag mit größtmöglicher Sorgfalt überprüft. Unter
Berücksichtigung des Produkthaftungsrechts müssen wir allerdings
darauf hinweisen, dass inhaltliche Fehler oder Auslassungen nicht
völlig auszuschließen sind. Für etwaige fehlerhafte Angaben
können Autor, Verlag und Verlagsmitarbeiter keinerlei
Verpflichtung und Haftung übernehmen.

Korrekturhinweise sind jederzeit willkommen und
werden gerne berücksichtigt.

INHALT

EINFÜHRUNG 11

GRUNDTEIGE & GLASUREN 17

Die k. u. k. Backtradition 18

Warmer Biskuitteig 21
Kalter Biskuitteig 23
Schokoladenbiskuitteig 24
Plunderteig 24

Demel: K. u. K. Hofzuckerbäcker 25

Die Geschichte des Plunderteigs 26

Blätterteig 29
Brandteig 30
Mürbteig 31
Fondantglasur 31
Schokoladenglasur 32
Marillenglasur 32
Schokoladensauce 34
Vanillesauce 34
Schaumobers 35
Schlagobers 35

EINFACHE KUCHEN 37

Die Geschichte des Kaffees 38

Topfentorte 40
Marillenkuchen 42
Marillenflecken 42
Kirsch-Mandel-Schnitten 43
Rehrücken 44

Die Geschichte der Burgtheatertorte 46

Burgtheatertorte 47
Mohnguglhupf 49
Bananenguglhupf 49
Marmorguglhupf 50
Maronischnitten 51
Bischofsbrot 52
Sandkuchen 54
Mohnkuchen 54
Zwetschkenflecken 55
Heidelbeerroulade 56

Café Slavia (Prag) 57

Schoko-Kirsch-Roulade 58

Café Dommayer (Wien) 59

Haselnussroulade mit Mokkacreme 60
Walnusskuchen 62
Dommayerschnitten 63

RAFFINIERTE TORTEN 65

Das klassische Kaffeehaus 67

Linzertorte 68

Die Geschichte der Linzertorte 70

Malakofftorte 70

Punschtorte 72
Sachertorte 74
Leschanz-Sachertorte 75

Die Geschichte der Sachertorte 76

Orangentorte 78
Leschanztorte 79

Die Geschichte der spanischen Windtorte 80

Spanische Windtorte 80
Diostorte 82
Erdbeer-Obers-Torte 83
Panamatorte 85
Himbeer-Joghurt-Torte 86

Die Geschichte der Dobostorte 87

Dobostorte 89
Schokoladen-Kirsch-Torte 90

STRUDEL 93

Strudelteig (Grundteig) 94
Apfelstrudel 96
Kirschstrudel 98
Weintraubenstrudel mit
  Weinchaudeau 98

Der Filoteig 99

Milchrahmstrudel 100
Topfenstrudel 102
Birnenstrudel aus Blätterteig 102

SÜSSES HEFEGEBÄCK 105

Kaffee im Dreivierteltakt 107

Briochestriezel 108
Böhmische Quarktaschen 109
Buchteln 111
Kipferln 112

Die Geschichte der Kipferln 113

Nussschnecken 114

Oberlaa: Die »Sahnediät« 114

Goldene Nockerln 115
Dalmatinische Kolatschen 116

Die Geschichte des Guglhupfs 118

Germguglhupf 119
Germzwetschkenflecken 120

Das Stadthaus-Café (Prag) 120

Christstollen 124
Ungarische Walnussrouladen 126

SCHNITTEN & STÜCKGEBÄCK 129

Zufluchtsort Kaffeehaus 130

Apfel-Mohn-Walnuss-Schnitten 132

Der Tokaier 134

Äpfel im Schlafrock 134
Apfelschnitten 135
Beerenschaumschnitten 137
Ungarische Schokoladencreme-
  schnitten 138

Die Geschichte des Rigó Jancsi 138

Mokka-Eclairs 139
Schokoladen-Bananen-Schnitten 140
Schaumrollen 142

Die Geschichte der Indianerkrapfen 143

Indianerkrapfen 143

Café New York (Budapest) 145

Esterházyschnitten 146

*Die Geschichte der Esterházy-
  schnitten 146*

*Die Geschichte der Gerbeaud-
  schnitten 148*

Gerbeaudschnitten 149
Cremeschnitten mit
  Kaffeeglasur 150
Kardinalschnitten 152
Ungarische Hefeküchlein 154

PLÄTZCHEN & KRAPFEN 157

Ischler Törtchen 158

Kaffeehäuser und Cafés 159

Schokoladenbusserln 161

Kokosbusserln 162

Aida 162

Maronenkartoffeln 163

Linzer Augen 164

Vanillekipferln 165

Pressburger Kipferln 166

Husaren 167

Faschingskrapfen 168

*Die Geschichte der Faschings-
krapfen 170*

Spritzkrapfen 171

PALATSCHINKEN & SÜSSE OMELETTE 173

Wiederaufstieg des Kaffeehauses 174

Palatschinken 176

Gundeler Palatschinken 176

Obstpalatschinken 177

Kaiserschmarren 178

Die Geschichte des Kaiserschmarren 178

Topfenpalatschinken 179

Böhmische Dalkerl 180

Salzburger Nockerln 182

Omelett Stephanie 183

*Die Geschichte des Omelett
Stephanie 183*

SÜSSE KNÖDEL & NUDELN 185

*Mehl oder Zucker?
Heiß oder kalt? 187*

Erdbeerknödel 188

Topfenknödel mit
Zwetschkenröster 190

Mohnnudeln 190

Powidltascherln 191

AUFLÄUFE & PUDDINGS 193

Kipferlkoch 194

Kaffee Wiener Art 195

Schokoladenknödel mit
Schlagobers 196

Reis Trauttmannsdorff 198

*Die Geschichte des Reis
Trauttmannsdorff 199*

Mohr im Hemd 199
Reisauflauf mit Kirschen 201
Weinchaudeau 202
Nusspuddings 203

HEISSE & KALTE GETRÄNKE 205

Maria Theresia 208

Kaffee »Maria Theresia« 208

Kaffee, Tee und Schokolade 210

Rumpunsch 211
Glühwein 211
Gewürztee 211

Heiße Schokolade mit Schlagobers 213
Bowle 213

Kleine Kaffeeauswahl 214

GLOSSAR ÜBER BACKZUTATEN, HILFSMITTEL UND TECHNIKEN 216

KLEINER KAFFEEHAUSFÜHRER 233

DANKSAGUNG 243

REGISTER 244

LITERATURHINWEISE 248

EINFÜHRUNG

Die einstige, glanzvolle k. u. k. Monarchie Österreich-Ungarn ist zwar 1918 untergegangen, in den Hauptstädten des alten Reichs, in Wien, Budapest und Prag, ist aber eine der wunderbarsten und reizvollsten Traditionen aus der k. u. k. Zeit bis heute noch lebendig: die Tradition der Kaffeehäuser.

Das Wiener Kaffeehaus – ebenso wie das Budapester ›kávéház‹ oder das Prager ›kavárna‹ – ist lebendige Geschichte. Johann Strauß' beschwingte Musik etwa, die so untrennbar mit der mitteleuropäischen Kultur verwoben ist, erklang für das verwöhnte Wiener Publikum zum ersten Mal im Café Dommayer. In Budapest hatte die blutige Revolution von 1948 im Café Pilvax ihren Ursprung. Und Vaclav Havel organisierte mit seinen Mitstreitern die Samtene Revolution der Tschechoslowakei bei einer Tasse Mokka im Prager Café Slavia. Die intellektuellen Kreise aller drei Städte fühlten sich in den Kaffeehäusern wie zu Hause und legten nur gelegentlich ihre Schreibfedern beiseite, um die neuesten Entwicklungen in der Literatur, der Kunst oder der Musik zu erörtern. Beim Studieren der Speisekarte begegnen dem aufmerksamen Gast zahlreiche Namen aus Geschichte und Geografie – Malakoff, Sacher, Dobos, Maria Theresia, Linz, Rigó Jancsi, Pozsony oder Pressburg sind nur einige Beispiele.

Nach dem Zweiten Weltkrieg hatten die Kaffeehäuser eine karge Zeit durchzustehen, doch heute ist die Kaffeehauskultur so lebendig wie nie. Bei Spaziergängen durch Wien, Budapest oder Prag – die drei größten Städte der ehemaligen Donaumonarchie – kann man zahllose Cafés entdecken, und jedes hat seine eigene Atmosphäre und seinen ganz persönlichen Stil.

Der wahre Kaffeehausliebhaber lässt sich Zeit beim Kaffeegenuss. Ein schneller Schluck im Vorübergehen ist für ihn undenkbar. Jeder Gast bekommt seinen Kaffee auf einem Metalltablett serviert, auf dem immer auch ein Glas kaltes Wasser steht, das vom Ober von Zeit zu Zeit nachgefüllt wird. Wer einen schnellen Kaffee im Stehen zu sich nehmen will, wird in einem Kaffeehaus nur mitleidige Blicke ernten und sich eher auf die Suche nach einer »neumodischen« Espressobar machen müssen.

Jedes Kaffeehaus serviert seine eigene Auswahl an süßen Köstlichkeiten. Manchmal sind es nur einige ausgewählte Spezialitäten des Hauses, anderswo sieht man sich einer beeindruckend großen Auswahl an raffinierten Torten und Kuchen gegenüber. Die Entscheidung, welches Stück nun wohl das beste wäre, könnte leicht die schwerste des Tages sein. Vielleicht ein großes Stück Sachertorte mit Schlag, oder ein frisch gebackener Apfelstrudel – wahlweise auch Kirsch- oder Quarkstrudel? Oder wie wäre es mit einem Stück Guglhupf, einem Indianerkrapfen mit Schokoglasur, einem würzigen Stück Linzertorte oder einem saftigen Zwetschkenflecken? In den Kuchenvitrinen der Kaffeehäuser gibt es alles, was das Herz begehrt. Erstaunlicherweise haben die typischen Süßspeisen der österreichisch-ungarischen Region nur wenig gemeinsam mit den Meisterwerken der französischen Patisserie, der zweiten großen Hochburg europäischer Backkunst. Beide Backtraditionen sind grundverschieden, haben aber – jede auf ihre Weise – ihre ganz besonderen Reize. Vermutlich haben sogar die Franzosen einige Backgeheimnisse der geschickten Wiener Konditoren in ihre eigene Backkunst übernommen.

Würde man einen Wiener bitten, seine persönliche Ernährungspyramide aufzuzeichnen, stünden die Süßspeisen sicher in einer der Hauptkategorien, denn für ihn sind sie mehr als ein Dessert. Apfelstrudel, Zwetschkenknödel und Sachertorte gehören zu seinem täglichen Leben dazu. Nicht umsonst gibt es in Österreich die Jause, vom tschechischen Wort ›jouzina‹ für Mittagessen, das süße Pendent zur britischen ›teatime‹ am Nachmittag, bei der Kuchen, Torten, Strudel und anderes Gebäck nicht fehlen dürfen.

Ab vier Uhr nachmittags sind Wiens Kaffeehäuser, in denen eigentlich den ganzen Tag über reger Betrieb herrscht, hoffnungslos überfüllt. Während die Briten zur ›teatime‹ auch kleine Sandwiches und andere herzhafte Kleinigkeiten genießen, bevorzugen die Wiener zur Jause am Nachmittag eindeutig allerlei süße Leckereien, eine Gewohnheit, die wohl noch aus früherer Zeit stammt, als man freitags ganz auf Fleisch verzichtete und stattdessen mittags und abends süße Mehlspeisen aß. Die Bevölkerung der Donaumonarchie lebte streng nach den Regeln des katholischen Glaubens, denn die Kirche hatte viel Macht und Einfluss im Staat.

Wenn hier meist von Wien die Rede ist, so hat das mehrere Gründe. Zum einen war Wien die Residenzstadt der Habsburger, die über Österreich, Ungarn und die heutige Slowakei – damals Böhmen und Mähren – regierten. Und so standen auch Budapest und Prag ganz unter dem Einfluss des Wiener Hofs. Die verschiedenen landestypischen Rezepte, süße böhmische Knödel, raffinierte Wiener Torten und ungarische Strudel, waren in allen drei Städten gleichermaßen zu Hause. In Wien fand man jedoch die ganze Bandbreite der süßen Spezialitäten. Auch in Budapest und Prag gibt es eine große Auswahl an Kuchen,

Torten und Gebäck, die allerdings unter kommunistischem Regime als unangebrachter Luxus verpönt waren. Dadurch fehlte vielen Bäckern und Konditoren jahrzehntelang der Anreiz, ihre Kunst weiter zu verfeinern. Inzwischen haben aber viele der traditionsreichen Kaffeehäuser und Konditoreien, wie beispielsweise Gerbeaud in Budapest, ihren alten Glanz aus vorkommunistischer Zeit wiedererlangt. Bei allen Budapester oder Prager Spezialitäten ist – neben der deutschen Übersetzung – auch der ungarische oder tschechische Originalname des Gebäcks angegeben.

Besonders Ende des 19. und Anfang des 20. Jahrhunderts prägten die Geschehnisse am Wiener Hof massiv den internationalen Zeitgeist. Auch wenn Wien auf der heutigen Weltbühne eher eine untergeordnete Rolle spielt, wurden von hier aus einst wichtige internationale Entwicklungen nachhaltig beeinflusst. Sigmund Freud und Alfred Adler beispielsweise praktizierten in Wien als erste Ärzte überhaupt die angewandte Psychoanalyse. Die Streitfrage, ob nun das Unterbewusstsein oder der Superioritätskomplex das bestimmende Element der Psychoanalyse sei, entzweite die beiden allerdings so restlos, dass sie kein Wort mehr miteinander sprachen, selbst wenn sie sich im Café Landtmann zufällig begegneten. Leo Trotzki trank seinen Kaffee im Café Central und spielte dort Schach mit seinen Freunden. Und Hollywood wäre ohne die Filme von Billy Wilder, Otto Preminger und George Cukor um einiges ärmer. Alle drei waren Stammgäste im Central. Die Komponisten Gustav Mahler und Alban Berg revolutionierten die Musik des 20. Jahrhunderts. Der Schriftsteller Theodor Herzl entwickelte in Wien die Idee eines zionistischen Staates. Die Stücke von Hugo von Hofmannsthal, der auch Librettist des Komponisten Richard Strauss war, werden auf großen und kleinen Theaterbühnen rund um die Welt aufgeführt. Die Operetten von Johann Strauß Sohn, Franz Lehar und Oskar Strauß begeisterten das Publikum nicht nur daheim in Wien, sondern auch am Broadway in New York. Alle hier erwähnten Persönlichkeiten fühlten sich in dem einen oder anderen Kaffeehaus in Wien, Budapest oder Prag wie zu Hause.

Nicht jede Lokalität, in der man Kaffee serviert bekommt, darf die Bezeichnung »Kaffeehaus« tragen. Es gibt auf diesem Gebiet einige genau definierte Kategorien von der Espressobar bis zum Kaffee-Restaurant. Als Kaffeehaus wird in aller Regel ein Café bezeichnet, in dem neben den üblichen heißen und kalten Getränken und Süßspeisen auch Zeitungen und Spiele bereitgestellt werden und die Gäste länger verweilen.

Die süße österreichische Küche lässt sich grundsätzlich in zwei Hauptgruppen einteilen. Mehlspeisen sind alle Gerichte, die – wie der Name schon sagt – hauptsächlich mit Mehl gemacht werden, also Kuchen, Torten, Schnitten, Strudel und viele mehr. Süßspeisen dagegen werden mit wenig Mehl gemacht, hier liegt der Schwerpunkt auf dem Zucker. Eis, Cremes und Sahnepuddings gehören in diese Gruppe. Allerdings wird das Wort »Süßspeisen« meist auch als allgemeiner Oberbegriff für alle süßen Gerichte verwendet. Das Buch orientiert sich, von einigen Überschneidungen abgesehen, an der typisch österreichischen Einteilung der Süßspeisen.

Am Anfang stehen Rezepte für Grundteige und Glasuren, weiter geht es dann mit einfachen Rührkuchen und raffinierteren Torten. Anschließend werden die typischen Mehlspeisen vorgestellt: Strudel, Hefegebäck und Plätzchen. Die große Familie der warmen Mehlspeisen wird vertreten durch süße Eierkuchen, Knödel und Nudeln, die besonders in Tschechien beliebt sind. Den Abschluss bilden süße Puddings und typische Kaffeehausgetränke.

Die österreichisch-ungarische Küche liegt mir gewissermaßen im Blut, denn meine Großmutter stammte aus Liechtenstein, dem kleinen Fürstentum zwischen Österreich und der Schweiz. Obwohl Liechtenstein ein unabhängiger Staat ist, wird es doch damals wie heute durch die politischen und kulturellen Geschehnisse im nahegelegenen Wien nachhaltig beeinflusst. Gegründet wurde das Fürstentum 1719, als der österreichische Kaiser die treuen Dienste der Familie Liechtenstein damit entlohnte, dass er ihr die eigenen Lehensgüter schenkte.

Meine Großtanten waren allesamt wunderbare Bäckerinnen, und die Familie ist sich bis heute nicht darüber einig, welche von ihnen in der Küche das bessere Händchen hatte. War es Tante Gisela, Tante Trude oder Tante Erna? Tante Gisela beispielsweise konnte Köstlichkeiten zaubern, die jeden Bäckermeister neidisch gemacht hätten. Zu ihren Spezialitäten gehörten luftige Schaumrollen, hausgemachte Kipferln und ab und zu ein hoher Hefeguglhupf. Dazu wurde immer starker Kaffee mit einem kräftigen Löffel Schlagobers serviert.

Als ich mich entschloss, dieses Buch zu schreiben, hatte ich ursprünglich vorgehabt, auf die Rezeptsammlungen meiner Großtanten zurückzugreifen. Auf meinen vielen kulinarischen Reisen durch Mitteleuropa, wo ich die besten Bäckereien, Konditoreien und Kaffeehäuser kennen lernen durfte, erschloss sich mir jedoch eine völlig neue Welt. Bald war mir klar, dass dies nicht nur eine einfache Rezeptsammlung werden durfte. In meinen zahlreichen Gesprächen mit Bäcker- und Konditormeistern, alten und neuen Freunden merkte ich schnell, dass für sie alle die Geschichte eines bestimmten Rezepts und der Platz, den die süße Köstlichkeit in ihrem Leben einnahm, mindestens genauso wichtig waren wie das Rezept selbst. Bei jedem Kaffeehausbesuch, gleichgültig in welchem Land ich mich befand, spielten sich immer die gleichen Rituale ab, und die stets wiederkehrenden Spezialitäten in den Kuchenvitrinen waren mir bald ebenso vertraut wie die Silbertabletts der Ober. Hier drehte sich alles um Tradition. Warum sollte man auch neumodische Verrücktheiten anbieten, wo doch ein gutes Stück Sachertorte jedem Gast damals wie heute am liebsten ist.

Eines Tages sah ich meinem Freund Walter Leschanz, der sowohl im Café Demel als auch im Café Sacher als Konditor gearbeitet hat, bei der Arbeit zu, und wir sprachen – natürlich – über die große Rolle, die Geschichte und Tradition in der Wiener Küche spielen, denn die meisten Rezepte sind schon einige hundert Jahre alt.

»Wenn man die Flamme niemals ausgehen lässt«, meinte er, »muss man sich auch nicht darum sorgen, die Asche wegzuräumen.« In den Kaffeehäusern jedenfalls brennt die Flamme der Tradition so hell wie eh und je.

Rick Rodgers

FOTOS

FRONTISPIZ Gerbeaud, Budapest.
6   Zeitungen, Café Dommayer, Wien
8   Silberner Tafelaufsatz, Café Dommayer
9   Hauptgastraum, Gerbeaud, Budapest
10 Im Uhrzeigersinn von links: Dobostorte, Schokoladen-Kirsch-Torte, Linzertorte
13 Café Slavia, Prag, mit Teilansicht »Der Absinthtrinker« von Viktor Oliva
16 Im Uhrzeigersinn von links oben: warmer Biskuitboden, Marillenglasur, Schokoladenbiskuitboden
28 K. u. K. Hofzuckerbäckerei Demel, Wien
33 Café im Stadthaus, Budapest
36 Café New York, Budapest, Blick in den Hauptgastraum von der Haupttreppe aus
41 Café Dommayer, Wien
45 Rehrücken
48 Mohnguglhupf
53 Café Imperial, Prag
56 Café Slavia, Prag
61 Nachmittags im Café Dommayer
64 Schokoladen-Kirsch-Torte
69 Linzertorte
72 Nachtschwärmer im Café Hawelka, Wien
76 Original Sacher-Torte, serviert im Hotel Sacher, Wien
84 Erdbeer-Sahne-Torte
88 Dobostorte
92 Warmer Milchrahmstrudel mit Vanillesauce
97 Weintraubenstrudel mit Weinchaudeau
101 Warmer Milchrahmstrudel mit Vanillesauce
103 Café Im KunstHausWien, ein Café im modernen Stil
104 Nussschnecken
107 Café Dommayer
109 Statue zu Ehren Peter Altenbergs, Café Central, Wien
113 Der vordere Salon des Café Demel
117 Dalmatinische Kolatschen
121 Café im Stadthaus, Budapest
122 Konditorei Mellis, Budapest
125 Hauptgastraum des Café im Stadthaus, Prag
128 Ungarische Hefeküchlein
133 Apfelschnitte mit Mohn und Walnüssen
136 Beerenschaumschnitte
141 Schokoladen-Bananen-Schnitte
144 Indianerkrapfen mit Schokoladenglasur
148 Gerbeaudschnitten
153 Kardinalschnitten
156 Pressburger Kipferl
160 Ischler Törtchen
164 Linzer Augen
165 Vanillekipferl
168 Faschingskrapfen im heißen Fett
169 Faschingskrapfen
172 Kaiserschmarren mit Zwetschkenröster
181 Die Straubs, Besitzer des Café Sperl, Wien
184 Erdbeerknödel mit gerösteten Semmelbröseln
186 Die Art-déco-Uhr im Café Slavia
189 Erdbeerknödel mit Erdbeersauce
190 Café Dommayer
192 Reis Trauttmannsdorff
196 Schokoladenknödel mit Schlagobers
200 Café Savoy, Wien
204 Im Uhrzeigersinn von oben: Eiskaffee, Kaffee »Maria Theresia«, Großer Brauner, Türkischer Café
207 Café Dommayer
209 Klassisches Wiener Kaffeetablett
212 Eiskaffee
232 Café Central, Wien

Grundteige & Glasuren

Fast ebenso vielfältig wie Gebäckstücke in der Kuchenvitrine sind die verschiedenen Grundteige. Für jede Mehlspeise gibt es den passenden Grundteig, der den Charakter des jeweiligen Gebäcks perfekt unterstreicht. Die Biskuitmasse etwa ist der ideale Ausgangspunkt für raffinierte Torten. Denn durch ihre leichte, lockere Konsistenz ist sie ein perfektes Gegenstück zu üppigen Creme- oder Sahnefüllungen. Der kräftigere Mürbteig dagegen dient den verschiedensten Kuchen, aber auch Kleingebäcken und Plätzchen als Grundlage. Glasuren sind – von der Fondant- bis zur Schokoladenglasur – der krönende Abschluss jedes Kuchens und jeder Torte, denn sie lassen das Gebäck nicht nur wunderschön und appetitlich aussehen, sondern geben ihm auch geschmacklich eine ganz eigene, perfekt abgerundete Note.

Die k. u. k. Backtradition

Wien, Budapest und Prag waren die drei Hauptstädte der ehemaligen k. u. k. Donaumonarchie. Wenn man die Atmosphäre dieser glanzvollen Zeit erleben möchte, sollte man eine Lokalität aufsuchen, ohne die die altösterreichische Tradition nicht das wäre, was sie heute noch ist. Das Kaffeehaus ist das letzte Relikt jener Zeit, auf das man in Wien, Budapest und Prag auch heute noch an jeder Straßenecke stoßen kann und das nach wie vor mit Leben erfüllt ist. Wenn man sich in einem dieser Kaffeehäuser gemütlich niederlässt, begegnen dem Gast beim Blick auf die Speisekarte viele bedeutende historische Namen. Die Gerichte tragen die Namen berühmter Komponisten, Opern und Operetten, Politiker, Kaiser und Kaiserinnen, Prinzen und Prinzessinnen. Manche erinnern aber auch an bedeutende Generäle und Schlachten oder – für die Wiener mindestens genauso wichtig – bekannte Köche oder Konditoren. Viele Gerichte sind auch nach Ländern, Städten oder Dörfern benannt.

Den Zauber der Mehlspeisen aus der k. u. k. Monarchie kann man allerdings erst dann richtig begreifen, wenn man auch etwas über ihre Geschichte weiß. Auch wenn sich die Landesgrenzen Österreichs, Ungarns und der Tschechischen Republik im Laufe der Jahrhunderte oft verändert haben, die österreichisch-ungarische Küche blieb doch immer unverändert den alten Traditionen treu. Wer die Geschichte ein bisschen kennt, versteht auch, warum viele Rezepte oft zwischen den drei Hauptstädten hin- und hergewandert sind, wobei Wien unter ihnen immer die Hauptrolle spielte. Natürlich ist über die Geschichte dieser drei Länder schon viel geschrieben worden, deshalb soll dies auch nur ein kleiner Abriss sein, der dem Leser helfen will, seine Lieblingsgerichte vor dem richtigen geschichtlichen Hintergrund zu sehen.

Vor dem Ersten Weltkrieg erstreckte sich die k. u. k. Monarchie Österreich-Ungarn unter der Regentschaft der Habsburger von Österreich über Böhmen, Mähren, die Slowakei, Kroatien, Slowenien, Bosnien und Dalmatien bis nach Ungarn und umfasste auch Teile Italiens, Rumäniens, Russlands, Polens und der Ukraine. Ihr gehörten insgesamt 51 Millionen Menschen an, die über ein Dutzend unterschiedliche Nationalitäten trugen und 16 verschiedene Sprachen sowie zahllose Dialekte sprachen. Die Donaumonarchie war zu der Zeit ein Schmelztiegel zahlreicher Nationalitäten und ein Beispiel für das friedliche Zusammenleben vieler Völker.

Die Habsburger waren es, die mit ihrer Regentschaft diese Landstriche entscheidend prägten. Sie regierten nicht nur Österreich und die angrenzenden Länder, aus ihren Reihen kam auch der Kaiser des Heiligen Römischen Reiches Deutscher Nation, ein hoher Ehrentitel, der dem bedeutendsten katholischen Regenten in Mitteleuropa verliehen wurde. Die Habsburger Kaiser (und ganz besonders die einzige Kaiserin aus dem Haus Habsburg, Maria Theresia) nahmen ihre Rolle als geistige und religiöse Führer ihres Volkes allesamt sehr ernst. Im Jahr 1806, als die Macht Napoleons die Habsburger auszulöschen drohte, verzichtete Franz II. freiwillig auf die römisch-deutsche Kaiserwürde und krönte sich selbst als Franz I. zum Kaiser von Österreich.

Die Beziehungen Österreichs zu Böhmen – heute Teil der Tschechischen Republik – im Norden und Ungarn im Süden waren sehr belastet. Kaiser Ferdinand I. hatte sich 1526 zum König von Böhmen krönen lassen, und Kaiser Rudolf II., der 50 Jahre später den Thron bestieg, machte Prag zu einem Zentrum des Heiligen Römischen Reiches. Viele der Prachtbauten, die das Stadtbild Prags heute noch prägen, stammen aus dieser Zeit. Es gab jedoch immer wieder blutige Auseinandersetzungen zwischen Katholiken und der vorwiegend protestantischen Bevölkerung Böhmens. Der Aufstand der protestantischen Stände 1618 löste schließlich den Dreißigjährigen Krieg (1618–1648) aus. Ein Sieg der Katholiken besiegelte endlich die Herrschaft der Habsburger über Prag, die trotz weiterhin schwelender Konflikte bis 1918 andauerte.

Die Vorherrschaft über Ungarn erlangten die Habsburger im Jahr 1686 nach der erfolgreichen Vertreibung der Türken aus Buda und Pest (beide Städte wurden erst 1873 mit einer dritten, Óbuda, zur heutigen Stadt Budapest vereinigt). Die Ungarn waren jedoch von ihren neuen Herren ganz und gar nicht begeistert, und so kam es auch hier fast 300 Jahre lang immer wieder zu blutigen Auseinandersetzungen.

Nach der verheerenden Niederlage Napoleons 1814/15 machte sich der Wiener Kongress daran, die europäischen Pfründe neu zu verteilen und die Landesgrenzen neu zu ziehen. Die Stadt Wien stand zu dieser

Zeit im Zentrum des Geschehens, politisch, kulturell und – vor allem auch kulinarisch. Der französische Kongressabgeordnete Charles-Maurice de Talleyrand wusste sehr wohl, dass politische Stimmen am leichtesten bei gutem Essen zu gewinnen waren. Als der französische König Louis XVIII. ihm Anweisungen für den Wiener Kongress mit auf den Weg geben wollte, fuhr er ihn an: »Ich brauche Kochtöpfe, keine Ratschläge!«

Für Österreich nahm Klemens Fürst von Metternich am Wiener Kongress teil, ein umstrittener Staatsmann, dem sowohl Verehrung als auch Verachtung entgegenschlug. Nach Abschluss des Kongresses baute Metternich seine Macht aus und machte Österreich nach seinen Plänen zu einem Polizei- und Überwachungsstaat. Während der nun folgenden Biedermeierzeit, die ihren Namen von der treuherzigen Hauptfigur einer Zeitungskolumne ableitet, wuchs die Schicht des Bürgertums gewaltig an und gewann auch zusehends an Wohlstand. Jedoch hielt man sich weitgehend von der Politik fern. Stattdessen blieb man zu Hause und gab sein Geld für kultivierte kulturelle Vergnügungen aus.

Die Kunst des Backens blühte in dieser Zeit regelrecht auf, sowohl im privaten, als auch im professionellen Bereich. Durch die Errungenschaften der Industriellen Revolution, die zu Beginn des 19. Jahrhunderts auch Österreich erfasst hatte, konnten Mehl und Zucker von immer besserer Qualität hergestellt und gleichzeitig zu sinkenden Preisen verkauft werden. Dadurch wurden süße Mehlspeisen auch für die breite Masse erschwinglich. Immer neue Rezepte wurden erfunden. Mit immer feinerem Mehl gelangen hellere, lockerere Backwaren. Der Blätterteig, der Biskuit und das Baiser wurden erfunden. Zahlreiche Konditoreien entstanden, in denen Kuchen und Torten mit historischen Namen verkauft wurden. Innerhalb Europas entbrannte ein wahrer Wettstreit um die Vorrangstellung im süßen Gewerbe. Federführend aber waren und blieben die Zuckerbäcker bzw. die Kaffeehäuser in Wien, Budapest und Prag. Verbesserte Transportmöglichkeiten sorgten außerdem dafür, dass alle drei Hauptstädte ständig mit dem neuen Modegetränk Kaffee versorgt wurden.

Doch in der Bevölkerung wuchs der Unmut über Metternichs eiserne Hand, der sich schließlich in der Revolution von 1848 gewaltsam entlud. Die Rebellen stürzten Metternich und zwangen den schwachen Kaiser Ferdinand zur Abdankung. Er überließ den Thron seinem 18-jährigen Neffen Franz Joseph und floh nach Prag, wo er 1875 im Exil starb.

Nach dieser offensichtlichen Schwächung der Habsburger fand auch in Ungarn eine Revolution statt, die aber von der österreichischen Armee blutig niedergeschlagen wurde. Erst im Jahr 1867 einigte man sich auf die Bildung einer Konföderation zwischen beiden Ländern – es entstand die k. u. k. Monarchie Österreich-Ungarn, verkörpert durch Kaiser Franz Joseph II., der im selben Jahr zum König von Ungarn gekrönt wurde.

Franz Joseph reagierte auf das revolutionäre Chaos bei seinem Amtsantritt mit einem durch und durch autokratischen Führungsstil. Das Leben am kaiserlichen Hof war nur nach außen hin üppig und feudal; der Kaiser selbst lebte nach strengen asketischen Regeln. Dennoch war die Etikette der neu entstandenen Monarchie so kompliziert, dass neue Bezeichnungen erfunden werden mussten, um sie zu regeln. Jede Angelegenheit, die nur Ungarn allein betraf, trug den Vermerk „k." für königlich. Alles was lediglich Österreich anging, wurde mit »k. k.« für kaiserlich-königlich bezeichnet. Betraf eine Sache schließlich beide Länder, bekam sie die Bezeichnung »k. u. k.«, also kaiserlich und königlich.

Unter Kaiser Franz Joseph II. stieg Wien zur Weltmetropole auf, Emigranten aus den angrenzenden Regionen kamen scharenweise in die Stadt. Besonders böhmische Frauen waren als Köchinnen in der gehobenen Gesellschaft sehr gefragt. Sie brachten viele Rezepte für bodenständige Gerichte aus ihrer Heimat mit, und so waren böhmische Knödel, süße Nudeln und Hefegebäck bald bei Reich und Arm gleichermaßen beliebt. Kaffeehäuser entstanden ursprünglich als Zufluchtsorte für all diejenigen, die ihren allzu beengten Wohnverhältnissen für eine Weile entkommen wollten und einen Platz zum Wohlfühlen und Aufwärmen suchten.

Die Vorherrschaft der Habsburger näherte sich bereits ihrem Ende. Als Franz Josephs 30-jähriger Sohn und dessen 18-jährige Geliebte auf mysteriöse Weise in Mayerling ums Leben kamen, waren die Risse in der überalterten Monarchie schon nicht mehr zu übersehen. Die Ermordung des österreichischen Thronfolgers Franz Ferdinand 1914 löste den Ersten Weltkrieg aus. Bei Kriegsende 1918 war der alte Kaiser Franz Joseph gestorben und sein Großneffe Karl I., der letzte Habsburger Kaiser, musste wenig später abdanken und der ersten Republik Österreich Platz machen. Die alte k. u. k. Monarchie zerfiel, und es entstanden neben Österreich die neuen souveränen Staaten Ungarn, Polen, Jugoslawien und die Tschechoslowakei.

BISKUITTEIG

Er dient als Grundlage für die meisten der berühmten Torten. Biskuittorten werden in der Hauptsache aus Eiern und überwiegend ohne künstliche Treibmittel hergestellt. Anders als herkömmliche Rührteige enthalten sie in der Regel weder Butter noch Backpulver, denn ein Teig auf Butterbasis wird im Kühlschrank zu schnell hart. Biskuittorten dagegen, die man wegen ihrer Cremefüllungen meist nur kühl aufbewahren kann, bleiben im Kühlschrank weich und locker. Natürlich gibt es auch Torten, die mit Butter gemacht werden, z. B. die berühmte Sachertorte; für die meisten Torten verwendet man jedoch Biskuitmasse.

Biskuitteig kann man auf zweierlei Arten zubereiten. Für den »warmen« Biskuitteig werden Eier und Zucker zusammen erwärmt, bevor sie geschlagen werden, so kann der Teig mehr Luft aufnehmen und wird noch lockerer. Er eignet sich ideal für die Zubereitung von Biskuitrouladen, die die Wiener so sehr lieben. Hierbei wird der Teig auf einem Backbleck gebacken und später rouladenförmig zusammengerollt. Teige auf Butterbasis würden bei dieser Verarbeitung zerbröckeln. Beim »kalten« Biskuitteig dagegen werden Eiweiß und Eigelb separat geschlagen. Dadurch wird der Teig insgesamt fester und etwas feuchter.

Das deutsche Wort »Biskuit« kommt vom französischen *biscuit*, was eigentlich eine kalte Biskuittorte bezeichnet. Die warme Biskuittorte heißt in der französischen Küche *genoise*. In unserem Sprachgebrauch werden jedoch beide schlicht als Biskuittorten bezeichnet.

BLÄTTERTEIG

Zwar kommt er in der Wiener Küche nicht so häufig vor wie in Frankreich, doch ist der Blätterteig Grundlage für so beliebte österreichische Spezialitäten wie Schaumrollen oder Cremeschnitten. Viele Bäcker der österreichisch-ungarischen Region schwören darauf, dass ein Schuss Rum den Teig knuspriger macht und das Zusammenkleben der einzelnen Teigblätter verhindert. In den Nachkriegsjahren waren die Butterzuteilungen oft sehr knapp bemessen, und so wurde bei der Zubereitung des Blätterteigs ersatzweise Margarine verwendet. Am besten schmeckt der Blätterteig aber heute wie damals mit echter Butter.

GERMTEIG

»Germ« ist die österreichische Bezeichnung für Hefe. Hefeteig, verfeinert mit Butter, Zucker, Eiern, Nüssen, Rosinen oder anderen Trockenfrüchten, dient als Grundlage für vielfältiges süßes Gebäck. Viele Bäckereien verwenden ein einziges Germteig-Grundrezept für sämtliche Gebäckarten. In diesem Buch sind die Rezepte jedoch genau auf das jeweilige Gebäck abgestimmt und gegebenenfalls leicht abgewandelt.

PLUNDERTEIG

Dass dieser Teig eine Wiener Erfindung ist, merkt man schon daran, dass er in Frankreich *pâte viennoise* heißt. Entsprechend nennt man Gebäck aus Plunderteig dort auch *viennoiserie*. Der Plunderteig, eine Kombination aus Blätter- und Hefeteig, ist sehr locker und feinblättrig. Wie beim Blätterteig kommt es auch beim Plunderteig darauf an, die Butter nicht einfach mit dem Teig zu verkneten, sondern sie in hauchdünnen Schichten zwischen die einzelnen Lagen des Grundteigs einzuarbeiten. Frühstücksgebäck wie die Wiener Kipferl – uns besser bekannt als Croissants – werden aus Plunderteig gemacht. Auch diese als so typisch französisch empfundene Köstlichkeit kommt übrigens ursprünglich aus Österreich.

MÜRBTEIG

Viele bezeichnen ihn auch als 1-2-3-Teig und meinen damit das Verhältnis seiner Grundbestandteile: ein Teil Zucker, zwei Teile Butter und drei Teile Mehl. Eier oder Flüssigkeit sind für das Grundrezept nicht notwendig, erleichtern aber die Verarbeitung.

STRUDELTEIG

Diesem papierdünnen Teig ist ein eigenes Kapitel gewidmet (siehe Seite 93ff.).

WARMER BISKUITTEIG
Für eine Springform von 26 cm ø

Vielen raffinierten Torten dient der klassische Biskuitteig als Grundlage. Will man einen leichten, lockeren Teig, der etwa mit Flüssigkeit getränkt oder auf dem Backblech gebacken und später zur Roulade zusammengerollt werden soll, so wählt man am besten den warmen Biskuitteig, bei dem Eier und Zucker über heißem Wasser erhitzt werden. Meistens wird der Teig mit sechs Eiern zubereitet. In diesem Buch finden sich aber auch Rezepte mit vier oder acht Eiern.

Das Mehl muss sehr sorgfältig unter die geschlagenen Eier gezogen werden, so dass es sich vollständig mit dem Teig vermischt und keine Klümpchen entstehen. Am besten eignet sich dafür ein großer Schneebesen, der wie ein Spatel zu handhaben ist.

Die oberste Schicht des Biskuitteigs muss nach dem Backen nicht zwangsläufig entfernt werden. Bei Teigen, die mit Flüssigkeit getränkt werden, kann diese festere Schicht als Isolierung dienen, damit die Flüssigkeit nicht nach außen dringt. In diesem Fall wird die oberste Schicht mit der Oberseite nach außen zuunterst in die Form gelegt.

---

6 große Eier, zimmerwarm
150 g Zucker
Mark von 1 Vanilleschote
150 g Mehl, gesiebt
1 Prise Salz

---

1. Den Backofen auf 175 °C vorheizen. Die Springform gut einfetten, den Boden mit rund zugeschnittenem Pergament- oder Backpapier auslegen und die Form gleichmäßig mit Mehl ausstäuben.

2. Eier und Zucker in eine große, hitzebeständige Schüssel geben und in einen hohen Topf mit heißem Wasser stellen (das Wasser sollte den Boden der Schüssel nicht berühren; siehe Bild 1, Seite 22). Die Mischung mit einem großen Schneebesen schlagen, bis sie sich erwärmt und der Zucker sich vollständig aufgelöst hat. Die Schüssel aus dem Topf nehmen und die Mischung mit dem Handrührgerät auf mittlerer Stufe etwa 5 Minuten schlagen bis sich ihr Volumen verdreifacht hat und sie sehr leicht und flockig ist (siehe Bild 2). Das Vanillemark einrühren.

3. Mehl und Salz mischen. Die Hälfte der Mehlmischung über die Eimasse sieben und mit einem Schneebesen vorsichtig unterheben, so dass einige weiße Mehltupfen in der Eimasse sichtbar bleiben. Das restliche Mehl über den Teig sieben und ebenfalls unterheben. Den Biskuitteig in die Form füllen und die Oberfläche glatt streichen.

4. Den Kuchen auf der mittleren Schiene des Backofens etwa 30 Minuten backen, bis er sich langsam von den Seiten der Form löst. Den Kuchen aus dem Backofen nehmen und etwa 5 Minuten abkühlen lassen. Die Seiten der Springform entfernen, den Kuchen auf ein Kuchengitter stürzen und das Backpapier abziehen. Den Kuchen umdrehen und völlig erkalten lassen.

KLEINER BISKUITBODEN

Die Teigmenge entspricht einer Springform von 24 Zentimeter Durchmesser und besteht aus 4 großen Eiern, 100 g Zucker, dem Mark von 1/2 Vanilleschote, 100 g Mehl und 1 Prise Salz. Den Biskuitteig wie oben beschrieben zubereiten und 20–25 Minuten backen.

GROSSER BISKUITBODEN

Die Teigmenge entspricht einer Springform von 28 Zentimeter Durchmesser und besteht aus 8 großen Eiern, 200 g Zucker, Mark von 1 Vanilleschote, 200 g Mehl und 1/4 TL Salz. Der Boden wird 35–40 Minuten gebacken.

GRUNDTEIGE & GLASUREN

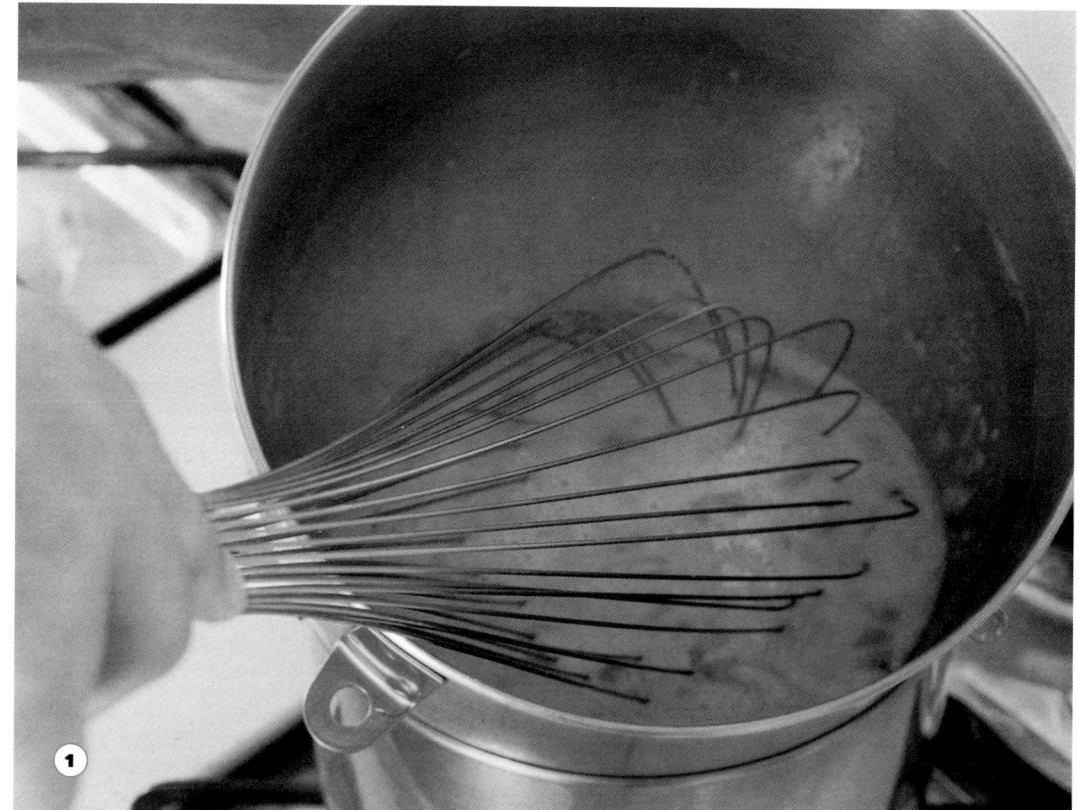

KALTER BISKUITTEIG
Für eine Springform von 26 cm ø

Dieser Teig wird auch Wiener Masse genannt und ist aufgrund der Butterzugabe fester und etwas feuchter als der warme Biskuitteig. Welche Zubereitungsart Sie wählen, bleibt ganz Ihren persönlichen Vorlieben überlassen.

50 g Butter
Mark von 1 Vanilleschote
6 große Eier, zimmerwarm
150 g Zucker
150 g Mehl, gesiebt
1 Prise Salz

1. Backofen auf 175 °C vorheizen. Springform gut einfetten, den Boden mit rund zugeschnittenem Pergament- oder Backpapier auslegen und die Form gleichmäßig mit Mehl ausstäuben.

2. Die Butter in einem kleinen Topf bei mittlerer Hitze etwa 1 Minute schmelzen. Den Topf vom Herd ziehen und 5 Minuten stehen lassen. Den Schaum entfernen und die Butter in eine mittelgroße Schüssel gießen. Das Vanillemark gleichmäßig einrühren.

3. Die Eigelbe mit der Hälfte des Zuckers in einer großen Rührschüssel mit dem Handrührgerät auf höchster Stufe etwa 3 Minuten schlagen, bis die Masse hell und schaumig ist.

4. In einer anderen, völlig fettfreien Schüssel das Eiweiß auf höchster Stufe zu steifem Schnee schlagen, dabei nach und nach den Zucker einrieseln lassen.

5. Eine große Portion des Eischnees unter die Eigelbmischung rühren, den restlichen Eischnee unterheben. Mehl und Salz mischen. Zunächst die Hälfte der Mehlmischung über die Eimasse sieben und mit einem Schneebesen oder einem Gummispatel unterheben. Mit der restlichen Mehlmischung ebenso verfahren.

6. Eine große Portion des Teigs mit der geschmolzenen Butter vermischen und die Mischung unter den restlichen Teig heben. Den Teig in die Form füllen und die Oberfläche glatt streichen.

7. Den Kuchen auf der mittleren Schiene des Backofens etwa 30 Minuten backen, bis er sich langsam von den Seiten der Form löst. Den Kuchen aus dem Backofen nehmen und etwa 5 Minuten abkühlen lassen. Die Seiten der Springform entfernen, den Kuchen auf ein Kuchengitter stürzen und das Backpapier abziehen. Den Kuchen umdrehen und erkalten lassen.

KLEINER BISKUITBODEN

Die Teigmenge entspricht einer Springform von 24 Zentimeter Durchmesser und besteht aus 30 g Butter, dem Mark von 1/2 Vanilleschote, 4 großen Eiern, 100 g Zucker, 100 g Mehl und 1 Prise Salz. Den Biskuitteig wie oben beschrieben zubereiten und 20–25 Minuten backen.

GROSSER BISKUITBODEN

Die Teigmenge entspricht einer Springform von 28 Zentimeter Durchmesser und besteht aus 60 g Butter, dem Mark von 1 Vanilleschote, 8 großen Eiern, 200 g Zucker, 200 g Mehl und 1/4 TL Salz. Der Boden wird 35–40 Minuten gebacken.

SCHOKOLADENBISKUITTEIG
Für eine Springform von 26 cm ø

Durch die Zugabe von Milch und Pflanzenöl wird der Schokoladenbiskuit (siehe Abb. Seite 16) etwas feuchter. Kakaopulver gibt ihm einen feinen Schokoladengeschmack.

4 große Eier, zimmerwarm
150 g Zucker
3 EL Milch
3 EL Pflanzenöl
Mark von ½ Vanilleschote
100 g Mehl, gesiebt
20 g Kakaopulver
1 Prise Salz

1. Den Backofen auf 175 °C vorheizen. Die Springform gut einfetten, den Boden mit rund zugeschnittenem Pergament- oder Backpapier auslegen und die Form mit Mehl ausstäuben.
2. Eier und Zucker in eine große, hitzebeständige Schüssel geben und in einen hohen Topf mit heißem Wasser stellen (das Wasser sollte den Boden der Schüssel nicht berühren). Die Mischung mit einem großen Schneebesen schlagen, bis sie sich erwärmt und der Zucker sich vollständig aufgelöst hat. Die Schüssel aus dem Topf nehmen und die Mischung mit dem Handrührgerät auf mittlerer Stufe etwa 5 Minuten schlagen, bis sich ihr Volumen verdreifacht hat und sie sehr leicht und flockig ist.
3. In einem kleinen Topf Milch und Pflanzenöl erwärmen, bis die Mischung handwarm ist. In eine mittelgroße Schüssel gießen und das Vanillemark unterrühren.
4. Mehl mit Kakaopulver und Salz sieben. Die Hälfte der Kakaomischung über die Eimasse sieben und mit einem Schneebesen unterheben. Mit der restlichen Kakaomischung ebenso verfahren. Eine große Portion dieses Teigs mit der Milchmischung verrühren und die Mischung unter den restlichen Teig heben. Den Teig in die Form füllen und die Oberfläche glatt streichen.
5. Den Kuchen auf der mittleren Schiene des Backofens etwa 30 Minuten backen, bis er sich langsam von den Seiten der Form löst. Den Kuchen aus dem Backofen nehmen und etwa 5 Minuten abkühlen lassen. Die Seiten der Springform entfernen, den Kuchen auf ein Kuchengitter stürzen und das Backpapier abziehen. Den Kuchen umdrehen und völlig erkalten lassen.

PLUNDERTEIG
Ergibt etwa 1 kg Teig

Die Arbeitsweise für Plunderteig entspricht der für Blätterteig. Auch hier werden Butter und Teig schichtenweise verarbeitet. Auch ist für beide die richtige Temperatur entscheidend: Erst nachdem die Zutaten des Hefeteigs vollständig verarbeitet sind, sollte er zum Aufgehen an einen warmen Ort gestellt werden. Alle Feinheiten, die beim Blätterteig zu beachten sind, gelten auch für den Plunderteig. Lesen Sie also erst die Tipps auf Seite 29, bevor Sie mit der Zubereitung des Teigs beginnen.

FÜR DEN HEFETEIG
⅛ l Milch (wird Trockenhefe verwendet, muss die Milch auf ca. 40 °C erwärmt werden)
40 g frische Hefe oder 2 Beutel Trockenhefe
75 g Mehl
1 TL Zucker

FÜR DEN GRUNDTEIG
⅛ l Milch
75 g Puderzucker
50 g Butter, geschmolzen
3 Eigelbe von großen Eiern
Mark von 1 Vanilleschote
½ TL Salz
400 g Mehl (je nach Bedarf etwas mehr oder weniger)

FÜR DIE BUTTERMISCHUNG
400 g Butter, gekühlt, in Würfel geschnitten
40 g Mehl

Demel: K. u. K. Hofzuckerbäcker

Wer Süßes liebt, für den gehört ein Besuch im berühmten Café Demel, dem Urbild aller Kaffeehäuser, zum Pflichtprogramm jeder Wienreise.

Ludwid Dehne eröffnete seine »Burgtheater-Zuckerbäckerei« im Jahr 1786 ganz in der Nähe des alten Burgtheaters. Als Dehne starb, übernahm seine Witwe das Geschäft, dem wenig später der Titel »Hofzuckerbäckerei« verliehen wurde. Franz Sacher, der Erfinder der Sachertorte, arbeitete einige Zeit lang im Haus Dehne, und als er es wieder verließ, wurde sein berühmtes Rezept in der dehneschen Backstube weiterhin angewandt. Der Streit um die ungeklärten Eigentumsrechte schwelte daraufhin über 100 Jahre lang und musste schließlich vor einem Wiener Gericht beigelegt werden (siehe Seite 76).

Im Jahr 1857 wurde das Café Dehne an einen der dort tätigen Bäckermeister, Christoph Demel, verkauft, der sein Café 30 Jahre später an den Kohlmarkt verlegte, wo es auch heute noch ist. Seine Frau Anna setzte für das Café noch höhere Maßstäbe, denn sie war davon überzeugt, jede Torte müsse eine ganz persönliche Note haben, man müsse ihr ansehen, dass sie handgemacht sei. Die Annatorte ist ein gutes Beispiel für diese Philosophie, denn ihrer Schoko-Haselnuss-Glasur sieht man tatsächlich deutlich an, dass sie der Konditor persönlich aufträgt, immer etwas anders, nie ganz gleichmäßig, aber eben mit ganz persönlicher Note. Darin unterscheiden sich die Demel-Produkte noch heute von so manchen anderen immer gleich perfekt verzierten Torten.

In der Großbäckerei Demel im Industriegebiet Wiens werden die überlieferten Traditionen bewahrt – allerdings mit modernster Ausstattung. So wurden beispielsweise die alten Holztische – einiger Beschwerden alteingesessener Bäckermeister zum Trotz – durch Arbeitstische aus Edelstahl ersetzt. Anderswo mag es an der Tagesordnung sein, die Torten maschinell zu dekorieren; bei Demel legen die Konditoren bei jedem einzelnen Kuchen immer noch selbst letzte Hand an. Standardrezepte gibt es nicht, stattdessen wird fast jede Süßspeise aus einer ganz eigenen Kombination von besonderen Zutaten kreiert. Konvektionsöfen sind verpönt. Außerdem mischt, röstet und mahlt man bei Demel die Kakaobohnen selbst und kreiert daraus eine eigene Hausschokolade. Selbst die Verpackung, die von verschiedenen traditionellen Bildern und Zeichnungen geziert wird, ist sehenswert.

Feines Gebäck herzustellen ist keine billige Angelegenheit, und Demel hat sich einer besonders hohen Qualität verschrieben. Herzstück – und zugleich wichtigstes Kapital – der Großbäckerei Demel sind ihre gut ausgebildeten Bäcker und Konditoren, und an ihnen wird nicht gespart. So arbeiten jeden Tag bis zu 140 Personen im Schichtdienst im Bäckereibetrieb. Jeder Bäcker fertigt jeden Tag etwa 20 verschiedene Torten und Kuchen und zur Weihnachtszeit etwa 70 verschiedene Sorten Plätzchen. Natürlich könnte man die süßen Spezialitäten auch schneller und billiger herstellen, leidet dadurch aber der Geschmack des Produkts, so ist Demel nicht interessiert. Und so entstehen in der Bäckerei weiterhin die berühmten Demeltorten, Annatorten, Burgtheatertorten und andere Köstlichkeiten auf die gleiche Art und Weise wie schon seit Generationen; und jeder, der schon einmal eine von Demels Spezialitäten probiert hat, wird dies ganz bestimmt zu schätzen wissen.

1. Für den Hefeteig die Milch in eine Schüssel gießen und die Hefe hineinbröckeln (trockene Hefe einstreuen). 2 Minuten stehen lassen, dann mit dem Schneebesen verrühren, bis sich die Hefe aufgelöst hat. Mehl und Zucker zugeben und die Mischung mit dem Kochlöffel mindestens 100-mal schlagen. Die Schüssel mit Klarsichtfolie dicht verschließen und den Teig an einem warmen Ort ca. 30 Minuten gehen lassen, bis sich sein Volumen verdoppelt hat.

2. Für den Grundteig Milch, Puderzucker, geschmolzene Butter, Eigelbe, Vanillemark und Salz in einer großen Schüssel verrühren. Den Hefeteig zufügen. Den Teig mit den Knethaken der Küchenmaschine oder des Handrührers auf kleinster Stufe verkneten, dabei löffelweise so viel Mehl zugeben, dass ein klebriger Teig entsteht, der sich von der Schüssel löst. Das Rührgerät auf die mittlere Stufe schalten und den Teig etwa 3 Minuten weiterkneten, bis er weich und

DIE GESCHICHTE DES PLUNDERTEIGS

Es war vor allem der Plunderteig, der den Wiener Bäckern zu internationalem Ruhm und Ansehen verhalf, denn der leichte, feinblättrige Teig wurde in der Donaumetropole erfunden, auch wenn er ab und zu als »dänischer Plunder« bezeichnet wird. Als Mitte des 19. Jahrhunderts viele Bäcker in Dänemark in Streik traten, kamen an ihrer Stelle österreichische Bäcker ins Land, die ihr Geheimrezept für den süßen Hefeteig mitbrachten. Die Dänen fanden rasch Gefallen an dem neuen feinen Gebäck, und als ihre Landsleute endlich die Arbeit wieder aufnahmen, wollten sie auf den Wiener Plunderteig nicht mehr verzichten. Die dänischen Bäcker mussten wohl oder übel bei ihren österreichischen Kollegen in die »Lehre«. Dänische Immigranten brachten später das Rezept sogar bis nach Amerika, wo es auch heute noch seinen festen Platz hat. Und selbst in Paris, der Hochburg für feinblättriges Buttergebäck, konnte sich die *viennoiserie*, wie das Plundergebäck in der französischen Küche heißt, einen wichtigen Platz erobern.

geschmeidig ist. Teig aus der Schüssel nehmen, auf eine leicht bemehlte Arbeitsfläche setzen und ihn mit den Händen zu einem Würfel von ca. 20 mal 20 Zentimeter formen. Den Teigwürfel lose in Klarsichtfolie wickeln und 30 Minuten kühl stellen.

3. Für die Buttermischung (Bild 1) Butter und Mehl in eine mittelgroße Schüssel geben und mit den Händen verkneten, bis die Butter weich und geschmeidig ist. Sie sollte aber immer noch kühl sein. Den Teig auf Klarsichtfolie setzen und mit einer zweiten Schicht Klarsichtfolie bedecken. Mit einem Rollholz den Teig zu einem Quadrat von ca. 15 mal 15 Zentimeter Größe ausrollen. Ist der Teig zu warm, kurz in den Kühlschrank legen oder einige Zeit bei Zimmertemperatur abkühlen lassen.

4. Den Grundteig aus dem Kühlschrank nehmen und auf der leicht bemehlten Arbeitsfläche zu einem Quadrat von ca. 25 mal 25 Zentimeter ausrollen. Den Butterteig aus der Klarsichtfolie wickeln und schräg wie eine Raute auf den Grundteig legen. Mit einem Messerrücken die Umrisse des Butterteiges leicht in den Grundteig drücken (Bild 2), dann den Butterteig wieder entfernen. Mit dem Rollholz den Grundteig an jeder Seite des markierten Quadrats weiter ausrollen, so dass jeweils ein etwa 10 Zentimeter langer Teiglappen entsteht (Bild 3). Den Butterteig wieder in die markierte Fläche setzen und jeden Teiglappen nach innen über den Butterteig klappen. Dabei überschüssiges Mehl abklopfen (Bild 4).

5. Die Arbeitsfläche sowie die Oberfläche des Teigpakets erneut mit Mehl bestäuben. Den Teig zu einem Rechteck von ca. 20 mal 30 Zentimeter ausrollen. Überschüssiges Mehl abklopfen. Den Teig nun wie einen Brief zweimal umschlagen, d. h. zunächst das obere Drittel des Teigs nach innen klappen, dann das untere Drittel darüber schlagen, so dass ein dreilagiges Teigpaket entsteht (Bild 5). Dabei immer darauf achten, dass die rechteckige Form des Teigs bestehen bleibt. Diesen Vorgang nennt man die einfache Tour. Das Teigpaket so drehen, dass die offene Seite nach links zeigt, den Teig mit Mehl bestäuben und erneut zu einem 20 mal 30 Zentimeter großen Rechteck ausrollen. Nun das obere Viertel und das untere Viertel des Teigs nach innen schlagen, so dass die Teigenden in der Mitte zusammentreffen. Den Teig entlang der mittleren Kante zusammenklappen, so dass ein vierlagiges Teigpaket entsteht. Das Teigpaket hat nun eine Größe von etwa 8 mal 20 Zentimeter. Dies ist die doppelte Tour (Bild 6). Das Teigpaket gleichmäßig mit dem Rollholz leicht flach drücken, in Klarsichtfolie wickeln und 30 Minuten kühl stellen.

6. Teig aus dem Kühlschrank nehmen und auf die leicht bemehlte Arbeitsfläche legen. Die Anweisungen aus Punkt fünf wiederholen, d. h. den Teig noch einmal in einer einfachen, dann in einer doppelten Tour falten. Teig erneut in Klarsichtfolie wickeln und mindestens 4 Stunden kühl stellen.

BLÄTTERTEIG
Ergibt etwa 1 kg Teig

Der Geschmack von zart-knusprigem Blätterteig aus vielen hauchdünnen Schichten Mehl- und Butterteig ist absolut unvergleichlich. Während des Backens schmilzt die Butter, und es entsteht Dampf, der dafür sorgt, dass der Teig aufgeht, »blättert«. Ein Schuss Rum ist das Markenzeichen von echt österreichischem Blätterteig.

Für alle, denen das Selbermachen zu mühsam ist, gibt es auch ausgezeichneten tiefgefrorenen Blätterteig zu kaufen. Achten Sie nur darauf, dass er aus echter Butter hergestellt wurde. Hier noch einige Tipps für den selbst gemachten Teig:

- Ist es in der Küche sehr warm und der Teig wird zu weich, legen Sie ihn einfach für kurze Zeit in den Kühlschrank, bis er zum Weiterverarbeiten kühl genug ist.
- Damit Mehl- und Butterteig gut miteinander verarbeitet werden können, müssen beide Teige die gleiche Temperatur haben, ideal sind etwa 15 °C. Ist die Butter zu warm, kleben die Teigschichten zu sehr aneinander, ist sie zu kalt, können die dünnen Blätter leicht brechen. Sie können den Butterteig leicht in der richtigen Temperatur halten, wenn Sie die Hände während des Knetens mehrmals in kaltes Wasser tauchen.
- Wenn der Butterteig beim Ausrollen an manchen Stellen doch durch den Mehlteig bricht, bestäuben Sie die offenen Stellen großzügig mit Mehl, damit sie nicht zusammenkleben, wenn der Teig weiterverarbeitet wird.
- Achten Sie darauf, dass der Teig bei den Touren immer seine rechteckige Form behält, und rollen Sie ihn immer in zwei Richtungen, d. h. von unten nach oben und von rechts nach links aus. Nur so kann er gleichmäßig aufgehen.
- Klopfen Sie überschüssiges Mehl stets vom Teig ab, bevor Sie ihn umschlagen. Zu viel Mehl macht den Teig hart und brüchig.
- Selbst wenn Sie für ein bestimmtes Rezept nur die Hälfte der hier angegebenen Menge brauchen, stellen Sie die volle Masse her, und frieren Sie den Rest ein. Denn es ist schwierig, Blätterteig in kleineren Mengen richtig zu verarbeiten.

FÜR DEN GRUNDTEIG
250 g Mehl
½ TL Salz
160 ml kaltes Wasser
1 EL brauner Rum

FÜR DEN BUTTERTEIG
300 g Butter, gekühlt, in Würfel geschnitten
6 EL Mehl

1. Für den Grundteig Mehl und Salz in eine mittelgroße Schüssel geben und eine Mulde in die Mitte drücken. Wasser und Rum hineingeben und mit den Händen rasch von innen nach außen zu einem festen Teig kneten. Den Teig aus der Schüssel nehmen, auf eine leicht bemehlte Arbeitsfläche setzen und noch einige Minuten kneten, bis er glatt und glänzend ist. Den Teig zu einem Würfel von ca. 15 mal 15 Zentimeter formen. Den Teigwürfel in Klarsichtfolie wickeln und 20–60 Minuten kühl stellen.

2. Für die Buttermischung Butter und Mehl in eine Schüssel geben und mit den Händen verkneten, bis die Butter weich und geschmeidig ist. Sie sollte aber immer noch kühl sein. Den Teig auf Klarsichtfolie streichen und mit einer zweiten Schicht Folie bedecken. Mit einem Rollholz den Teig zu einem Quadrat von ca. 12 mal 12 Zentimeter ausrollen. Ist der Teig zu warm, kurz in den Kühlschrank legen oder bei Zimmertemperatur abkühlen lassen.

3. Den Grundteig aus dem Kühlschrank nehmen und auf der leicht bemehlten Arbeitsfläche zu einem Quadrat von ca. 20 mal 20 Zentimeter ausrollen. Den Butterteig aus der Klarsichtfolie wickeln und schräg wie eine Raute auf den Grundteig legen. Mit einem Messerrücken die Umrisse des Butterteigs leicht in den Grundteig drücken, dann den Butterteig wieder entfernen. Mit dem Rollholz den Grundteig an jeder Seite des markierten Quadrats weiter ausrollen, so dass jeweils ein etwa 10 Zentimeter langer Teiglappen entsteht. Den Butterteig wieder in die markierte Fläche setzen und jeden Teiglappen nach innen über den Butterteig klappen. Dabei überschüssiges Mehl abklopfen.

4. Die Arbeitsfläche sowie die Oberfläche des Teigpakets erneut mit Mehl bestäuben. Den Teig zu einem Rechteck von ca. 20 mal 30 Zentimeter ausrollen. Überschüssiges Mehl abklopfen. Den Teig nun wie einen Brief zweimal umschlagen, d. h. zunächst das obere Drittel des Teigs nach innen klappen, dann das untere Drittel darüber schlagen, so dass ein dreilagiges Teigpaket entsteht. Dabei immer darauf achten, dass die rechteckige Form des Teigs bestehen bleibt. Diesen Vorgang nennt man die einfache Tour. Das Teigpaket so drehen, dass die offene Seite nach links zeigt, den Teig mit Mehl bestäuben und erneut zu einem 20 mal 30 Zentimeter großen Rechteck ausrollen. Nun das obere Viertel und das untere Viertel des Teigs nach innen schlagen, so dass die Teigenden in der Mitte zusammentreffen. Den Teig entlang der mittleren Kante zusammenklappen, so dass ein vierlagiges Teigpaket entsteht. Das Teigpaket hat nun eine Größe von etwa 8 mal 20 Zentimeter. Dies ist die doppelte Tour. Das Teigpaket gleichmäßig mit dem Rollholz leicht flach drücken, in Klarsichtfolie wickeln und 20 bis 30 Minuten kühl stellen.
5. Den Teig aus dem Kühlschrank nehmen und auf die leicht bemehlte Arbeitsfläche legen. Die Anweisungen aus Punkt vier wiederholen, d. h. den Teig noch einmal in einer einfachen, dann in einer doppelten Tour falten. Teig erneut in Klarsichtfolie mindestens 4 Stunden kühl stellen.

BRANDTEIG
Für etwa 16 Windbeutel

Für gewöhnlich sind die Zutaten für einen Teig kalt. Anders beim Brandteig, denn hier wird Mehl in ein kochendes Wasser-Fett-Gemisch gegeben. Dabei ist es wichtig, das Mehl sofort zuzugeben, sobald das Gemisch zu kochen beginnt, denn wenn vorher zu viel Wasser verdunstet, stimmen die Mengenverhältnisse nicht mehr, und der Teig könnte misslingen. Geben Sie das vierte Ei nur nach und nach in den Teig, je nach Feuchtigkeit und Konsistenz brauchen Sie es vielleicht nicht ganz.

⁂

¼ l Wasser
100 g Butter, in Würfel geschnitten
1 TL Zucker
1 Prise Salz
150 g Mehl
4 große Eier, zimmerwarm
(3 ganz, 1 verschlagen)

⁂

1. Wasser, Butter, Zucker und Salz bei mittlerer Hitze zum Kochen bringen, dabei gelegentlich umrühren, damit die Butter schmilzt bis das Wasser kocht. Das Mehl auf einmal in die kochende Flüssigkeit schütten und das Gemisch unter starkem Rühren so lange kochen lassen, bis sich ein Teigkloß gebildet hat. Die Hitze reduzieren und so lange weiterrühren, bis sich der Teigballen vom Boden des Topfes löst. Der Teig muss mindestens 1 Minute kochen, damit überschüssige Flüssigkeit verdampfen kann. Dabei die Temperatur gering halten, damit er nicht anbrennt.
2. Den Teig in eine mittelgroße Schüssel geben und mit dem Handrührgerät ein Ei nach dem anderen unterrühren. Jedes Ei muss erst gut mit dem Teig verbunden sein, ehe das nächste untergerührt wird. Nach und nach das vierte, verschlagene Ei zugeben, bis ein fester, glänzen-

der Teig entsteht. Ist noch Ei übrig, kann das fertige Gebäck vor dem Backen damit eingepinselt werden. Den noch warmen Teig sofort weiterverarbeiten.

MÜRBTEIG
Ergibt etwa 750 g Teig

Der süße Butterteig ist ganz einfach herzustellen und Grundlage für verschiedenstes Kleingebäck, für Obstkuchen und Weihnachtsplätzchen und gehört deshalb in allen Bäckereien zum Standardprogramm. Vielen ist er auch bekannt als 1-2-3-Teig, besteht er doch aus einem Teil Zucker, zwei Teilen Butter und drei Teilen Mehl. Eier und Wasser sind nicht unbedingt notwendig, dienen aber der Bindung und somit der leichteren Verarbeitung. Achten Sie darauf, dass die Butter in kühlem Zustand unter den Teig geknetet wird; ist sie zu weich, wird die Kruste beim Backen nicht richtig knusprig.

300 g Mehl
100 g Zucker
1 Prise Salz
200 g Butter, gekühlt, in Würfel geschnitten
1 großes Ei, verschlagen

Mehl, Zucker und Salz in einer mittelgroßen Schüssel vermischen. Die Butter und das Ei zugeben und mit den Händen oder den Knethaken des Handrührgeräts so lange kneten, bis ein fester, glatter Teig entsteht. Falls nötig, löffelweise etwas Wasser zugeben, um den Teig etwas feuchter zu machen. Aus dem Teig eine flache Scheibe formen, in Klarsichtfolie wickeln und vor dem Weiterverarbeiten etwa 30 Minuten im Kühlschrank kühl stellen.

FONDANTGLASUR
Ergibt etwa 200 g Glasur

In der österreichisch-ungarischen Küche werden traditionell viele Torten mit Fondantglasur überzogen. Sie muss unbedingt noch im warmen Zustand weiterverarbeitet werden. Wem das Selbermachen zu viel Arbeit ist, kann auch fertige Glasur kaufen.

500 g Puderzucker, gesiebt
75 ml Wasser, nach Bedarf etwas mehr
2 EL Glukosesirup

Zucker, Wasser und Glukosesirup in einem mittelgroßen Topf verrühren, bis sich der Zucker auflöst. Das Gemisch unter Rühren bei kleiner Hitze leicht erwärmen (keinesfalls erhitzen!). Falls nötig, zur Verdünnung etwas warmes Wasser zugeben, bis das Gemisch zähflüssig ist. Die Glasur noch warm verarbeiten.

KLEINE PORTION FONDANTGLASUR
Für eine kleinere Portion 150 g Puderzucker, 20 ml Wasser und 2 TL Glukosesirup in einem kleinen Topf wie oben angegeben verarbeiten.

KAFFEE-FONDANTGLASUR
Für diese Variante 500 g Puderzucker sowie 50 ml Wasser verwenden und zusätzlich 2 TL Espressopulver mit 1 EL kochendem Wasser auflösen und in die Glasur mischen.

ROSA FONDANTGLASUR
Zusätzlich 1 EL roten Himbeerlikör oder Crème de Cassis in die Standardmischung geben.

SCHOKOLADENGLASUR
Ergibt etwa 400 g Glasur

Die süße, dunkel schimmernde Glasur wurde ursprünglich als Überzug für die berühmte Sachertorte erfunden, wird aber inzwischen auch für unzählige andere Kuchen und Gebäckstücke verwendet. Die echte Schokoladenglasur wird beim Abkühlen zu einer festen Masse, sie behält jedoch immer ihre glänzende Oberfläche. Am besten gelingt das Glasieren, wenn der Kuchen vorher mit einer Schicht Konfitüre überzogen wird. Achten Sie dabei darauf, dass die Konfitüre vollkommen ausgekühlt und leicht fest geworden ist, bevor Sie die Schokoladenglasur auftragen. Wichtig ist außerdem, dass Sie die Glasur sofort nach Fertigstellung verarbeiten, solange sie noch warm und flüssig ist.

Übrig gebliebene Schokoladenglasur lässt sich übrigens wunderbar zu heißer Schokolade verarbeiten. Heben Sie die Reste einfach luftdicht verschlossen im Kühlschrank auf. Steht Ihnen der Sinn nach einer Tasse Schokolade, erhitzen Sie etwas Milch und je nach Geschmack einige Teelöffel der Schokoglasur in einem kleinen Topf bei mittlerer Hitze. Dabei häufig umrühren, damit die Schokolade schnell schmilzt und sich gut mit der Milch vermischt.

300 g Zucker
175 ml Wasser
175 g Blockschokolade, grob gehackt

1. Zucker, Wasser und gehackte Schokolade in einem mittelgroßen Topf bei großer Hitze zum Kochen bringen, dabei gelegentlich umrühren. Auf mittlere Hitze herunterschalten und die Mischung unter häufigem Rühren bei offenem Topf 5 Minuten kochen lassen.

2. Den Topf von der Herdplatte nehmen und die Mischung etwa 1 Minute weiterrühren, bis die Glasur etwas abgekühlt und leicht dickflüssig geworden ist. Sofort weiterverarbeiten und beim Ausgießen den Boden des Topfs nicht auskratzen.

KLEINE PORTION SCHOKOLADENGLASUR

Für eine kleinere Portion 200 Gramm Zucker, 1/8 Liter Wasser und 100 Gramm Blockschokolade in einem kleinen Topf wie oben angegeben verarbeiten.

MARILLENGLASUR
Ergibt etwa 200 g Glasur

»Marillen« ist die österreichische Bezeichnung für Aprikosen. Fruchtglasuren, die man ganz leicht aus Konfitüre herstellen kann, verbessern den Geschmack und sind außerdem eine gute Unterlage für jede weitere Glasur, z. B. aus Schokolade. Am besten eignen sich Aprikosen- oder rote Johannisbeerkonfitüre, denn ihr leicht säuerlicher Geschmack ist ein reizvoller Gegensatz zum süßen Kuchen. Natürlich können Sie auch – je nach Geschmack – jede andere Fruchtkonfitüre verwenden. Achten Sie aber darauf, Konfitüre und kein Fruchtgelee zu verwenden, das ein anderes Frucht-Zucker-Verhältnis hat und sich deshalb für die Glasur nicht eignet. Die Konfitüre muss einige Minuten köcheln, damit die Glasur gleichmäßig zähflüssig wird.

250 g Aprikosenkonfitüre
2 EL brauner Rum oder Wasser

Die Konfitüre mit dem Rum in einem kleinen Topf bei mittlerer Hitze zum Kochen bringen, dabei häufig umrühren. Unter ständigem Rühren etwa 2–3 Minuten weiterkochen, bis die Masse gleichmäßig zähflüssig ist. Die Glasur durch ein Sieb in eine kleine Schüssel streichen und noch warm weiterverarbeiten.

ROTE JOHANNISBEERGLASUR

Anstelle der Aprikosenkonfitüre rote Johannisbeerkonfitüre verwenden und mit dem Rum wie oben beschrieben verarbeiten.

SCHOKOLADENSAUCE
Ergibt etwa 400 ml Sauce

Die verführerisch süße Schokoladensauce verfeinert unzählige Süßspeisen und Desserts. Übrige Schokoladensauce kann im Kühlschrank aufgehoben und bei Bedarf in einem kleinen Topf erwärmt werden. Achten Sie darauf, dass die Sauce dabei nicht kocht.

½ l Wasser
150 g Zucker
175 g Blockschokolade, fein gerieben

Wasser, Zucker und geriebene Schokolade in einem kleinen Topf bei mittlerer Hitze zum Kochen bringen, dabei häufig umrühren. Die Mischung unter ständigem Rühren etwa 5 Minuten köcheln lassen, bis sie leicht dickflüssig ist, etwas abkühlen lassen und warm servieren.

SCHOKOLADENSAUCE MIT RUM
Anstelle des Wassers 2 EL Rum mit den übrigen Zutaten wie oben beschrieben verarbeiten.

VANILLESAUCE
Ergibt etwa 1/2 l Sauce

In einigen alten Kochbüchern heißt sie »Kanarienmilch« und wird in der Wiener Variante gekocht, denn durch die Speisestärke gerinnt das Eigelb beim Kochen nicht, die Sauce wird insgesamt dünnflüssiger, und der Eigeschmack tritt etwas in den Hintergrund. Vanillesauce ist eine hervorragende Ergänzung zu vielen typischen Wiener Süßspeisen.

2 EL Speisestärke
600 ml Milch
100 g Zucker
2 Eigelbe von großen Eiern
1 Vanilleschote, der Länge nach aufgeschnitten

1. In einer kleinen Schüssel die Speisestärke in 125 Milliliter Milch einrühren, bis sie sich ganz aufgelöst hat. Zucker und Eigelbe zugeben und mit dem Schneebesen gut verschlagen.
2. Die restliche Milch mit der aufgeschnittenen Vanilleschote in einem mittelgroßen Topf bei geringer Hitze kurz aufkochen lassen. Die Vanilleschote herausnehmen, das Mark auskratzen und in die Milch geben. Die Eigelbmischung nach und nach in die Milch einrühren.
3. Die Sauce noch einmal aufkochen lassen und unter ständigem Rühren etwa 3 Minuten kochen lassen. Sauce durch ein Sieb in eine Schüssel streichen und noch warm servieren.

SCHAUMOBERS
Für etwa 150 ml

Warum sollte man Baiser mit Schlagsahne kombinieren? Sobald Sie diese Mischung einmal auf eine warme Süßspeise geben, werden Sie es wissen: Das Eiweiß isoliert die Sahne, so dass sie nicht so schnell schmilzt. Ausserdem macht es die Sahne lockerer und verstärkt ihre weiße Farbe.

100 g Zucker
2 Eiweiße von großen Eiern, zimmerwarm
250 g Sahne, gekühlt
Mark von 1 Vanilleschote

1. Zucker und Eiweiße in einer mittelgroßen Schüssel mit dem Schneebesen verschlagen. Die Schüssel auf einen hohen Topf mit heißem Wasser setzen (das Wasser sollte den Boden der Schüssel nicht berühren). Die Masse weiterhin schlagen, bis sie erwärmt ist und sich der Zucker aufgelöst hat.
2. Die Eiweißmischung mit dem Handrührer zu steifem Schnee schlagen. Bevor die Sahne zugegeben wird, muss der Eischnee vollkommen abgekühlt sein. Deshalb, wenn nötig, den Eischnee kurz in eine Schüssel mit kaltem Wasser (kein Eiswasser) stellen.
3. Sahne und Vanillemark in einer mittelgroßen, gekühlten Schüssel sehr steif schlagen (durch die Zugabe des Eischnees wird die Sahne wieder etwas weicher). Eine große Portion der Schlagsahne unter den Eischnee heben, dann die Eischneemischung unter die restliche Sahne heben. Den Schaumobers bis zum Servieren zugedeckt im Kühlschrank aufbewahren.

SCHLAGOBERS
Für etwa 100 ml

»Schlagobers« ist die österreichische Bezeichnung für Schlagsahne, und er spielt eine wichtige Rolle im täglichen Leben der Wiener. Gern nimmt man einen Löffel Schlagobers auf den Kaffee oder Tee, zum Kuchen oder – die herzhafte Variante – als Verfeinerung auf die Suppe.

Zimmerwarme Sahne nimmt beim Schlagen weniger Luft auf, verwenden Sie also immer gekühlte Sahne direkt aus dem Kühlschrank, und schlagen Sie die Sahne in einer gekühlten Schüssel. Zum Süßen der Sahne eignet sich Puderzucker besser als Raffinade, denn die im Puderzucker enthaltene Stärke verhindert, dass die Sahne wässrig wird, wenn sie einige Stunden steht. Ein Hauch Vanille verfeinert den Schlagobers zusätzlich.

Sahne kann unterschiedlich steif geschlagen werden. Zum Verfeinern von Süßspeisen oder Kaffee wird sie nur leicht geschlagen, so dass sie nach dem Auftragen noch leicht zerfließt. Soll die Sahne dagegen nach dem Schlagen in einen Spritzbeutel gefüllt und zum Dekorieren von Torten verwendet werden, schlägt man sie sehr steif, damit sie ihre Form behält. Ein Zwischenstadium gibt es natürlich auch, wenn die Sahne beispielsweise als Grundlage für Tortenfüllungen dienen soll. Achten Sie immer darauf, die Sahne nicht zu sehr zu schlagen, denn dann befindet sie sich schnell in einem Vorstadium zur Butter.

250 g Sahne
2 EL Puderzucker
Mark von ½ Vanilleschote

Sahne mit Zucker und Vanillemark in eine gut gekühlte Schüssel geben. Mit den Quirlen des Handrührgeräts so lange schlagen, bis die Sahne die gewünschte Festigkeit hat. Werden auf der Masse kleine Hügel sichtbar, ist sie leicht geschlagen, bleiben die Abdrücke der Quirle nach dem Herausnehmen deutlich in der Masse sichtbar, ist sie sehr steif geschlagen.

EINFACHE KUCHEN

Nicht jedes Kaffeehaus versteht sich gleichzeitig als »Tortentempel«, wo nur ausgefallene, raffinierte Kreationen aus Sahne und Baiser serviert werden. Oft sind es gerade die einfachen, »hausgemachten« Süßspeisen nach Großmutters Art, auf die man besonders stolz ist. Einfache Kuchen werden häufig direkt im Café ganz frisch gebacken und verführerisch duftend noch in der Backform zum Verkauf angeboten. Auch die meisten Hausfrauen haben diese einfachen, aber typischen Rezepte im Repertoire, die schnell und unkompliziert zum Nachmittagskaffee gebacken werden können.

Die Geschichte des Kaffees

»Kaffee ist das Gold des einfachen Mannes; wie Gold gibt er ihm ein Gefühl von Luxus und Adel.«
—Abd al-Kadir—

Die Ursprünge des Kaffees sind passenderweise genauso dunkel und undurchsichtig wie das Gebräu selbst. Die Kaffeepflanze kommt ursprünglich aus der Provinz Kaffa in Äthiopien. Ironischerweise hat der Name Kaffa aber nichts mit der Bezeichnung »Kaffee« zu tun. Sie leitet sich vielmehr vom arabischen Wort ›qahwah‹ für Wein ab. Die Äthiopier verstanden es, aus den Kaffeebohnen ein dickflüssiges, dunkles Getränk zu brauen; es dauerte allerdings einige Zeit, bis der Kaffee seinen Siegeszug um die restliche Welt antrat.

Um die Entdeckung der belebenden Wirkung des Kaffees ranken sich viele Legenden; die bekannteste Version schrieb der christliche Maronitenmönch Faustus Nironus Banesius 1671 nieder: Ein Ziegenhirte hütete in der Nähe eines Klosters im Jemen des Nachts seine Herde und stellte erstaunt fest, dass seine Ziegenböcke zu nachtschlafender Zeit wie wild geworden herumsprangen. Er war sicher, dass dieses merkwürdige Verhalten an ihrem Futter liegen müsse und folgte den Tieren zu ihren gewohnten Futterplätzen. Dort sah er sie an einem ihm unbekannten Strauch mit kleinen roten Beeren und weißen Blüten herumknabbern. Der Hirte schnitt einige Zweige ab und brachte sie den Mönchen, die damit verschiedene Versuche anstellten und daraus schließlich ein Getränk brauten, das sie die ganze Nacht wach hielt. Die Nachricht dieses neuen Wundergebräus verbreitete sich daraufhin wie ein Lauffeuer in der gesamten arabischen Welt.

Die Geschichte von der Entdeckung des Ziegenhirten hat seit jeher ihren festen Platz bei den arabischen und türkischen Geschichtenerzählern. Eine Variante davon findet man sogar in der berühmten Märchensammlung »Aus 1001 Nacht«. Und da es die Religion den Muslimen verbietet, Wein oder Bier zu trinken, ist es auch nur logisch, dass ihr Prophet sie mit einem erlaubten Ersatzrauschmittel versorgt.

Das erste Kaffeehaus (›kahvehane‹) wurde 1554 in Konstantinopel eröffnet. Von Anfang an trafen sich hier belesene, intellektuelle Zeitgenossen, wie Schriftsteller und Dichter, die sich durch die lebendige Atmosphäre und die intensiven Gespräche anregen ließen – ganz zu schweigen vom Koffein.

Gegen Ende des 16. Jahrhunderts tauchten die ersten Kaffeehäuser in Europa auf. Papst Clemens III. genoss seine erste Tasse Kaffee im Jahr 1598 und nannte sie einen »wahrhaft christlichen Trank«. Damit machte er dieses muslimischste aller Getränke auch für die Christen gesellschaftsfähig, die von nun an ohne Schuldgefühle dem Kaffeegenuss frönen konnten. Daraufhin gab es bald die ersten Kaffeehäuser in den Metropolen Europas, so in Venedig (um 1645), in Hamburg (1671) und in Paris (1672). In London wurde das erste Kaffeehaus im Jahr 1652 eröffnet. Einige Jahre später machte Edward Lloyd dort ein Café auf, in dem er auch sein Fachblatt mit Neuigkeiten aus der Schifffahrtsindustrie vertrieb. Das war der Beginn des renommierten Versicherungsunternehmens Lloyd's of London.

Die Wiener hatten den Kaffee allerdings bis dato noch nicht für sich entdeckt. Der Legende nach war es der polnische Soldat Georg Franz Kolschitzky, der dies ändern sollte. Und auch wenn neuen Forschungen zufolge diese Legende wenig mit der Realität gemein hat, ist und bleibt sie doch eine erzählenswerte Geschichte.

Während der grausamen Türkenbelagerung von 1683 stand es um Wien sehr schlecht. Die schwarze Pest und die Entbehrungen des Dreißigjährigen Krieges hatten die Bevölkerung geschwächt, und der türkische Sultan Mohammed IV. sah seine Chance zur Eroberung gekommen. 20.000 belagerte Wiener mussten sich gegen 200.000 Türken zur Wehr zu setzen. Man versuchte verzweifelt, den europäischen Truppen, die sich zum Gegenangriff formierten, eine Botschaft aus der Stadt zukommen zu lassen. Als freiwilliger Bote meldete sich der Soldat Kolschitzky, der viele Jahre lang in der Türkei gedient hatte und sich deshalb unter den Türken unauffällig bewegen konnte. Seine Mission hatte Erfolg.

Am 12. September 1683 kam es zur entscheidenden Schlacht, in der die Türken eine Niederlage erlitten. In ihrer Hast ließen sie beim Rückzug vieles zurück, darunter 500 Sack merkwürdiger Bohnen, die die Wiener anfangs für Kamelfutter hielten. Als man begann, die türkischen Hinterlassenschaften zu verbrennen, erkannte

Kolschitzky das vertraute Aroma von geröstetem Kaffee, den er während seines Dienstes in der Türkei schätzen gelernt hatte. Schnell rettete er die übrigen Kaffeebohnen vor dem Feuer. Die Wiener Regierung wollte Kolschitzky für seinen tapferen Botengang belohnen und erwartete von ihm die übliche Bitte um einen Sack voll Gold. Er aber bat stattdessen um die verbliebenen Säcke mit »Kamelfutter« und um das kaiserliche Privileg, daraus ein Getränk brauen zu dürfen. Die Stadtväter stimmten gerne zu und schenkten ihm noch 200 Dukaten und ein eigenes Haus obendrein. Es heißt weiter, dass Kolschitzky sein erstes Kaffeegeschäft von seinem Haus in der Domgasse aus betrieb, wo heute noch eine Plakette an ihn erinnert. Schließlich eröffnete er in der Nähe von Schloss Belvedere das erste echte Kaffeehaus Wiens, das Haus »Zur blauen Flasche«. Es gibt auch eine Straße, die nach ihm benannt ist, die Kolschitzkygasse.

Eine wunderschöne Geschichte mit vielen dramatischen Höhepunkten, die aber 1980 durch den Historiker Karl Teply widerlegt wurde. Er entdeckte, dass die erste kaiserliche Lizenz zum alleinigen Vertrieb des türkischen Getränks für eine Zeitspanne von 20 Jahren am 12. Januar 1685 an den Kaufmann Johannes Diodato vergeben wurde. Der hatte das Kaffeebrauen in seiner Heimat Armenien gelernt. Teply ist der Meinung, Kolschitzky sei zwar ein Kriegsheld gewesen, der allerdings seinen Antrag auf eine Kaffeelizenz erst Jahre nach Diodato gestellt habe. Außerdem sei das Café »Zur blauen Flasche« erst 1703, neun Jahre nach Kolschitzkys Tod eröffnet worden.

Es ist zudem erwiesen, dass die Wiener zur Zeit der Türkenbelagerung mit dem Kaffee schon bestens vertraut waren. Im Jahr 1665 eröffnete der Große Botschafter der Türkei, Kara Mehmed Pascha, seine türkische Botschaft in der Wiener Leopoldstadt. Bald begann er, in seinem prunkvollen Salon Audienzen zu geben, bei denen nicht nur frisch gebrühter Kaffee, sondern auch Eiskaffee, eine weitere türkische Spezialität, serviert wurde. Es scheint also, als könnten weder Diodato noch Kolschitzky das Privileg für sich in Anspruch nehmen, den Wienern als Erste Kaffee serviert zu haben. Diese Ehre gebührt wohl den beiden türkischen ›kahveci‹ (Kaffeebrühern) des Pascha, Mehmed und Ibrahim. Als der Pascha Wien neun Monate später wieder verließ, war der Grundstein für die große Liebe der Wiener zum Kaffee gelegt.

Erst als ein weiterer Armenier, Isaak de Luca, 1697 seine Konzession zum Kaffeeverkauf erhielt, setzte sich das Kaffeehaus in Wien endgültig durch. Einen wesentlichen Beitrag dazu leisteten wieder die Türken, die im Jahr 1700 in friedlicher Mission nach Wien zurückkehrten und der Bevölkerung vielerlei Kaffeesorten zum Probieren mitbrachten. Darauf stieg die Nachfrage nach Kaffee sprunghaft an. Überdies löste die freundschaftliche Rückkehr der Türken eine regelrechte türkische Modewelle aus. Es war in, Wasserpfeife zu rauchen, Turbane und andere türkische Gewänder zu tragen und türkische Musik zu hören. Zur gleichen Zeit eröffneten de Luca und drei andere Armenier ihre Kaffeehäuser in Wien. Sie setzten auf besseren Service, boten mehr Gemütlichkeit als ihre Vorgänger und trafen damit den Geschmack der Wiener. Als de Luca 1729 starb, gab es in Wien elf neue Kaffeehäuser.

Die Kaffeehausbesitzer erkannten schnell, dass die Wiener von dem allzu starken und bitteren türkischen Kaffee nichts hielten und passten sich dem Geschmack ihrer Kunden an. Zunächst wurden die gemahlenen Kaffeebohnen, anders als beim traditionellen türkischen Kaffee, vor dem Servieren herausgefiltert. Dann wurde der Kaffee mit Honig gesüßt, eine Verbesserung, die freudig begrüßt wurde. Als man den Kaffee schließlich noch mit Milch und Sahne verfeinerte, waren die Wiener restlos begeistert. Diese erste Wiener Melange ist der Urahne von Cappuccino, Caffè latte und anderen Kreationen der Kaffeekultur, und sie ist den Wienern auch heute noch am liebsten.

Schon 1541 war Budapest von den Türken erobert worden, die es darauf ganze 150 Jahre besetzt hielten. Daran liegt es wohl auch, dass der Kaffee in Buda zum ersten Mal im Jahr 1579 auftauchte, 100 Jahre früher als in Wien. Als die »Ungläubigen« im Jahr 1686 aber endlich aus der Stadt vertrieben worden waren, hatte sich der Kaffee immer noch nicht etabliert. Die Ungarn nannten ihn anfangs sogar abwertend ›fekete leves‹ (schwarze Suppe). Die komplizierte türkische Etikette schrieb vor, dass während des Essens niemals Geschäftliches besprochen werden durfte. Sobald jedoch nach dem Essen der Kaffee serviert wurde, wandte man sich den heiklen Themen zu. Wenn man in Ungarn vor drohendem Unheil warnt, tut man das auch heute noch oft mit dem Satz: »Die schwarze Suppe ist noch nicht serviert.«

In Prag musste man sich gedulden, bis das neue Modegetränk aus Wien allmählich nordwärts wanderte. So bekam Prag sein erstes Kaffeehaus erst 1712. Prag und Budapest standen beide unter dem direkten Einfluss des Wiener Hofes, und genauso, wie der Kaffee und die dazugehörigen Kaffeehäuser in der Hauptstadt immer unentbehrlicher wurden, setzte sich diese Entwicklung auch allmählich im übrigen k. u. k. Reich fort.

Die einfacheren Kuchen werden – von einigen Ausnahmen abgesehen – immer aus einem Rührteig auf Butter-Zucker-Basis gefertigt und – im Gegensatz zu den Torten – ohne Glasuren oder sonstige Dekorationen serviert. Bis vor kurzem vermied man es, Backpulver als künstliches Treibmittel einzusetzen, und die Teige wurden allein durch die Zugabe von Eiern aufgelockert. Diese Methode ist aber inzwischen überholt, denn Kuchen werden mit Backpulver automatisch leichter und lockerer. Ein Stück Kuchen genießt man eigentlich immer mit einer Tasse Kaffee oder einem Löffel cremiger Schlagsahne, und so macht es nichts aus, wenn sie – ganz traditionell – etwas fester und trockener sind. Wie immer ist auch dies Geschmackssache.

Einfache Kuchen können verschiedene Formen haben. Für die Zwetschkenflecken (siehe Seite 55) wird der Teig beispielsweise auf dem Blech gebacken und zum Servieren in große Rechtecke geschnitten. Bei den Wienern sind auch die Rouladen sehr beliebt, die aus Biskuitteig gemacht, mit verschiedenen Sahnefüllungen rouladenartig gerollt und später einfach mit Puderzucker bestäubt werden (siehe Seite 56ff.). Und beim Guglhupf denkt man natürlich sofort an die ihm eigene, geschwungene Form. Er war ursprünglich ein Hefekuchen, der aber inzwischen häufiger aus Rührteig mit Backpulver gemacht wird. Es gibt zahllose Guglhupfvarianten, aber am beliebtesten ist wohl der einfache Marmorguglhupf (siehe Seite 50).

TOPFENTORTE
Für eine Springform von 26 cm ø

Dieser Kuchen aus leichtem, cremigem Topfen – die österreichische Bezeichnung für Sahnequark – ist in Wien, Budapest und Prag gleichermaßen verbreitet und beliebt. Für viele Bäckermeister sind Risse im Käsekuchen eine Katastrophe; sie entstehen, wenn der Kuchen zu lange gebacken wird. Lassen Sie den Kuchen also nie länger als vorgeschrieben im Backofen, selbst wenn er in der Mitte noch nicht durchgebacken zu sein scheint. Die gespeicherte Restwärme wirkt auch außerhalb des Backofens noch auf den Kuchen ein, und im Kühlschrank wird er außerdem zusätzlich fester. Und selbst wenn einige kleine Haarrisse an der Oberfläche des Kuchens entstehen, so beeinträchtigt das den Geschmack ganz und gar nicht.

FÜR DEN TEIG
150 g Mehl
50 g Zucker
1 Prise Salz
100 g kühle Butter, in Flocken geschnitten
2 Eigelbe von großen Eiern
Abgeriebene Schale von ½ Zitrone
Mark von ¼ Vanilleschote

FÜR DIE QUARKFÜLLUNG
450 g Sahnequark
250 g Sauerrahm
150 g Zucker
70 ml Milch
2 EL Speisestärke
Mark von 2 Vanilleschoten
Abgeriebene Schale von ½ Zitrone
¼ TL Salz
4 große Eier, getrennt, zimmerwarm
Zusätzlich 1 Eiweiß von einem großen Ei, zimmerwarm
40 g Rosinen
20 g Mandelblättchen

1. Backofen auf 175 °C vorheizen. Springform leicht einfetten. Mehl, Zucker und Salz in einer mittelgroßen Schüssel mischen. Mit dem Handrührer die Butterflocken unterrühren, bis ein grober Teig entstanden ist. In die Mitte des Teigs eine Mulde drücken. In einer kleinen Schüssel Eigelbe, abgeriebene Zitronenschale und Vanillemark vermischen und in die Teigmulde geben. Alles mit dem Rührgerät zu einem glatten, festen Teig verkneten. Den Teig aus der Schüssel nehmen und mit den Händen gleichmäßig auf Boden und Rand (ca. 2 Zentimeter hoch) der Springform verteilen. Den Boden mehrmals mit der Gabel einstechen und 2 Minuten kühl stellen.

2. Boden auf der mittleren Schiene des Backofens etwa 12 Minuten backen, bis er leicht goldgelb ist. Boden aus dem Backofen nehmen und völlig erkalten lassen.

3. Für die Füllung den Sahnequark durch ein Drahtsieb in eine mittelgroße Schüssel streichen. Sauerrahm, 50 Gramm Zucker, Milch, Speisestärke, Vanillemark, abgeriebene Zitronenschale und Salz zugeben und mit dem Handrührer auf mittlerer Stufe verrühren, dabei nach und nach die Eigelbe zugeben.

4. Mit dem Handrührer die fünf Eiweiße auf höchster Stufe zu steifem Schnee schlagen, dabei nach und nach den restlichen Zucker einrieseln lassen. Etwa ein Viertel des Eischnees unter die Quarkmischung rühren, den Rest unterheben. Die Quarkfüllung gleichmäßig auf dem erkalteten Kuchenboden verteilen und glatt streichen. Rosinen und Mandelblättchen auf die Quarkmasse streuen.

5. Den Kuchen etwa 40–45 Minuten backen, bis er am Rand goldbraun wird. Käsekuchen aus dem Backofen nehmen, auch wenn er in der Mitte noch zu hell und zu weich scheint.

6. Sofort nach dem Herausnehmen mit einem scharfen Messer an der Innenseite der Springform entlangfahren, damit sich der Kuchen von der Form löst. Die Seiten der Springform entfernen, den Kuchen auf ein Kuchengitter stellen und vollständig erkalten lassen. Den Kuchen mit Klarsichtfolie abdecken und 2–12 Stunden kühl stellen. Den Kuchen kühl servieren, zum Anschneiden ein Messer in heißes Wasser tauchen.

BACKTIPP

Die Topfentorte kann bereits zwei Tage im Voraus zubereitet werden. Im Kühlschrank zugedeckt aufbewahren!

MARILLENKUCHEN
Für eine Obstkuchenform von 26 cm ⌀

»Marillen« ist die österreichische Bezeichnung für Aprikosen. Reif und saftig eignen sie sich besonders gut als Obstkuchenbelag. Wie bei den meisten Obstkuchen wird auch für diesen Marillenkuchen normaler Mürbteig für den Boden verwendet. Dabei wird ein Rest des Mürbteigs zurückgehalten und später als Streusel über die Früchte gegeben.

Mürbteig (siehe Seite 31)
500 g reife Aprikosen, entsteint und geviertelt
3 EL Zucker
2 EL Sahne

1. Den Backofen auf 200 °C vorheizen. Eine Obstkuchenform leicht einfetten.
2. Zwei Drittel des Teigs gleichmäßig auf Boden und Rand der Form verteilen und die Ränder festdrücken. Den Teigboden mehrmals mit der Gabel einstechen und 10 Minuten ins Gefrierfach stellen.
3. Die Form aus dem Gefrierfach nehmen, den Teigboden mit Alufolie auslegen und gleichmäßig mit trockenen Hülsenfrüchten, z. B. Erbsen, füllen. Den Boden auf der mittleren Schiene des Backofens etwa 12 Minuten backen. Hülsenfrüchte und Alufolie entfernen und den Boden weitere 5 Minuten backen, bis er trocken, aber noch hell aussieht.
4. Die Form aus dem Backofen nehmen. Marillen mit der Schnittfläche nach oben kreisförmig auf den Kuchenboden legen. Den Zucker darauf streuen und die Sahne darüber gießen. Den zurückbehaltenen Teig zu Streuseln zerkrümeln und die Streusel auf dem Kuchen verteilen.
5. Den Kuchen erneut in den Backofen schieben, Temperatur auf 175 °C reduzieren. Etwa 30 Minuten backen, bis die Streusel goldbraun sind. Den Kuchen aus dem Backofen nehmen, die Seiten der Form entfernen und den Kuchen auf einem Kuchengitter vollkommen erkalten lassen.

MARILLENFLECKEN
Für ein Backblech

Dies ist eine der beliebtesten Kaffeehausspezialitäten, und fast jeder Bäcker hat das Rezept im Kopf. Dieses spezielle Rezept hat mir Gerda Hofer verraten – und auch sie hat es auswendig aufgeschrieben. Es enthält Kompottmarillen, die immer gleich süß und saftig sind und genauso gut verwendet werden können wie frisches Obst. Wenn Sie frische Marillen bevorzugen, achten Sie darauf, dass sie ganz reif sind. Frische Früchte sollten Sie vor dem Backen zusätzlich mit zwei Esslöffeln Zucker bestreuen.

200 g kühle Butter
200 g Zucker
4 große Eier, zimmerwarm
Mark von 1 Vanilleschote
200 g Mehl
1 ½ TL Backpulver
1 Prise Salz
2 EL frisch gepresster Zitronensaft
Abgeriebene Schale von ½ Zitrone
450 g Kompottmarillen, gut abgetropft
Puderzucker, zum Besieben

1. Backofen auf 175 °C vorheizen. Das Backblech leicht einfetten.
2. Die Butter in einer mittelgroßen Schüssel mit dem Handrührgerät auf höchster Stufe etwa 1 Minute rühren, bis sie weich und cremig ist. Zucker zugeben und etwa 2 Minuten weiter rühren, bis die Mischung hell und schaumig ist. Nach und nach die Eier zufügen, dabei jedes Ei zuerst gut mit der Masse verquirlen, bevor das nächste zugegeben wird. Vanillemark einrühren. Mehl mit Backpulver und Salz sieben und unter den Teig rühren. Zum Schluss Zitronensaft und -schale unterrühren.
3. Den Teig gleichmäßig auf das Backblech streichen. Kompottmarillen halbieren oder vierteln und auf dem Teig verteilen. Auf der mittleren Schiene des Backofens den Kuchen 25–30 Minuten backen. Garprobe machen, d. h. mit einem Holzstäbchen an der dicksten Stelle des

Kuchens einstechen. Bleiben beim Herausziehen keine Teigreste mehr am Stäbchen hängen, ist der Kuchen durchgebacken. Den fertigen Kuchen aus dem Backofen nehmen, auf ein Kuchengitter stellen und völlig erkalten lassen.

4. Den Kuchen vor dem Servieren mit Puderzucker besieben und in 20 Stücke schneiden.

KIRSCH-MANDEL-SCHNITTEN
- Meggyes Piskóta -
Für ein Backblech

Diese Kirschschnitten sind in Ungarn und der Tschechischen Republik – wo sie *bublanina* heißen – besonders beliebt. Dort werden meist keine entsteinten Kirschen verwendet, so dass das leichte Mandelaroma der Kirschkerne den Kuchen noch zusätzlich verfeinert. Das nachfolgende Rezept enthält zum besseren Verzehr allerdings entsteinte Kirschen und außerdem geriebene Mandeln.

50 g Mandelblättchen
200 g Mehl
1 TL Backpulver
¼ TL Salz
250 g kühle Butter
300 g Zucker
6 große Eier, getrennt, zimmerwarm
Mark von 1 Vanilleschote
½ TL Mandelextrakt
450 g süße Kirschen, entsteint
Puderzucker zum Besieben

1. Den Backofen auf 190 °C vorheizen. Das Backblech leicht einfetten und mit Semmelbröseln ausstreuen. Überschüssige Brösel abklopfen.

2. Mandelblättchen mit Mehl, Backpulver und Salz im Mixer zerkleinern, bis die Mandeln ganz fein – fast mehlartig – zermahlen sind. In einer Schüssel beiseite stellen.

3. Die Butter in einer mittelgroßen Schüssel mit dem Handrührgerät auf höchster Stufe etwa 1 Minute rühren, bis sie weich und cremig ist. Nach und nach den Zucker zugeben und etwa 2 Minuten weiterrühren, bis die Mischung hell und schaumig ist. Die Eigelbe nach und nach zufügen. Vanillemark und Mandelextrakt einrühren.

4. Mit dem Handrührer das Eiweiß auf höchster Stufe zu steifem Schnee schlagen. Zunächst die Hälfte des Eischnees, dann die Hälfte der Mandelmischung unter den Butterteig heben. Mit dem restlichen Eischnee und der restlichen Mandelmischung ebenso verfahren, so dass ein fester Teig entsteht. Den Teig gleichmäßig auf das Backblech streichen und die Kirschen reihenförmig darauf verteilen.

5. Den Kuchen auf der mittleren Schiene des Backofens etwa 35 Minuten goldbraun backen, aus dem Backofen nehmen und vor dem Servieren mit Puderzucker besieben. Der Kuchen kann warm oder kalt serviert werden.

REHRÜCKEN
Für eine Rehrückenform von 30 cm Länge

Normalerweise wird ein Rehrücken mit langen Speckstreifen gespickt, die das magere Fleisch beim Braten saftiger machen sollen. Wer Schokolade liebt, verbindet mit dem Wort Rehrücken aber ganz klar den köstlichen Schokoladenkuchen, gebacken in einer langen Halbrundform, die eben einem Rehrücken nachempfunden ist. Die Täuschung wird noch perfekter, wenn man geschälte Mandelstifte – wie Speckstreifen – überall in die Schokoladenglasur steckt. Der süße Rehrücken wird nie mit Mehl, sondern mit Kuchenbröseln, Mandeln und feinen Gewürzen gemacht. Sie können eingefrorene Kuchenbrösel verwenden (siehe Seite 47) oder aber einen kleinen fertigen Kuchen in der Bäckerei kaufen und zerbröseln.

100 g zartbittere Blockschokolade, fein gerieben
40 g Mandelblättchen
60 g Kuchenbrösel (siehe oben)
¼ TL gemahlener Zimt
Schale von 1 Zitrone
4 große Eier, getrennt, zimmerwarm
100 g Zucker
25 g Butter, geschmolzen
70 g rote Johannisbeerglasur (siehe Seite 32), warm
Kleine Portion Schokoladenglasur (siehe Seite 32), heiß
50 g Mandelstifte zum Garnieren

1. Backofen auf 175 °C vorheizen. Rehrückenform mit einem Backpinsel einfetten und mit Mehl ausstäuben. Überschüssiges Mehl abklopfen.
2. Die Blockschokolade im Wasserbad schmelzen, dabei darauf achten, dass das Wasser nicht kocht. Leicht abkühlen lassen.
3. Die Mandelblättchen mit den Kuchenbröseln im Mixer zerkleinern, bis die Mandeln sehr fein – fast mehlartig – zermahlen sind. Zimt und Zitronenschale zugeben und nochmals durchmixen.
4. In einer mittelgroßen Schüssel die Eigelbe und die Hälfte des Zuckers mit dem Handrührgerät auf höchster Stufe etwa 2 Minuten schlagen. Zuerst geschmolzene Butter und Schokolade, dann die Mandelmischung unterrühren.
5. Mit dem Handrührer das Eiweiß auf höchster Stufe zu steifem Schnee schlagen, dabei nach und nach den restlichen Zucker einrieseln lassen. Ein Viertel des Eischnees unter den Schokoladenteig rühren, den restlichen Eischnee unterheben. Den Teig in die Form füllen.
6. Den Kuchen auf der mittleren Schiene des Backofens etwa 35 Minuten backen. Garprobe machen. Den Kuchen aus dem Backofen nehmen und in der Form etwa 5 Minuten abkühlen lassen. (der Kuchen kann sich leicht senken.) Kuchen auf ein Kuchengitter stürzen und völlig erkalten lassen.
7. Den erkalteten Kuchen auf ein Backblech setzen, mit der warmen Johannisbeerglasur überziehen und auskühlen lassen, damit die Glasur fest wird.
8. Die warme Schokoladenglasur über den Kuchen gießen und mit einem Metallspatel gleichmäßig verstreichen. Den Kuchen mit den Mandelstiften spicken. Dabei nicht zu viele Mandelstifte verwenden, sonst wird der Kuchen zu nussig. Jeweils zwei parallele Reihen im Abstand von 1 Zentimeter zu beiden Seiten der geraden Mittellinie genügen. Den fertigen Kuchen kühl stellen, damit die Glasur fest wird. Gekühlt oder zimmerwarm servieren.

DIE GESCHICHTE DER BURGTHEATERTORTE

Das Burgtheater an der Ringstraße in der Nähe der Hofburg war Österreichs Hoftheater, und es profitierte von der Großzügigkeit des Kaisers: Als das Theater um 1880 umgebaut wurde, war es Gustav Klimt, der die neuen Wandgemälde gestaltete. Seine freizügigen Nymphen sorgten in der Wiener Kunstwelt für einige Aufregung. Die Hofbäckerei Demel kreierte außerdem eigens die Burgtheatertorte als Imbiss für die Theaterpausen.

Kaiser Franz Joseph besuchte das Burgtheater oft, jedoch war sein Geschmack, was das Theater und auch das Essen anbetraf, eher einfach. Seine Lieblingsschauspielerin war die bezaubernde Soubrette Katharina Schratt, die sowohl ihm als auch seiner Frau Elisabeth eine Freundin und Vertraute wurde. Trotz (oder vielleicht gerade wegen) der Gerüchte um Katharinas Freundschaft zum Kaiser tat das Kaiserpaar alles, um dem Volk und der Presse zu zeigen, dass es über Frau Schratts Position innerhalb der kaiserlichen Familie keinerlei Missverständnisse gab. Nach dem dramatischen Tod des Kronprinzen Rudolf und der Ermordung der Kaiserin Elisabeth wurde die Freundschaft zwischen Katharina und dem Kaiser noch enger, es gibt jedoch keine Beweise für eine Liebesbeziehung der beiden. Natürlich ist es möglich, dass sie »nur« gute Freunde waren. Es heißt, ihre Beziehung habe in späteren Jahren gelitten, denn Katharina nahm es dem Kaiser sehr übel, als er sich weigerte, ihr einen höheren Adelstitel zu verleihen. Er fürchtete jedoch, dies könne als Zeichen gewertet werden, dass es doch eine romantische Beziehung zwischen ihnen gäbe. Kurz bevor der Kaiser starb, kam es jedoch zur Versöhnung. Mit dem Tod Franz Josephs ging auch die k. u. k. Monarchie unter und damit der Lebensstil, den beide so geliebt hatten.

Katharina war eine talentierte Köchin, und der Kaiser liebte ihre Küche. So kam er oft schon morgens zum Frühstück zu ihr. Für den Fall, dass ihr hausgemachter Guglhupf ihren hohen Ansprüchen einmal nicht genügte, konnte sie sich jederzeit sofort vom Haus Zauner, der besten Bäckerei in Bad Ischl, wo Katharina und Franz Joseph Sommersitze besaßen, einen Ersatzguglhupf liefern lassen.

Vor einigen Jahren wurde Katharina Schratts handgeschriebene Rezeptsammlung gefunden und in dem Buch »To set before the King« (University of Iowa Press) veröffentlicht. Das Buch gewährt einen faszinierenden Einblick in die Küche der gehobenen Gesellschaft im Wien des ausgehenden 19. Jahrhunderts.

BURGTHEATERTORTE
Für eine Springform von 26 cm ø

Wenn man es nicht so süß mag, bestellt man sich im berühmten Café Demel in Wien am besten ein Stück Burgtheatertorte. In einer Bäckerei verdirbt nichts; alles, selbst übrig gebliebene Kuchenreste werden verwertet. Im nachfolgenden Rezept dienen sie als Grundlage für einen saftigen Schoko-Mandel-Kuchen mit Orangeat. Natürlich fallen in einer Bäckerei die hier benötigten 400 Gramm Kuchenbrösel innerhalb eines Tages leicht an, schließlich werden dort routinemäßig unzählige Kuchen von überstehenden Rändern befreit. Wollen Sie den Kuchen aber zu Hause machen, brauchen Sie eine Strategie – es sei denn, Sie backen häufig und frieren Ihre Kuchenreste ein, bis die vorgeschriebene Menge erreicht ist. Andernfalls können Sie einen kleinen Schokoladenkuchen speziell für dieses Rezept backen. (Der Teig für die Schokoladenbiskuittorte, siehe Seite 24, oder die Sachertorte, siehe Seite 74, eignet sich am besten dafür.) Oder Sie kaufen einen fertigen Kuchen in der Bäckerei. Aber denken Sie daran: Je besser Ihre Kuchenbrösel, desto besser gelingt der Kuchen.

150 g Mandelblättchen
280 g Puderzucker
2 EL Kakaopulver
250 g Butter, zimmerwarm
6 große Eier, zimmerwarm
1 TL Zimt
400 g Schokoladenkuchenreste, im Mixer oder in der Küchenmaschine zu Bröseln zerkleinert
75 g gewürfeltes Orangeat
70 g rote Johannisbeerglasur, warm
Puderzucker zum Besieben/Garnieren

1. Backofen auf 175 °C vorheizen. Die Seitenränder der Springform gut einfetten, den Boden mit rund zugeschnittenem Backpapier auslegen und die Form mit Mehl ausstäuben.

2. Die Mandelblättchen mit 35 Gramm Puderzucker und dem Kakaopulver im Mixer zerkleinern, bis die Mandeln sehr fein – fast mehlartig – zermahlen sind.

3. Die Butter in einer mittelgroßen Schüssel mit dem Handrührgerät auf der höchsten Stufe etwa 1 Minute cremig rühren. Den restlichen Puderzucker auf kleinster Stufe unterrühren. Dann die Butter mit dem Zucker nochmals etwa 2 Minuten auf der höchsten Stufe rühren, bis die Mischung hell und schaumig ist. Nach und nach die Eier zugeben und den Zimt untermischen. Die Mandelmischung, die Kuchenbrösel und das Orangeat unterrühren. Den Teig gleichmäßig in der Form verteilen und glatt streichen.

4. Den Kuchen auf der mittleren Schiene des Backofens etwa 1 Stunde backen. Garprobe machen. Kuchen aus dem Backofen nehmen und etwa 5 Minuten abkühlen lassen. Mit einem Messer an der Innenseite der Form entlangfahren, um den Kuchen zu lösen. Den Rand der Springform entfernen, den Kuchen auf das Kuchengitter stürzen und das Backpapier abziehen. Den Kuchen völlig erkalten lassen.

5. Kuchen umdrehen und mit einem Zackenmesser einmal quer halbieren. Die untere Hälfte mit der warmen Glasur bestreichen und den Kuchen wieder zusammensetzen. Den Kuchen mit reichlich Puderzucker besieben. Mit einem scharfen Messer ein Karomuster in den Puderzucker ziehen. Vor dem Servieren 1 Stunde bei Zimmertemperatur durchziehen lassen.

MOHNGUGLHUPF
Für eine Guglhupfform von 26 cm ø

Ihre Gäste werden über den aromatischen Geschmack dieses Kuchens völlig verblüfft sein. Wonach schmeckt er wohl? Ist es etwa Kardamom, die chinesische Fünf-Elemente-Gewürzmischung oder sogar etwas noch Exotischeres? Sie werden überrascht sein, wenn Sie erfahren, dass des Rätsels Lösung nichts weiter als frisch gemahlener Mohn ist.

200 g kühle Butter
150 g Puderzucker
4 große Eier, zimmerwarm
Abgeriebene Schale von 1 Zitrone
250 g Mehl
2 TL Backpulver
1 Prise Salz
150 g Mohn, gemahlen (siehe Seite 225)
⅛ l Milch
2 EL brauner Rum
Mark von 1 Vanilleschote

1. Backofen auf 175 °C vorheizen. Form mit einem Backpinsel einfetten und mit Mehl ausstäuben. Überschüssiges Mehl abklopfen.
2. In einer mittelgroßen Schüssel die Butter mit dem Handrührgerät auf höchster Stufe etwa 1 Minute cremig rühren. Auf kleinster Stufe den Puderzucker unterrühren. Dann die Butter mit dem Zucker nochmals etwa 3 Minuten auf höchster Stufe rühren, bis sie hell und schaumig ist. Nach und nach die Eier und die Zitronenschale unterrühren.
3. Mehl, Backpulver und Salz in eine mittelgroße Schüssel sieben und den gemahlenen Mohn untermischen. Milch, Rum und Vanillemark in einer kleinen Schüssel mischen. Erst die Hälfte der Mehlmischung, dann die Hälfte der Milchmischung in den Butterteig rühren. Mit der restlichen Mehl- und Milchmischung ebenso verfahren. Den Teig gleichmäßig in die Form einfüllen.
4. Den Kuchen auf der mittleren Schiene des Backofens 50–60 Minuten backen. Garprobe machen. Den Kuchen aus dem Backofen nehmen und 10 Minuten abkühlen lassen. Den Guglhupf auf ein Kuchengitter stürzen und völlig erkalten lassen.

BANANENGUGLHUPF
Für eine Guglhupfform von 26 cm ø

Dieser Guglhupf mit intensiv süßem Bananenaroma ist eine relativ neue Errungenschaft der österreichisch-ungarischen Backkunst. Vielleicht stand dafür sogar das typisch amerikanische *banana bread* Pate. Verwenden Sie am besten reife Bananen – kleine schwarze Flecken auf der Schale sind erlaubt. Die Bananen sollten jedoch nicht überreif und matschig sein.

100 g kühle Butter
150 g Puderzucker
4 große Eier, zimmerwarm
300 g Mehl
2 TL Backpulver
1 Prise Salz
3 mittelgroße reife Bananen, zerdrückt
150 g brauner Zucker
75 g Sahne
Mark von 1 Vanilleschote
Abgeriebene Schale von 1 Zitrone

1. Backofen auf 175 °C vorheizen. Die Form mit einem Backpinsel einfetten und mit Mehl ausstäuben. Überschüssiges Mehl abklopfen.
2. In einer mittelgroßen Schüssel die Butter mit dem Handrührgerät auf höchster Stufe etwa 1 Minute cremig rühren. Den Puderzucker auf kleinster Stufe unterrühren. Dann die Butter mit dem Zucker nochmals etwa 3 Minuten auf der höchsten Stufe rühren, bis sie hell und schaumig ist. Nach und nach die Eier unterrühren.
3. Mehl, Backpulver und Salz in eine mittelgroße Schüssel sieben und beiseite stellen. In einer zweiten mittelgroßen Schüssel die zerdrückten Bananen mit braunem Zucker, Sahne, Vanillemark und Zitronenschale mit dem Handrühr-

gerät verrühren. Abwechselnd Mehl- und Bananenmischung jeweils portionsweise unter den Butterteig rühren. Den fertigen Teig so lange rühren, bis er weich und geschmeidig ist. Den Teig in die Form füllen und glatt streichen.
4. Den Kuchen auf der mittleren Schiene des Backofens 50–60 Minuten backen. Garprobe machen. Den Kuchen aus dem Backofen nehmen und 10 Minuten abkühlen lassen. Bananenguglhupf auf ein Kuchengitter stürzen und völlig erkalten lassen.

MARMORGUGLHUPF
Für eine Guglhupfform von 26 cm ø

Das Rezept für diesen zarten, saftigen Kuchen stammt direkt vom Café Demel in Wien und wurde nur durch die Zugabe von etwas Backpulver leicht abgewandelt.

50 g zartbittere Blockschokolade, fein gerieben
300 g Mehl
2 TL Backpulver
¼ TL Salz
⅛ l Milch
Mark von 2 Vanilleschoten
250 g kühle Butter
175 g Puderzucker
6 große Eier, getrennt, zimmerwarm
150 g Zucker
Puderzucker zum Besieben

1. Den Backofen auf 175 °C vorheizen. Die Form mit einem Backpinsel einfetten und mit Mehl ausstäuben. Überschüssiges Mehl abklopfen.
2. Geriebene Schokolade im Wasserbad schmelzen, dabei darauf achten, dass das Wasser nicht kocht. Den Topf von der Herdplatte nehmen und die Schokolade leicht auskühlen lassen, dabei gelegentlich umrühren, bis sie lauwarm ist.
3. Mehl, Backpulver und Salz sieben. Milch und Vanillemark in einer kleinen Schüssel verrühren.

4. In einer großen Schüssel die Butter mit dem Handrührgerät auf höchster Stufe etwa 1 Minute cremig rühren. Den Puderzucker auf kleinster Stufe unterrühren. Dann die Butter mit dem Zucker nochmals etwa 2 Minuten auf der höchsten Stufe rühren, bis sie hell und schaumig ist. Nach und nach die Eigelbe unterrühren.
5. Mit dem Handrührer das Eiweiß auf höchster Stufe zu steifem Schnee schlagen, dabei nach und nach den Zucker einrieseln lassen. Ein Viertel des Eischnees unter den Butterteig rühren. Die Hälfte der Mehlmischung, dann die Hälfte der Vanillemilch unter den Teig mischen. Mit der restlichen Mehl- und Milchmischung ebenso verfahren. Zum Abschluss den restlichen Eischnee unterheben. Etwa ein Drittel des Teigs in eine mittelgroße Schüssel geben und die geschmolzene Schokolade untermischen.
6. Die Hälfte des hellen Teigs in die Form füllen. Den Schokoladenteig löffelweise darüber geben und mit dem restlichen hellen Teig abdecken. Mit einem langen Messer in Zickzacklinien durch den Teig fahren.
7. Kuchen auf der mittleren Schiene des Backofens etwa 1 Stunde backen. Garprobe machen. Aus dem Backofen nehmen und 10 Minuten abkühlen lassen. Guglhupf auf ein Kuchengitter stürzen und völlig erkalten lassen. Vor dem Servieren mit Puderzucker besieben.

MARONISCHNITTEN
- Gesztenyeszelet -

Für ein Backblech

In Mitteleuropa, besonders in Ungarn, ist die Leidenschaft für Maroni weit verbreitet. Kein Wunder, werden doch hier mit die besten Esskastanien in ganz Europa geerntet. In anderen Ländern stehen Maroni eher selten auf dem Speiseplan – vielleicht ist das recht umständliche Schälen der Früchte daran schuld. In diesem Rezept wird deshalb Maronenpüree verwendet, das teilweise im Grundteig, teilweise zu einer Maroni-Sahne-Haube verarbeitet wird.

FÜR DEN TEIG
6 große Eier, zimmerwarm
100 g Zucker
3 EL ungesüßtes Maronenpüree
Mark von 1 Vanilleschote
1 Prise Salz
100 g Mehl

FÜR DEN WEINBRANDSIRUP
1/8 l Wasser
75 g Zucker
30 ml Weinbrand

FÜR DIE MARONI-SAHNE-HAUBE
300 g ungesüßtes Maronenpüree
200 g Puderzucker
Mark von 2 Vanilleschoten
500 g Sahne

50 g zartbittere Blockschokolade zum Garnieren

1. Den Backofen auf 175 °C vorheizen. Backblech leicht einfetten und mit Mehl bestäuben. Überschüssiges Mehl abklopfen.
2. Für den Teig Eier und Zucker in eine hitzebeständige Schüssel geben und in einen hohen Topf mit heißem Wasser stellen (das Wasser sollte den Boden der Schüssel nicht berühren). Die Mischung mit einem großen Schneebesen schlagen, bis sie sich erwärmt und der Zucker sich aufgelöst hat. Die Schüssel aus dem Topf nehmen und die Mischung mit dem Handrührgerät auf höchster Stufe etwa 3 Minuten schlagen, bis sich ihr Volumen verdreifacht hat und sie sehr leicht und flockig ist. Maronenpüree, Vanillemark und Salz zugeben und weiterhin schlagen, bis ein homogener Teig entsteht. Die Hälfte des Mehls über den Teig sieben und mit einem großen Schneebesen oder einem Gummispatel unterheben. Mit dem restlichen Mehl ebenso verfahren. Den Teig gleichmäßig auf das Backblech streichen.
3. Den Kuchen auf der mittleren Schiene des Backofens etwa 20 Minuten goldbraun backen. Garprobe machen. Kuchen aus dem Backofen nehmen und völlig erkalten lassen.
4. Für den Sirup Wasser und Zucker in einer kleinen Schüssel bei großer Hitze zum Kochen bringen, dabei häufig umrühren, damit sich der Zucker auflöst. Die Mischung etwa 1 Minute kochen lassen. Völlig erkalten lassen, dann den Weinbrand einrühren.
5. Für die Sahnehaube das Maronenpüree mit der Hälfte des Puderzuckers und dem Vanillemark in einer mittelgroßen Schüssel mit dem Handrührer auf kleinster Stufe verrühren, so dass eine gleichmäßige Masse entsteht. In einer gekühlten Schüssel die Sahne mit dem restlichen Puderzucker steif schlagen. Zur Auflockerung einen großen Esslöffel Schlagsahne unter die Maronimischung rühren, die restliche Schlagsahne unterheben.
6. Den Weinbrandsirup über den Kuchen gießen und mit einem Backpinsel verstreichen. Die Maronisahne gleichmäßig darüber streichen. Die Blockschokolade in nicht zu feinen Flocken über die Sahnehaube reiben. Den fertigen Kuchen lose mit Klarsichtfolie bedecken und mindestens 2 Stunden kühl stellen.
7. Den Kuchen in zwölf Rechtecke schneiden und direkt vom Backblech gekühlt servieren.

BISCHOFSBROT
Für eine Rehrückenform von 30 cm Länge oder eine Kastenform von 26 cm Länge

Stellen Sie sich den Wiener Bischof vor, wie er in seinen Privatgemächern seinen Gästen einen einfachen und doch schmackhaften Kuchen zu einer Tasse Kaffee oder einem kleinen Gläschen Likör serviert. So bekam das Bischofsbrot, dieser besondere Mandel-Frucht-Kuchen, seinen Namen. Einige Bischofsbrotrezepte sind recht karg gehalten und enthalten lediglich ein paar kandierte Früchte. Das vorliegende Rezept allerdings muss ursprünglich aus einem recht reichen Bistum stammen. Es basiert auf einer Vorlage aus »Das große Buch der österreichischen Mehlspeisen« und enthält neben den obligatorischen Trockenfrüchten noch Marzipan, Schokolade, Rum und Nüsse. Das Bischofsbrot kann entweder in der Rehrückenform oder in einer einfachen Kastenform gebacken werden.

FÜR DIE FRUCHTMISCHUNG
75 g kandierte Früchte
75 g Korinthen
2 EL brauner Rum
40 g gehackte Mandeln
50 g zartbittere Blockschokolade, fein gerieben
2 EL Mehl

FÜR DEN TEIG
150 g kühle Butter
150 g Marzipanmasse, zerbröckelt
4 große Eier, getrennt, zimmerwarm
Mark von 1 Vanilleschote
150 g Zucker
175 g Mehl
2 TL Backpulver
1 Prise Salz

1. Für die Fruchtmischung kandierte Früchte, Korinthen und Rum in einer kleinen Schüssel vermischen und 1 Stunde ziehen lassen. Gehackte Mandeln, Schokolade und Mehl zugeben und alles gut vermischen.

2. Den Backofen auf 175 °C vorheizen. Die Form mit einem Backpinsel einfetten und mit Mehl ausstäuben. Überschüssiges Mehl abklopfen.

3. Für den Teig Butter und Marzipanmasse in der Küchenmaschine auf mittlerer Stufe etwa 2 Minuten verkneten, bis die Mischung glatt und sehr hell ist. Nach und nach die Eigelbe, dann das Vanillemark zugeben.

4. In einer mittelgroßen Schüssel das Eiweiß zu steifem Schnee schlagen, dabei nach und nach den Zucker einrieseln lassen. Den Eischnee unter die Marzipanmischung heben. Mehl, Backpulver und Salz sieben. Die Hälfte der Mehlmischung über den Teig sieben und unterheben. Mit der restlichen Mehlmischung ebenso verfahren. Die Fruchtmischung unterrühren und den Teig gleichmäßig in der Form verteilen.

5. Den Kuchen auf der mittleren Schiene des Backofens 35 Minuten backen, dabei die Temperatur auf 160 °C reduzieren. Garprobe machen. Den Kuchen aus dem Backofen nehmen und 10 Minuten abkühlen lassen. Kuchen auf ein Kuchengitter stürzen und völlig erkalten lassen.

SANDKUCHEN
Für eine Guglhupfform von 24 cm ⌀

Bei diesem Kuchen ist die Verwandtschaft zum typisch englischen *pound cake* unübersehbar, der aus je einem Pfund Eiern, Mehl, Butter und Zucker gemacht wird. Allerdings werden in diesem Rezept des Wiener Sandkuchens aus der Hofzuckerbäckerei Demel nur je 250 Gramm jeder Grundzutat verwendet. Bemerkenswert ist, dass Demel auf jede Art zusätzlicher geschmacksintensiver Zutaten verzichtet und ganz auf die Qualität der Grundzutaten vertraut. Je nach Geschmack können Sie jedoch z. B. das Mark einer Vanilleschote oder die abgeriebene Schale einer Zitrone zufügen. Die Zugabe von Speisestärke ist hier sehr wichtig, denn durch sie wird der Glutengehalt des Teigs reduziert, was ihn homogener und weniger anfällig für Risse während des Backens macht. Der Sandkuchen gelingt am besten in einer relativ kleinen Guglhupfform.

250 g kühle Butter
250 g Zucker
5 große Eier, getrennt
200 g Mehl
50 g Speisestärke
1 Prise Salz

1. Backofen auf 175 °C vorheizen. Die Form mit einem Backpinsel einfetten und mit Mehl ausstäuben. Überschüssiges Mehl abklopfen.
2. Die Butter in der Küchenmaschine auf höchster Stufe etwa 1 Minute rühren, bis sie cremig ist. 150 Gramm Zucker zugeben und die Mischung etwa 4 Minuten weiterrühren, bis sie hell und schaumig ist. Nach und nach die Eigelbe zugeben, dabei jedes Eigelb erst gut mit dem Teig verrühren, bevor das nächste zugegeben wird.
3. Das Eiweiß in einer mittelgroßen Schüssel zu steifem Schnee schlagen, dabei nach und nach den restlichen Zucker einrieseln lassen. Den Eischnee unter die Buttermischung heben. Mehl mit Speisestärke und Salz sieben und in zwei Portionen unter den Teig heben. Den Teig in die Form füllen und die Oberfläche glatt streichen.
4. Den Kuchen auf der mittleren Schiene des Backofens etwa 50 Minuten backen, bis er goldbraun ist. Garprobe machen. Den Kuchen aus dem Backofen nehmen und 10 Minuten abkühlen lassen. Kuchen auf ein Kuchengitter stürzen und völlig erkalten lassen.

MOHNKUCHEN
Für ein Backblech

Markenzeichen aller Mohngebäcke ist ihre auffällige schwarze Farbe. Dieser Kuchen wird mit besonders viel Mohn und ganz ohne Mehl oder Stärke gemacht – ein Muss für jeden Mohnliebhaber.

150 g kühle Butter
5 große Eier, getrennt, zimmerwarm
200 g Zucker
250 g Mohn, gemahlen (siehe Seite 225)
125 g Sahne
Puderzucker zum Besieben
Schlagobers zum Garnieren (siehe Seite 35)

1. Den Backofen auf 175 °C vorheizen. Das Blech leicht einfetten.
2. Die Butter mit dem Handrührgerät auf höchster Stufe etwa 1 Minute cremig rühren. Nach und nach die Eigelbe zugeben und mit dem Zucker etwa 2 Minuten weiterrühren, bis die Mischung hell und schaumig ist.
3. Das Eiweiß in einer mittelgroßen Schüssel zu steifem Schnee schlagen. Etwa ein Viertel des Eischnees unter die Buttermischung rühren, den

Rest so unterheben, dass einige weiße Tupfen sichtbar bleiben. Den gemahlenen Mohn, dann die Sahne unterheben. Den Teig gleichmäßig auf dem Backblech verteilen.

4. Den Kuchen auf der mittleren Schiene des Backofens etwa 45 Minuten goldbraun backen. Den fertigen Kuchen aus dem Backofen nehmen und etwa 5 Minuten abkühlen lassen. Die Seiten der Springform entfernen und den Kuchen völlig erkalten lassen. Den Kuchen mit Puderzucker besieben und mit einem Löffel Schlagobers servieren.

ZWETSCHKENFLECKEN
Für ein Backblech

Zur Zwetschkenzeit (österreichisch für »Zwetschen«) im Spätsommer und Frühherbst bietet so gut wie jedes Kaffeehaus seine eigene süße Zwetschkenspezialität an. Diese Variante des Zwetschkenkuchens wird im Café Sperl serviert, einem der traditionsreichsten Wiener Kaffeehäuser, das sogar unter Denkmalschutz steht. Die Zwetschkenflecken werden aus Mürbteig schnell und unkompliziert zubereitet und sind doch eine Bereicherung für jeden Kaffeetisch.

400 g Mehl
250 g Puderzucker
1 Prise Salz
300 g kühle Butter, in Flocken geschnitten
1 großes Ei
Mark von 1 Vanilleschote
500 g Zwetschken, längs halbiert und entsteint
1 EL Zucker
100 g Marillenglasur (siehe Seite 32), warm

1. Mehl mit Puderzucker und Salz in einer großen Schüssel mischen. Butterflocken zugeben und mit dem Handrührgerät alles zu einem groben Teig verkneten. Ei und Vanillemark in einer kleinen Schüssel mit einer Gabel verrühren. Die Eimischung zum Teig geben und alles mit kühlen Händen zu einem glatten Teig verkneten. Daraus eine flache Scheibe formen, in Klarsichtfolie wickeln und 30–60 Minuten kühl stellen.

2. Den Backofen auf 175 °C vorheizen. Das Backblech leicht einfetten.

3. Den Teig gleichmäßig auf das Backblech streichen und festdrücken. Die Zwetschken mit der Schnittfläche nach oben reihenförmig auf dem Teigboden verteilen. Den Kuchen mit dem Zucker bestreuen.

4. Den Kuchen auf der mittleren Schiene des Backofens etwa 45 Minuten backen, bis der Teig goldbraun ist. Aus dem Backofen nehmen und völlig erkalten lassen.

5. Den Kuchen mit der Marillenglasur bestreichen und abkühlen lassen. Zum Servieren den Kuchen in große rechteckige Stücke schneiden.

HEIDELBEERROULADE
Für acht bis zehn Stücke

Biskuitmasse wird oft auf dem Backblech gebacken, so dass der weiche, luftige Teig später mit einer Sahnefüllung versehen und zu einer Roulade geformt werden kann.

FÜR DEN TEIG
Warmer Biskuitteig (siehe Seite 21)
Puderzucker zum Besieben

FÜR DIE HEIDELBEERSAHNE
2 EL Orangenlikör, z. B. Cointreau
1 EL Wasser
1 Päckchen gemahlene Gelatine
500 g frische Heidelbeeren
40 g Puderzucker
Abgeriebene Schale von 1 Zitrone
250 g Sahne
Puderzucker zum Besieben

1. Backofen auf 175 °C vorheizen. Ein Backblech mit Backpapier auslegen. Den Biskuitteig mit einem Spatel gleichmäßig auf dem Backblech verteilen, glatt streichen und auf der mittleren Schiene des Backofens etwa 15 Minuten goldgelb backen. Den Kuchen aus dem Backofen nehmen und leicht mit Puderzucker besieben. Das Backblech mit einem sauberen Küchentuch bedecken und den Biskuitteig darauf stürzen. Vorsichtig das Backpapier abziehen. Den Teig mit Hilfe des Küchentuchs zylinderförmig einrollen, vollständig mit dem Küchentuch bedecken und auf einem Kuchengitter erkalten lassen.

2. Für die Heidelbeersahne Likör und Wasser in eine kleine Schüssel geben, die gemahlene Gelatine hineinstreuen und die Schüssel etwa 2 Minuten stehen lassen, bis die Gelatine eingeweicht ist. Die Schüssel ins heiße Wasserbad stellen und so lange umrühren, bis sich die Gelatine völlig aufgelöst hat. Aus dem Wasserbad nehmen und abkühlen lassen, bis die Mischung lauwarm ist.

3. 250 Gramm Heidelbeeren mit Puderzucker und Zitronenschale im Mixer pürieren. Die Sahne in einer mittelgroßen Schüssel mit dem Handrührgerät auf höchster Stufe steif schlagen, dabei die Gelatinemischung zugießen. Das Heidelbeerpüree unterheben.

4. Den erkalteten Biskuitteig ausrollen. Die Heidelbeersahne auf der Teigplatte verteilen, dabei an den Rändern jeweils 1 Zentimeter frei lassen. Die restlichen Heidelbeeren darüber streuen, und den Teig rouladenförmig einrollen. Die Roulade in Klarsichtfolie wickeln und mindestens 1 Stunde kühl stellen, bis die Heidelbeersahne leicht fest geworden ist.

5. Die Roulade zum Servieren mit etwas Puderzucker besieben und mit einem Zackenmesser leicht diagonal in Scheiben schneiden. Gekühlt servieren.

BACKTIPP
Natürlich können Sie statt der Heidelbeeren auch je nach Geschmack andere Beeren verwenden.

Café Slavia

Das Café Slavia, ein Herzstück tschechischer Kultur, liegt an einem der belebtesten Plätze Prags, direkt gegenüber dem Nationaltheater. Vor den Fenstern des gemütlichen Cafés vollzogen sich seit jeher bedeutende geschichtliche Ereignisse: Trauerzüge großer Staatsbegräbnisse zogen ebenso vorbei wie lange Reihen nationalistischer oder kommunistischer Soldaten im Gleichschritt. Eine lange Auseinandersetzung um die Besitzverhältnisse des Cafés sorgte dafür, dass es jahrzehntelang geschlossen blieb. Inzwischen ist es mit viel Liebe renoviert und wieder eröffnet worden. Anders als viele Kaffeehausklassiker ist das Slavia nicht im blumigen Jugendstil, sondern im nüchterneren Art-déco-Stil ausgestattet; gerade das verleiht ihm aber eine ganz besondere Atmosphäre.

Gebaut wurde das Café Slavia 1884 im Stil eines traditionellen Kaffeehauses. In den 1920er Jahren wurde es zum Treffpunkt der Pioniere moderner tschechischer Kunst, die man wegen ihrer unverrückbaren Ansichten auch »Die Sturköpfe« nannte. Der Dichter und Literaturnobelpreisträger Jaroslav Seifert schrieb sogar ein Gedicht zu Ehren des Slavia. In der Zeit des Kommunismus versammelten sich dort intellektuelle Regimegegner, wie Vaclav Havel, träumten gemeinsam von einem demokratischen Tschechien und legten so den Grundstein für die Samtene Revolution.

Das Jahr 1989 brachte schließlich den Sieg für die Demokratie. Für das Café Slavia hatte die Privatisierung jedoch katastrophale Folgen. 1991 wurde das bis dahin staatlich betriebene Café an eine Bostoner Firma verkauft, die zusicherte, sich um die Renovierung des Hauses zu kümmern. Erst ein Jahr später allerdings wurde das Schild »Wegen Renovierung geschlossen« an die Tür gehängt. Und als daraufhin ganze drei Jahre lang gar nichts geschah, begannen die Prager allmählich, ihrer Trauer und ihrer Wut darüber Luft zu machen, dass ihr geliebtes Café vor ihren Augen zusehends verfiel. Demonstranten besetzten das Café und schwenkten Plakate mit Parolen wie »Wir geben das Slavia nicht auf!«. Präsident Havel stellte höchstpersönlich eine Petition zur Wiedereröffnung des Café Slavia. Da die Firma aus Boston offensichtlich keinerlei Renovierungsarbeiten in Auftrag gegeben hatte, erklärte schließlich die tschechische Regierung den Kaufvertrag aus dem Jahr 1991 für null und nichtig, das Café konnte endlich renoviert und 1997 wieder eröffnet werden.

Die Innenausstattung des Slavia stammt aus den 1930er Jahren, als der blumige Jugendstil dem schlichteren Art-déco weichen musste. Die altmodisch-überladene Darstellung der Mutter Slawien wurde von dem wesentlich nüchterneren Werk »Der Absinthtrinker« von Viktor Oliva abgelöst. Dieses Bild zeigt einen Kaffeehausbesucher, der mit leerem Blick seine geisterhafte, offensichtlich vom Alkohol betörte Muse fixiert. Eindrucksvoll stellt sich dem Betrachter die lähmende Wirkung dar, die Absinth auf die menschliche Psyche hat. Absinth wird aus der Wermutpflanze gewonnen und ist wegen seiner süchtig machenden Wirkung auch heute noch in vielen Ländern der Erde verboten. Nicht so in der Tschechischen Republik, wo man ihn etwa im Café Slavia ganz legal erwerben kann. Ein oder zwei Gläser Absinth schaden zwar der Psyche noch nicht – wer ihn aber nicht gewöhnt ist, dem ist ein übler Kater am nächsten Morgen so gut wie sicher. Außerdem ist der Geschmack von Absinth mehr als gewöhnungsbedürftig und erinnert eher an starken Hustensaft; es dürfte Ihnen also nicht schwer fallen, auf ein zweites (oder drittes) Glas zu verzichten.

SCHOKO-KIRSCH-ROULADE
Für acht bis zehn Stücke

Die sanften Hügel entlang der Donau sind berühmt für ihre süßen, saftigen Kirschen. Mit Schlagsahne und einer Schokoladenbiskuitroulade umhüllt, schmecken sie besonders gut. Mit einem leicht zu bedienenden Kirschenentsteiner (siehe Seite 223) ist auch diese sonst so lästige Arbeit im Handumdrehen erledigt. Viele Zuckerbäcker geben als Geheimtipp einige Tropfen Bittermandelöl in den Teig, das den Geschmack der Kirschen noch zusätzlich unterstreicht.

FÜR DEN TEIG
100 g Mehl
25 g Kakaopulver
⅛ TL Salz
5 große Eier, zimmerwarm
150 g Zucker
50 g Butter
70 ml Milch
Mark von ½ Vanilleschote
Puderzucker zum Besieben

FÜR DIE KIRSCHSAHNE
2 EL Kirschwasser
1 EL Wasser
½ Päckchen gemahlene Gelatine
350 g Sahne
40 g Puderzucker
Mark von ½ Vanilleschote
¼ TL Mandelextrakt
350 g frische süße Kirschen, entsteint und halbiert
Puderzucker und Kakaopulver zum Besieben

1. Den Backofen auf 175 °C vorheizen. Ein Backblech vollständig mit Backpapier auslegen.
2. Mehl mit Kakaopulver und Salz sieben. Eier und Zucker in einer hitzebeständigen Schüssel verschlagen und in einen hohen Topf mit heißem Wasser stellen (das Wasser sollte den Boden der Schüssel nicht berühren). Die Mischung mit einem großen Schneebesen schlagen, bis sie sich erwärmt und der Zucker sich aufgelöst hat. Die Schüssel aus dem Topf nehmen und die Mischung mit dem Handrührgerät auf mittlerer Stufe etwa 3 Minuten schlagen, bis sich ihr Volumen verdreifacht hat und sie sehr leicht und flockig ist. Die Hälfte der Mehlmischung über die Eiermischung sieben und mit einem großen Schneebesen oder einem Gummispatel unterheben. Mit der restlichen Mehlmischung ebenso verfahren.
3. Die Butter in einem kleinen Topf bei mittlerer Hitze schmelzen. Milch zufügen und das Gemisch erhitzen. Die Flüssigkeit in eine mittelgroße Schüssel gießen und das Vanillemark zufügen. Eine große Portion Teig in die Flüssigkeit einrühren und diese Mischung unter den Teig heben. Den fertigen Teig gleichmäßig auf dem ganzen Backblech verteilen.
4. Auf der mittleren Schiene das Backofens etwa 15 Minuten goldgelb backen. Den Teig aus dem Backofen nehmen und leicht mit Puderzucker besieben. Das Backblech mit einem sauberen Küchentuch bedecken und den Biskuitteig darauf stürzen. Vorsichtig das Backpapier abziehen. Den Teig mit Hilfe des Küchentuchs zylinderförmig einrollen, vollständig mit dem Küchentuch bedecken und auf einem Kuchengitter erkalten lassen.
5. Für die Kirschsahne das Kirschwasser mit dem Wasser in eine kleine Schüssel geben, die gemahlene Gelatine hineinstreuen und die Schüssel etwa 2 Minuten stehen lassen, bis die Gelatine eingeweicht ist. Die Schüssel ins heiße Wasserbad stellen und die Mischung so lange rühren, bis sich die Gelatine völlig aufgelöst hat. Aus dem Wasserbad nehmen und etwas abkühlen lassen.
6. Sahne mit Puderzucker, Vanillemark und Mandelextrakt mit dem Handrührgerät in einer mittelgroßen Schüssel steif schlagen, dabei nach und nach die Gelatine zugießen.
7. Den erkalteten Biskuitteig ausrollen. Die Sahnemischung auf der Teigplatte verteilen, dabei an den Rändern jeweils 1 Zentimeter frei lassen. Die Kirschen in Reihen auf der Sahne anrichten und den Teig rouladenförmig einrollen. Die Roulade in Klarsichtfolie wickeln und mindestens 1 Stunde kühl stellen, bis die Kirschsahne leicht fest geworden ist.
8. Die Roulade zum Servieren zuerst mit Puderzucker, dann mit etwas Kakaopulver besieben und

Café Dommayer

Die Wiener Kaffeehauskultur und besonders das Konzert-Café Dommayer sind untrennbar mit der Musik von Johann Strauß Vater und Sohn verbunden. Die Bezeichnung »Konzert-Café« führen Kaffeehäuser, in denen regelmäßig Konzerte stattfinden. Die Besitzer des Dommayer, die Familie Gerersdorfer, hält mit Stolz an den alten Traditionen der Kaffeekultur fest, ist aber gleichzeitig offen für zeitgemäße Belange, wie den Einsatz von Lebensmitteln aus ökologischem Anbau.

Das Dommayer, ursprünglich ein kleines Kaffeehaus im Dorf Hietzing, das später in die Stadt Wien eingemeindet wurde, stammt aus dem Jahr 1787. Über die Jahrhundertwende bis zum Jahr 1823 hatte es sich zu einem großen, reich ausgestatteten Kasino mit riesigem Tanzsaal gemausert, dessen hohe Decke von 24 Säulen getragen wurde. Seit 1815 gab es in Wien und Umgebung öffentliche Verkehrsmittel, die das kleine Dorf am Rande von Wien für jeden erreichbar machten, und so kamen die Wiener scharenweise nach Hietzing, um der Enge der Großstadt zu entfliehen. Zehn Jahre später spielte Johann Strauß Vater mit seinem Orchester zur Eröffnung der Sommersaison im Kasino – und das Publikum war begeistert. Das Haus Dommayer entwickelte sich daraufhin schnell zu Wiens berühmtestem Konzerthaus. Zahllose Faschingsbälle wurden jedes Jahr veranstaltet, und auch Joseph Lanner spielte beim Dommayer. Als der 18-jährige Johann Strauß Sohn 1844 zum ersten Mal mit seinem Orchester im Dommayer spielte, drehten sich alle Gäste begeistert zu den Walzerklängen.

Nach über 100 erfolgreichen Jahren wurde das Dommayer 1907 geschlossen und wenig später abgerissen. An derselben Stelle steht heute das Schönbrunner Parkhotel, das einmal sogar Thomas Edison beherbergte, als er vom Kaiser den Auftrag erhalten hatte, im Schloss Schönbrunn elektrisches Licht zu installieren. Allerdings blieb Edison viel länger in Wien, als ihm lieb war. Im Hause Habsburg war man es nämlich gewohnt, den Preis für beanspruchte Dienstleistungen selbst festzulegen. Edison aber hatte seine eigenen Vorstellungen und weigerte sich abzureisen, ehe er den vollen von ihm verlangten Lohn erhalten hatte. Es heißt, der Wiener Stadtrat habe ihm schließlich die verlangte Summe bezahlt – schon um den lästigen Amerikaner loszuwerden und die fragwürdigen Entlohnungsgewohnheiten am kaiserlichen Hof nicht öffentlich werden zu lassen.

Ein neues Café Dommayer wurde nicht weit vom ursprünglichen Bau 1924 eröffnet. Viele Besitzer kamen und gingen, ehe die jetzigen Betreiber, die Familie Gerersdorfer, das Café übernahmen. Die Familie widmete sich mit großer Sorgfalt den alten Traditionen der Kaffeehauskultur und machte sich daran, sie in ihrem Haus wieder zum Leben zu erwecken. Als Teil dieser Rückbesinnung werden beispielsweise wieder Konzerte im Dommayer veranstaltet. So finden im neu gestalteten Sommergarten zahlreiche Musik- und Theaterveranstaltungen statt. Und im Winter trifft man sich im Dommayer zu gepflegter Kammermusik. 1984 wurde das Café renoviert sowie erweitert und erstrahlt nun wieder in seinem alten Glanz.

mit einem Zackenmesser leicht diagonal in Scheiben schneiden. Gekühlt serviert schmeckt die Schoko-Kirsch-Roulade am besten. In Klarsichtfolie gewickelt und im Kühlschrank kühl gestellt, kann die Roulade bereits zwei Tage im Voraus zubereitet werden.

HASELNUSSROULADE MIT MOKKACREME
Für acht bis zehn Stücke

Bei diesem Rezept werden Haselnüsse, Schokolade und Kaffee zu einer köstlichen Roulade verarbeitet. Um den nussigen Geschmack noch zu unterstreichen, kann man statt der üblichen geschmolzenen Butter auch Haselnuss- oder Walnussöl in den Teig geben. Trotz Backpapier lässt sich der Teig oft nur schwer vom Backblech lösen – zur Sicherheit sollten Sie das Blech also zusätzlich einfetten und mit Mehl bestäuben.

FÜR DEN TEIG
50 g ganze Haselnüsse, geröstet und geschält, oder grob gehackte Walnüsse
75 g Mehl
1 Prise Salz
6 große Eier, zimmerwarm
150 g Zucker
3 EL Haselnuss-, Walnuss- oder Pflanzenöl
Puderzucker zum Besieben

FÜR DIE MOKKASAHNE
350 g Sahne
2 TL lösliches Espressopulver, aufgelöst in 1 EL kochendem Wasser
2 EL Puderzucker
175 g zartbittere Blockschokolade, fein gerieben

Ganze Haselnüsse, geröstet und geschält, zum Garnieren

1. Backofen auf 175 °C vorheizen. Ein Backblech mit Backpapier auslegen, das Papier leicht einfetten und mit Mehl bestäuben.
2. Die Nüsse mit Mehl und Salz im Mixer zerkleinern, bis sie sehr fein – fast mehlartig – zermahlen sind.
3. Eier und Zucker in einer hitzebeständigen Schüssel verschlagen und in einen hohen Topf mit heißem Wasser stellen (das Wasser sollte den Boden der Schüssel nicht berühren). Die Mischung mit einem großen Schneebesen schlagen, bis sie sich erwärmt und der Zucker sich aufgelöst hat. Die Schüssel aus dem Topf nehmen und die Mischung mit dem Handrührgerät auf mittlerer Stufe etwa 3 Minuten schlagen, bis sich ihr Volumen verdreifacht hat und sie sehr leicht und flockig ist. Die Hälfte der Nussmischung über die Eiermischung sieben und mit einem großen Schneebesen oder einem Gummispatel unterheben. Mit der restlichen Nussmischung ebenso verfahren. Eine große Portion des Teigs in eine mittelgroße Schüssel geben und das Öl einrühren. Die Mischung wieder unter den Grundteig heben und den Teig gleichmäßig auf dem Backblech verteilen. Mit einem Teigspatel glatt streichen.
4. Den Teig auf der mittleren Schiene das Backofens etwa 15 Minuten goldgelb backen. Aus dem Backofen nehmen und mit einem Messer an den Rändern des Biskuits entlangfahren, damit er sich leichter vom Blech löst. Den Kuchen leicht mit Puderzucker besieben. Das Backblech mit einem sauberen Küchentuch bedecken und den Biskuitboden darauf stürzen. Vorsichtig das Backpapier abziehen. Den Biskuit mit Hilfe des Küchentuchs zylinderförmig einrollen, vollständig mit dem Küchentuch bedecken und auf einem Kuchengitter völlig erkalten lassen.
5. Für die Mokkasahne die Sahne in einem Topf bei mittlerer Hitze erhitzen. Den Topf von der Herdplatte nehmen, den aufgelösten Espresso und den Puderzucker einrühren. Die geriebene Schokolade in eine mittelgroße Schüssel geben und die Sahnemischung darüber gießen. Die Mischung 3 Minuten stehen lassen, dann alles verschlagen, bis die Sahne gleichmäßig cremig und die Schokolade ganz geschmolzen ist.
6. Die Mokkasahne in eine große Schüssel mit Eiswasser stellen und unter ständigem Rühren etwas abkühlen lassen. Die Creme im Eiswasser lassen und mit dem Handrührgerät auf mittlerer Stufe schlagen, bis sie schaumig und steif genug zum Verstreichen ist. Die Creme nicht zu lange und heftig schlagen, da sie sonst zerfällt. (In diesem Fall die Creme nochmals im Wasserbad erwärmen und schmelzen, in Eiswasser abkühlen lassen und erneut schlagen.)
7. 50 Gramm der Mokkasahne in einen Spritzbeutel mit Sterntülle füllen. Den erkalteten Biskuitteig ausrollen und die restliche Mokkasahne

auf der Teigplatte verteilen, dabei an den Rändern jeweils 1 Zentimeter frei lassen. Den Teig wieder rouladenförmig einrollen. Zeigen sich an der Teigoberfläche noch deutliche Risse, diese mit Puderzucker bestäuben. Mit dem Spritzbeutel die Oberseite der Roulade mit einer spiralförmigen Linie bespritzen, so dass zusammenhängende Kreise entstehen. In die Mitte der Kreise jeweils einige ganze Haselnüsse setzen. Die fertige Roulade mindestens 1 Stunde kühl stellen, damit die Mokkasahne fest wird.

8. Die Roulade mit einem Zackenmesser leicht diagonal in Scheiben schneiden. Gekühlt servieren.

FÜR DEN TEIG
300 g Mehl
2 TL Backpulver
1 Prise Salz
5 große Eier, getrennt, zimmerwarm
300 g Zucker
175 ml Pflanzenöl
Mark von 1 Vanilleschote
Abgeriebene Schale von 1 Zitrone
150 ml Milch
50 g grob gehackte Walnüsse
75 g Rosinen

FÜR DIE RUMGLASUR
250 g Puderzucker, gesiebt
2 EL brauner Rum, nach Bedarf etwas mehr
1 EL Wasser, nach Bedarf etwas mehr

1. Den Backofen auf 175 °C vorheizen. Die Form mit einem Backpinsel einfetten und mit Mehl ausstäuben. Überschüssiges Mehl abklopfen.

2. Mehl mit Backpulver und Salz sieben. Eigelbe, Zucker, Pflanzenöl, Vanillemark und Zitronenschale in einer mittelgroßen Schüssel mit dem Handrührgerät auf mittlerer Stufe gut verrühren. Die Hälfte der Milch, dann die Hälfte des Mehls unterrühren. Mit der restlichen Milch und dem restlichen Mehl ebenso verfahren.

3. Das Eiweiß zu steifem Schnee schlagen. Etwa ein Viertel des Eischnees in den Teig rühren, den Rest unterheben.

WALNUSSKUCHEN
- Babka -
Für eine Guglhupfform von 28 cm ⌀

Eines Nachmittags im Café Slavia bei einem Glas des berüchtigten türkisgrünen Absinths verriet mir der Manager das Rezept für diesen einfachen, doch traditionsreichen Nusskuchen. Die *Babka* ist das perfekte Beispiel dafür, wie sich tschechische Rezepte im Laufe der Jahre verändert haben. Ursprünglich kommt sie aus der polnischen und russischen Küche. Zusammen mit einigen architektonischen Ausrutschern ist die *Babka* somit das Einzige, was in Prag noch an die Zeit der russischen Besetzung erinnert. Während sie ursprünglich zweifellos mit Butter gemacht wurde, verwendet dieses *Babka*-Rezept stattdessen Pflanzenöl – ein Relikt aus kommunistischer Zeit, in der man Butter verächtlich als kapitalistischen Luxus betrachtete. Aber auch mit Pflanzenöl ist die *Babka* eine Köstlichkeit, Nüsse und Rosinen machen sie besonders saftig und fruchtig.

4. Walnüsse und Rosinen mischen. Etwa ein Drittel des Teigs in die Form füllen. Die Hälfte der Walnussmischung darüber streuen, dabei einen etwa 1 Zentimeter breiten Teigstreifen entlang des Randes freilassen. (Berühren Rosinen oder Nüsse den Rand der Form, könnten sie verbrennen.) Die Hälfte des verbleibenden Teigs in die Form geben, die restliche Nussmischung darauf streuen und mit dem restlichen Teig bedecken.

5. Den Kuchen auf der mittleren Schiene des Backofens etwa 50–60 Minuten backen. Garprobe machen. Den Kuchen aus dem Backofen nehmen und 10 Minuten abkühlen lassen. Kuchen auf ein Kuchengitter stürzen und völlig erkalten lassen.

6. Für die Glasur Puderzucker, Rum und Wasser verrühren, bis die Mischung gleichmäßig zähflüssig ist. Falls nötig, etwas mehr Wasser zugeben. Den Kuchen auf ein Kuchengitter setzen und langsam die Glasur darüber gießen. Mit Hilfe eines Metallspatels den ganzen Kuchen gleichmäßig mit der Glasur überziehen. Den Kuchen stehen lassen, bis die Glasur fest geworden ist.

DOMMAYERSCHNITTEN
Für ein Backblech

Als einziges Kaffeehaus in Wien erhielt das Café Dommayer stolz ein Zertifikat des österreichischen Umweltministeriums, denn die hier verwendeten Lebensmittel, wie Mehl, Butter, Sahne und Früchte, stammen allesamt aus ökologischer Landwirtschaft. Wenn Sie sich jetzt auf einen schweren, groben Vollkornkuchen gefasst machen, liegen Sie falsch: Die Schokoladen-Marillen-Glasur gibt diesem feinen, saftigen Kuchen seinen typischen Wiener Charakter.

FÜR DEN TEIG
150 g Zucker
2 große Eier
1 EL brauner Rum
1 EL Wild- oder Kleeblütenhonig
Mark von 1 Vanilleschote
⅛ l Pflanzenöl
50 g grob gehackte Walnüsse
175 g Mehl
1 TL Backpulver
1 TL Natron
1 TL gemahlener Zimt
1 Prise Salz
2 kleine Zucchini, gerieben

FÜR DIE GLASUR
100 g Marillenglasur (siehe Seite 32), warm
100 g Sahne
80 g zartbittere Blockschokolade, fein gerieben

1. Den Backofen auf 175 °C vorheizen. Das Blech leicht einfetten und mit Semmelbrösel ausstreuen. Überschüssige Brösel abklopfen.
2. Zucker, Eier, Rum, Honig und Vanillemark gut verrühren, dabei nach und nach das Pflanzenöl zugeben.
3. Die Nüsse mit Mehl, Backpulver, Natron, Zimt und Salz im Mixer zerkleinern, bis sie sehr fein – fast mehlartig – zermahlen sind. Die Mischung unter die Ölmischung rühren. Geriebene Zucchini zugeben. Den Teig auf das Blech geben und glatt streichen.
4. Den Kuchen auf der mittleren Schiene des Backofens 25–30 Minuten backen, aus dem Backofen nehmen und völlig erkalten lassen.
5. Den Kuchen mit der warmen Marillenglasur bestreichen. Die Glasur völlig erkalten lassen.
6. Die Sahne in einem kleinen Topf zum Kochen bringen. Den Topf von der Herdplatte nehmen und die geriebene Schokolade zufügen. 1 Minute stehen lassen, dann die Mischung mit dem Schneebesen verrühren, bis die Schokolade geschmolzen ist. Den Kuchen auf ein Kuchengitter setzen und langsam die Schokoladenglasur darüber gießen. Mit Hilfe eines Spatels den ganzen Kuchen gleichmäßig mit der Glasur bestreichen. Den Kuchen etwa 20 Minuten kühl stellen, bis die Glasur fest geworden ist.

RAFFINIERTE TORTEN

Eine Kaffeehaustorte kann imposant wie eine Mozart-Sinfonie und zugleich leicht und beschwingt wie ein Strauß-Walzer sein. So wie die großen Dirigenten feinste Nuancen aus den einfachsten Tonfolgen entwickeln können, ebenso kreiert der Zuckerbäcker seine raffinierten Meisterwerke aus den einfachsten Grundzutaten. Natürlich muss eine Torte dabei nicht nur hervorragend schmecken, sondern auch wunderschön und einladend aussehen. In diesem Kapitel werden viele Torten vorgestellt, die längst zu Legenden geworden sind.

Das Wort »Torte« taucht zum ersten Mal gedruckt im Jahr 1418 auf und leitet sich vom italienischen *torta* ab, was so viel heißt wie »feiner Kuchen«. *Torta* wiederum kommt möglicherweise vom lateinischen Wort *tortum*, was einerseits Brot, andererseits Gedrehtes bedeuten kann. Ursprünglich war die Torte ein herzhaftes Gebäck, gefüllt mit Fleisch, Fisch, Kräutern oder Gemüse. Die französische *tourte*, eine traditionelle Fleischpastete, erinnert heute noch an diesen Ursprung. Und auch die *tartes* werden in Frankreich oft herzhaft gefüllt, obwohl es inzwischen auch viele süße Varianten gibt.

Früher verwendete man für den Tortenteig häufig geriebene Nüsse, denn sie waren billiger als Mehl und außerdem im Überfluss vorhanden. Auch Zucker war rar und teuer – 20 Pfund Zucker kosteten damals so viel wie heute ein Mittelklassewagen –, und die Araber hüteten das Geheimnis der Zuckergewinnung aus Zuckerrohr wie ihren Augapfel. Statt Zucker verwendete man in Europa Honig zum Süßen, doch er machte die Kuchen schwer. Die Teige presste man zum Teil in reich verzierte hölzerne Formen.

Im Laufe der Jahrzehnte konnte sich die Bevölkerung schließlich immer feineres Mehl und immer mehr Zucker leisten, so dass die Kuchen allmählich leichter und feiner wurden. Bald erwachte der Ehrgeiz der Bäcker, die danach strebten, ihre Kunst immer mehr zu vervollkommen. Beflügelt vom üppigen, barocken Kunstgeschmack des 18. Jahrhunderts kreierten sie immer ausgefallenere Kunstwerke. Ein Kochbuch aus dem Jahr 1719 enthält ganze 96 verschiedene Tortenrezepte.

Im Jahr 1802 war schließlich die Technik der Zuckerrübenverarbeitung voll ausgereift, und die Zuckergewinnung wurde noch preiswerter. Das inspirierte die Zuckerbäcker, immer neue Torten zu erfinden – auch um die ständig steigende Nachfrage nach süßem Naschwerk befriedigen zu können.

Seit dieser Zeit gehörten für die Bevölkerung der Donaumonarchie Torte und Kaffee untrennbar zusammen. Die traditionellen Torten sind oft nach ihrer Hauptzutat benannt, wie z. B. die Nusstorte, oder sie tragen den Namen ihres Erfinders, hierfür ist die Sachertorte das berühmteste Beispiel. Viele Torten erinnern aber auch an einen bestimmten Ort (Panamatorte) oder ein historisches Ereignis (Malakofftorte). In Wien muss man keinem Kaffeehausbesucher erklären, dass das Besondere an der Panamatorte ein saftiger Mandel-Schokoladen-Teig ist. Und selbst wer keine Ahnung von österreichischer Militärgeschichte hat, weiß genau, dass die Malakofftorte aus Löffelbiskuits und Sahnecreme gemacht wird – und dass die Verwendung von Schokolade hier einem bösen Stilbruch gleichkäme.

In den meisten Kaffeehäusern werden die verschiedenen Torten offen in der Kühltheke präsentiert, wobei die Schnittflächen meist mit einem Stück Trennpapier abgedeckt werden. Wenn Sie eine selbst gemachte Torte zu Hause im Kühlschrank aufbewahren möchten, decken Sie sie am besten mit einer hohen Plastikhaube ab, sonst kann die Torte leicht das Aroma anderer Lebensmittel annehmen. Die meisten Torten halten sich gekühlt einige Tage, vorausgesetzt, man widersteht der süßen Versuchung.

Das klassische Kaffeehaus

Was zeichnet ein traditionelles Kaffeehaus der k. u. k. Zeit aus? Meist ganz zentral an einer belebten Kreuzung gelegen, kann es der ortsfremde Besucher schon von weitem erkennen. Die Fenster sind extrem groß, um möglichst viel Licht hineinzulassen. Schon beim Eintreten umgibt den Besucher eine beruhigende, stille Atmosphäre, bestens geeignet für tiefe Konzentration oder vertraute Gespräche. (Natürlich gibt es auch belebtere Cafés, in denen es lauter zugeht, doch selbst hier ist weder bei den Gästen noch beim Personal irgendetwas von der üblichen Alltagshektik zu spüren.) Vielleicht ist der L-förmige Raum in zwei Bereiche aufgeteilt: einer zum Kaffeetrinken, der andere zum Billardspielen. Tageszeitungen in hölzernen Leseschienen liegen für interessierte Leser parat. Echte Stammgäste beurteilen ein Kaffeehaus nicht nur nach der Qualität der Getränke, sondern auch nach der Bandbreite des angebotenen Lesestoffs. In einigen Häusern steht sogar eine Enzyklopädie bereit, mit deren Hilfe Streitigkeiten beigelegt oder Kreuzworträtsel gelöst werden können. Und niemand beschwert sich, wenn ein Stammgast seine Lieblingszeitungen stapelweise an seinem Platz hortet, um sie eine nach der anderen ganz in Ruhe zu lesen. Hölzerne Stühle mit geschwungener Rückenlehne stehen an kleinen runden Tischen mit Marmorplatte. Vielleicht gibt es auch weich gepolsterte Nischen, die auf Besucher warten. Auch wenn manches Möbelstück nicht mehr das allerneueste ist, lädt es doch zum Verweilen ein. Für den Mantel steht ein schwerer schmiedeeiserner Kleiderständer bereit. Die Auswahl an Getränken, Kuchen und Gebäck ist wohltuend vertraut. Wer Stammgast ist, braucht in seinem Kaffeehaus ohnehin nicht erst zu bestellen, denn der Ober serviert ganz automatisch das Lieblingsgetränk. In den meisten Cafés gibt es lediglich kleine kalte Gerichte und natürlich jede Menge süße Köstlichkeiten. Wer ausgiebig essen möchte, kann das in einem der zahlreichen Café-Restaurants tun.

Der Ober serviert den Kaffee auf einem Metalltablett – je nach Preisklasse des Hauses aus Silber, Nickel oder Aluminium –, auf dem immer auch ein Glas Wasser steht. Das Wasserglas ist eine alte türkische Tradition, denn in der Türkei wollte der Gastgeber damit seinen Gästen signalisieren, dass er es nicht eilig hatte, sie loszuwerden. Außerdem wussten die Türken ganz genau, dass ein Schluck frisches Wasser sehr gut zu starkem Kaffee passt. In den guten Kaffeehäusern füllt der Ober das leere Glas immer wieder nach. Manchmal bekommt ein einzelner Gast gar zwei Gläser mit Wasser serviert, eine Tradition, die ihn angeblich dazu anregen soll, das nächste Mal noch einen Freund mit ins Café zu bringen. (Praktischere Zeitgenossen vermuten allerdings, dass sich der Ober dadurch allzu häufiges Nachschenken ersparen will.) Ein letztes Highlight der Kaffeerituale, das gleichzeitig Aufschluss über die motorischen Fähigkeiten des Obers gibt, ist es, wenn der Kaffeelöffel quer auf dem Wasserglas liegend serviert wird.

Vom guten Kaffeehausgast wird erwartet, dass er ausreichend Zeit mitbringt. Ist man in Eile, wird das leicht als Beleidigung verstanden. An der Kaffeetasse nippen, sich gepflegt unterhalten, den Kaffee umrühren, Zeitung lesen, den Kaffeeduft genießen, Tagträumen nachhängen – damit vertreibt sich der gute Gast die Zeit.

Kaffeehäuser spielen in der Geschichte einer Großstadt oft eine wichtige Rolle, da sich hier nicht selten die intellektuellen Kreise trafen und neue Ideen entwickelten. Viele französische Literaten von Voltaire bis Simone de Beauvoir tauschten sich mit Zeitgenossen in Pariser Cafés aus. Und so sind auch die Kaffeehäuser in Wien, Budapest und Prag bis heute unentbehrliche Treffpunkte für die Denker ihrer Zeit.

LINZERTORTE
Für eine Springform von 26 cm ø

Viele Nüsse und ein Hauch Kakaopulver geben dieser Torte ihren unverwechselbaren Geschmack. Damit die Konfitüre den Teigboden nicht durchweicht, sollten Sie ihn mit Eiweiß bestreichen und außerdem kurz vorbacken. Den gleichen Effekt erzielen Sie, wenn Sie den Teigboden vor dem Backen mit einer runden Backoblate belegen und darauf die Konfitüre streichen. Am besten passt zur Linzertorte schwarze Johannisbeerkonfitüre, Sie können aber auch Himbeer- oder rote Johannisbeerkonfitüre verwenden.

FÜR DEN LINZERTEIG
200 g Haselnüsse, geröstet und geschält
200 g Mehl
200 g Zucker
1 EL Kakaopulver
Abgeriebene Schale von 1 Zitrone
½ TL gemahlener Zimt
⅛ TL Nelkenpulver
¼ TL Salz
200 g kühle Butter
2 Eigelbe von großen Eiern
1 EL frisch gepresster Zitronensaft

1 großes Ei, getrennt
1 Prise Salz
200 g schwarze oder rote
Johannisbeerkonfitüre oder Himbeerkonfitüre
1 EL Milch

ZUM GARNIEREN
3 EL Mandelblättchen
Puderzucker zum Besieben

1. Die Haselnüsse mit dem Mehl im Mixer zerkleinern, bis sie sehr fein – fast mehlartig – zermahlen sind. Die Mischung in eine große Schüssel geben und Zucker, Kakaopulver, Zitronenschale, Zimt, Nelkenpulver und Salz unterrühren. Die Butter zugeben und mit dem Handrührgerät alles zu einem groben Teig verkneten. Eigelbe und Zitronensaft in einer kleinen Schüssel vermischen. Die Flüssigkeit zur Mehlmischung geben und den Teig mit kühlen Händen weiterkneten, bis er glatt und geschmeidig ist. Den Teig in zwei Portionen teilen und aus jeder Portion eine flache Scheibe formen. Beide Scheiben in Klarsichtfolie wickeln und mindestens 1 Stunde oder über Nacht kühl stellen.

2. Den Backofen auf 175 °C vorheizen. Die Seiten der Springform einfetten und den Boden mit rund zugeschnittenem Backpapier auslegen.

3. Eine der Teigscheiben gleichmäßig auf Boden und Rand (ca. 2 Zentimeter hoch) der Springform verteilen und festdrücken. Ist der Teig zu kalt und bricht leicht, wird er durch die Wärme der Hände schnell wieder weich und geschmeidig. Den Teigboden mit einer Gabel mehrmals einstechen und 10 Minuten kühl stellen. Das Eiweiß mit einer Prise Salz schaumig schlagen. Mit einem Backpinsel Teigboden und -seiten mit etwas Eiweiß bestreichen und den Teig auf der mittleren Schiene des Backofens etwa 15 Minuten backen. Den Boden aus dem Backofen nehmen und völlig erkalten lassen.

4. Die andere Teigscheibe bei Zimmertemperatur 5 Minuten stehen lassen. Inzwischen die Konfitüre auf den Teigboden streichen. Die rohe Teigscheibe auf einer leicht bemehlten Arbeitsfläche mit dem Rollholz kreisförmig etwa 6 Millimeter dick ausrollen. Die Teigplatte mit einem Teigrädchen in etwa 2 Zentimeter breite Streifen schneiden. Die Streifen mit Hilfe einer Palette gitterförmig auf den Kuchen legen, dabei die Enden fest an den Rand drücken. Aus den verbliebenen Teigstreifen einen dünnen Teigrand formen und entlang des Springformrandes über die Teigenden legen. In einer kleinen Schüssel

Eigelb und Milch verschlagen. Die Teigstreifen mit der Flüssigkeit bestreichen und die Mandelblättchen über die Torte streuen. Die Torte auf der mittleren Schiene des Backofens etwa 45 Minuten goldbraun backen.

5. Linzertorte aus dem Backofen nehmen und 10 Minuten abkühlen lassen. Mit einem Messer an der Innenseite der Form entlangfahren und den Kuchen noch in der Form völlig erkalten lassen. Die Seiten der Springform entfernen, die Torte vorsichtig auf einen Teller stürzen und das Backpapier abziehen. Die Torte umdrehen, auf den Teller setzen und zum Servieren mit Puderzucker besieben.

BACKTIPP

Den Teig der Linzertorte können sie bereits zwei Tage im Voraus zubereiten, in Klarsichtfolie wickeln und im Kühlschrank kühl stellen. Zur weiteren Verarbeitung sollten Sie ihn allerdings erst einmal zehn Minuten bei Zimmertemperatur stehen lassen.

Auch die fertige Torte hält sich bei Zimmertemperatur jederzeit zwei Tage und länger, wenn sie in Klarsichtfolie eingewickelt wurde.

DIE GESCHICHTE DER LINZERTORTE

Neben der Sachertorte ist die Linzertorte – nach der Stadt Linz benannt – Österreichs berühmteste Süßspeise. Ihre Markenzeichen sind das unverwechselbare Gittermuster, die Konfitürefüllung und der besonders würzige Teig. Wie die Torte genau entstanden ist, ist nicht bekannt. Der nussig-würzige Teig aber lässt darauf schließen, dass das Rezept sehr alt ist. In früherer Zeit waren Gewürze rar und teuer, nur wohlhabende Zuckerbäcker konnten sie sich leisten. Das erste gedruckte Linzerrezept stammt aus dem Jahr 1719. Genau wie die heutige Variante enthält es Mehl, Mandeln, Zucker, Eigelb und Zitronenschale. In der Biedermeierzeit machte der Linzer Bäcker Johann Konrad Vogel die Linzertorte bekannt, ja er brüstete sich sogar zeitweise damit, sie selbst erfunden zu haben.

Die Linzertorte wird in zahlreichen Varianten zubereitet, grundsätzlich gibt es aber drei verschiedene Grundformen. Zwei davon basieren auf einem Mürbteig, bei dem die Butter mit den trockenen Zutaten verknetet wird. Für die »weiße« Linzertorte werden statt der Haselnüsse ungeröstete Mandelblättchen verwendet. Die »braune« Linzertorte wird durch die gerösteten Nüsse und einen Hauch Kakaopulver etwas dunkler und würziger im Geschmack. Bei der »gerührten« Linzertorte sind nicht die Zutaten anders, sondern die Art der Verarbeitung. Bei diesem Rezept wird die Butter zuerst schaumig gerührt, so wird der Teig lockerer, und das Gittermuster wird mit dem Spritzbeutel auf die Torte gespritzt.

Der Linzerteig gehört für jeden österreichischen Bäckermeister zum Standardprogramm, denn er ist die Grundlage nicht nur für die berühmte Torte, sondern auch für so manches Kleingebäck wie die Linzer Augen (siehe Seite 164). Für die Füllung der Torte eignet sich schwarze Johannisbeerkonfitüre am besten, doch auch hier hat jeder Bäcker seine persönlichen Vorlieben.

MALAKOFFTORTE
Für eine Springform von 24 cm ø

Sahneliebhaber entscheiden sich meist für ein Stück Malakofftorte, wenn sie an der Kuchentheke im Kaffeehaus die Wahl haben. Ihren Namen hat sie von einer entscheidenden Schlacht im Krimkrieg (1853–1865), und sie wird in verschiedenen Variationen zubereitet. So bevorzugen manche Mandelbuttercreme gegenüber Rumcreme oder verwenden Cointreau statt Rum. Oder es werden einzelne Teigplatten statt der Löffelbiskuits verwendet. Normalerweise wird die Torte allerdings mit rumgetränkten Löffelbiskuits und viel gehaltvoller Buttercreme zubereitet. Am besten schmecken natürlich selbst gemachte Biskuits, aber Sie können auch gekaufte Löffelbiskuits verwenden, die dann allerdings in die passende Form gebrochen werden müssen. Weichen Sie die Löffelbiskuits nicht zu lange im Rum ein; kurzes Eintauchen genügt.

FÜR DEN RUMSIRUP
70 g Zucker
6 EL Wasser
6 EL brauner Rum

FÜR DIE LÖFFELBISKUITS
100 g Mehl
1 Prise Salz
4 große Eier, getrennt, zimmerwarm
150 g Zucker
Mark von ½ Vanilleschote
Puderzucker zum Besieben

FÜR DIE RUMCREME
240 ml Milch
1 Päckchen gemahlene Gelatine
2 Eigelbe von großen Eiern
60 g Zucker
300 g Sahne, gekühlt
2 Esslöffel brauner Rum
250 g Sahne
2 EL Puderzucker

Mark von 1 Vanilleschote
20 g geröstete Mandelblättchen
(siehe Seite 226) nach Belieben

1. Für den Rumsirup Zucker und Wasser in einem kleinen Topf bei großer Hitze zum Kochen bringen, dabei gelegentlich umrühren, damit sich der Zucker besser auflöst. In eine kleine Schüssel geben und den Rum darunter rühren. Völlig auskühlen lassen.

2. Für die Löffelbiskuits den Backofen auf 200 °C vorheizen. Zwei große Backbleche mit Backpapier belegen. Eine große Lochtülle auf einen großen Spritzbeutel setzen.

3. Mehl mit Salz in eine kleine Schüssel sieben. In einer großen Schüssel die Eigelbe und die Hälfte des Zuckers mit dem Handrührgerät auf höchster Stufe etwa 3 Minuten schaumig schlagen, bis sich das Volumen verdreifacht hat. Vanillemark zufügen.

4. Das Eiweiß schaumig schlagen, dabei nach und nach den restlichen Zucker einrieseln lassen und die Mischung zu steifem Schnee schlagen. Etwa ein Viertel des Eischnees in die Eigelbmasse rühren. Das restliche Eiweiß mit einem großen Schneebesen oder einem Gummispatel so unterheben, dass einige weiße Tupfen in der Eigelbmasse sichtbar bleiben. Nach und nach das Mehl unter die Eimasse mischen.

5. Den Teig portionsweise in den Spritzbeutel füllen. Etwa 30 gleichmäßige Streifen (ca. 8 Zentimeter lang) im Abstand von etwa 2 Zentimeter auf die Backbleche spritzen. Mit Puderzucker besieben und 8–10 Minuten goldgelb backen. Fertige Löffelbiskuits auf ein Kuchengitter legen und völlig auskühlen lassen. Sechs dünne Biskuits zum Dekorieren beiseite legen.

6. Für die Rumcreme ein Viertel der Milch in eine kleine Schüssel gießen und die Gelatine dazugeben. Zum Einweichen 5 Minuten stehen lassen. Inzwischen die restliche Milch in einem kleinen Topf erhitzen.

7. In einer mittelgroßen Schüssel die Eigelbe und den Zucker verschlagen. Nach und nach die heiße Milch, dann die eingeweichte Gelatine unterrühren. Die Mischung bei mittlerer Hitze 3 Minuten erwärmen, dabei mit einem Kochlöffel oder einem feuerfesten Gummispatel (dieser eignet sich besser, den Boden und die Seiten des Topfes sauber auszukratzen) ständig umrühren, bis die Crememasse zähflüssig ist. Die Creme nicht zum Kochen bringen. Wenn die gewünschte Konsistenz erreicht ist, die Creme sofort in eine mittelgroße Edelstahlschüssel geben. Diese in eine größere Schüssel mit Eiswasser stellen und häufig umrühren bis die Creme abgekühlt, aber nicht fest ist. Die Creme aus dem Eiswasser nehmen.

8. In einer mittelgroßen, gekühlten Schüssel die Sahne mit dem Handrührgerät steif schlagen. Rum zufügen und die Sahne weiterhin schlagen, bis sie sehr steif ist. Etwa ein Viertel der Rumsahne unter die Creme rühren, den Rest unterheben. Die Rumcreme sollte steif sein und ihre Form nicht verändern. Notfalls in Eiswasser kühlen, bis die Creme leicht fest geworden ist.

9. Boden und Seiten der Springform mit etwas Öl bestreichen. Den Boden der Form mit sechs bis acht Löffelbiskuits auslegen. Vorher jedes Biskuit kurz in den Rumsirup tauchen. An den Rändern die Biskuits in die passende Form brechen, so dass der Boden so weit wie möglich bedeckt ist. Etwa ein Drittel der Rumcreme auf die Biskuitschicht streichen. Darauf eine weitere Schicht Löffelbiskuits setzen und die Hälfte der verbleibenden Creme darüber streichen. Auf die Creme wieder getränkte Löffelbiskuits legen und als Abschluss die restliche Creme darauf verteilen. Die Torte mit Klarsichtfolie abdecken und ca. 4 Stunden oder über Nacht kühl stellen, damit die Rumcreme fest wird.

10. Ein dünnes Messer in heißes Wasser tauchen und damit an der Innenseite der Springform entlangfahren. Den Rand der Springform entfernen. In einer gekühlten Schüssel die Sahne mit dem Puderzucker und der Vanille steif schlagen. Etwa die Hälfte der Sahne in einen großen Spritzbeutel mit Sterntülle füllen. Mit einem Metallspatel die Torte rundherum mit der restlichen Sahne bestreichen. Mit einem Tortengarnierer die Seiten der Torte verzieren und zwölf Sahnerosetten auf die Torte spritzen. Die sechs verbliebenen Löffelbiskuits quer in Hälften schneiden und jedes Stück mit der geschnittenen Seite schräg in eine

Rosette stecken. Nach Belieben die Torte in der Mitte mit gerösteten Mandeln bestreuen. Die Torte bis zum Servieren offen im Kühlschrank aufbewahren.

BACKTIPP

Die Löffelbiskuits können Sie bereits einen Tag im Voraus zubereiten und in einer luftdicht verschließbaren Box bei Zimmertemperatur aufbewahren. Auch den Rumsirup können Sie schon vorher zubereiten. Bei Zimmertemperatur hält er sich in einem Topf drei Tage lang. Die Malakofftorte selbst schließlich hält sich unter einer Tortenhaube im Kühlschrank etwa einen Tag.

PUNSCHTORTE
Für eine Springform von 28 cm ⌀

Diese süße aromatische Torte ist in der ungarischen Küche beheimatet. Es gibt sie in vielen Varianten, aber die Füllung aus punschgetränkten Kuchenbröseln und die rosa Glasur sind ein absolutes Muss. Jede Bäckerei hat ihre eigene Methode, um Füllung und Glasur die typische braune bzw. rosa Farbe zu geben. Viele verwenden geschmolzene Schokolade oder Schokokuchenbrösel. Für die Glasur eignen sich am besten Chambord oder Crème de Cassis, denn sie liefern nicht nur die gewünschte Farbe, sondern schmecken auch noch hervorragend.

FÜR DIE PUNSCHFÜLLUNG
1 mittelgroße Orange
1 mittelgroße Zitrone
60 ml brauner Rum
50 g Zucker
2 EL Marillenkonfitüre (Aprikosenkonfitüre)
2 EL Himbeerlikör (Chambord) oder
Crème de Cassis

1 großer Biskuitboden (warme Methode, siehe Seite 21)
200 g Marillenglasur, warm (siehe Seite 32)
50 g zartbittere Blockschokolade, fein gerieben
Rosa Fondantglasur (siehe Seite 31)

1. Für die Punschfüllung Orangenschale und Zitronenschale abreiben und beide Früchte auspressen. 50 Milliliter Orangensaft und drei Esslöffel Zitronensaft abmessen. Den restlichen Saft anderweitig verwenden.

2. Orangen- und Zitronensaft mit der abgeriebenen Schale der Früchte, Rum, Zucker, Marillenkonfitüre und Likör in einem mittelgroßen Topf bei mittlerer Hitze zum Kochen bringen, dabei häufig umrühren. Die Punschfüllung 2 Minuten kochen lassen, damit sie etwas reduziert, dann in eine mittelgroße Schüssel gießen.

3. Mit einem langen Zackenmesser die oberste Haut des Biskuitteigs ablösen und im Mixer zu

Kuchenbröseln zerkleinern. Kuchenbrösel zum Dekorieren der Torte beiseite stellen. Den Biskuitboden zweimal durchschneiden. Die sehr weiche untere Schicht wird später als oberste Schicht der Punschtorte verwendet.

4. Den oberen Tortenboden auf eine Tortenunterlage von 28 Zentimeter Durchmesser setzen. Aus der Mitte des mittleren Tortenbodens einen Kreis ausschneiden, so dass ein Ring von etwa 2 Zentimeter Breite übrig bleibt. (Der Ring wird später weiterverwendet.) Den ausgeschnittenen Teigkreis in Würfel von etwa 2 mal 2 Zentimeter schneiden. Die Teigwürfel unter die noch warme Punschfüllung mischen und gut einweichen lassen. Den Tortenboden auf der Tortenunterlage mit etwas Marillenglasur bestreichen und den Tortenring darauf setzen. Den Tortenring mit den punschgetränkten Teigwürfeln füllen, dabei die Füllung mit den Händen gleichmäßig verteilen. Den letzten Tortenboden auf der geschnittenen Seite mit Marillenglasur bestreichen und mit dieser Seite nach unten auf die Torte setzen und festdrücken. Die Torte mit der restlichen Marillenglasur überziehen, dabei darauf achten, dass die Oberfläche glatt und einheitlich wird. 10 Minuten kühl stellen.

5. Die Schokolade im Wasserbad schmelzen, in eine Spritztüte (siehe Seite 229) füllen und etwas abkühlen lassen.

6. Die Torte auf ein Kuchengitter setzen. Die Fondantglasur zubereiten. (Sie muss immer frisch zubereitet werden.) Die Torte mit der noch warmen Fondantglasur überziehen und die Glasur mit einem Teigspatel sehr glatt streichen. Die geschmolzene Schokolade in dünnen vertikalen Linien mit je ca. 2 Zentimeter Abstand auf die Torte spritzen. Ein dünnes Messer ebenfalls in vertikalen Linien, aber quer zu den Schokoladenfäden über die Tortenoberfläche ziehen, das Messer dabei abwechselnd von links nach rechts und von rechts nach links ziehen. So entsteht ein fedrig geschwungenes Muster. Die Torte unter einer Tortenhaube mindestens 4 Stunden kühl stellen. Gekühlt servieren.

SACHERTORTE
Für eine Springform von 26 cm ⌀

Diese elegante Komposition aus verschiedensten Schokoladenschichten ist zweifellos die berühmteste aller klassischen Kaffeehaustorten. Ein Löffel Schlagobers gehört unbedingt dazu und rundet das kulinarische Erlebnis ab. Die Vorlage für dieses Rezept stammt aus dem »Großen Sacher-Backbuch«. Die einzelnen Teigschichten sehen selten ganz perfekt und gleichmäßig aus, denn beim Backen können leicht große Luftblasen entstehen, so dass die Teigoberfläche stellenweise löchrig wird. In diesem Fall vermischen Sie einfach einige Teigreste mit etwas Marillenglasur und »verspachteln« die Löcher mit Hilfe eines dünnen Teigspatels.

FÜR DEN TEIG
125 g zartbittere Schokolade, fein gerieben
125 g kühle Butter
150 g Puderzucker
6 große Eier, getrennt, zimmerwarm
Mark von 1 Vanilleschote
100 g Zucker
150 g Mehl

FÜR DIE GLASUREN
200 g Marillenglasur (siehe Seite 32), warm
1 kleine Portion Schokoladenglasur
(siehe Seite 32)
Schlagobers (siehe Seite 35) zum Servieren

1. Den Backofen auf 200 °C vorheizen. Die Seitenränder der Springform gut einfetten, den Boden mit rund zugeschnittenem Backpapier auslegen und die Form mit Mehl ausstäuben. Überschüssiges Mehl abklopfen.
2. Die Schokolade im Wasserbad schmelzen. Den Topf vom Herd ziehen und die Schokolade etwas abkühlen lassen, dabei häufig umrühren.
3. Die Butter mit dem Handrührgerät auf der mittleren Stufe etwa 1 Minute cremig rühren. Auf kleinster Stufe den Puderzucker unterrühren. Dann die Butter mit dem Zucker nochmals etwa 2 Minuten auf höchster Stufe rühren, bis sie hell und schaumig ist. Nach und nach die Eigelbe zugeben, dann die geschmolzene Schokolade und das Vanillemark untermischen.
4. Das Eiweiß mit dem Zucker schlagen, dabei darauf achten, dass der Eischnee nicht zu steif wird. Etwa ein Viertel des Eischnees in die Schokoladenmasse rühren, den Rest so unterheben, dass kleine weiße Tupfen in der Schokoladenmasse sichtbar bleiben. Das Mehl in zwei Portionen darüber sieben und mit einem großen Schneebesen unterheben.
5. Den Teig gleichmäßig in die Form füllen und auf der mittleren Schiene des Backofens etwa 45 Minuten backen. Garprobe machen. Den Kuchen aus dem Backofen nehmen und 10 Minuten abkühlen lassen. Die Seiten der Springform entfernen, den Kuchen auf ein Kuchengitter stürzen und das Backpapier abziehen. Den Kuchen umdrehen und auf dem Kuchengitter völlig erkalten lassen.
6. Mit einem Zackenmesser die oberste Schicht des Kuchens abschneiden, um eine gleichmäßige Oberfläche zu erhalten. Den Kuchen einmal durchschneiden. Eine Kuchenhälfte mit der Schnittfläche nach oben auf eine Tortenunterlage setzen und mit Marillenglasur bestreichen. Die zweite Hälfte darauf setzen und den ganzen Kuchen mit der restlichen Marillenglasur überziehen. Die Glasur erkalten lassen, damit sie gleichmäßig und fest wird.
7. Den Kuchen auf ein Kuchengitter setzen. Die Schokoladenglasur zubereiten. (Sie muss immer frisch gemacht und noch warm verarbeitet werden.) Die warme Glasur über den Kuchen gießen und mit einem Spatel verstreichen. Dabei darauf achten, dass die Glasur den ganzen Kuchen gleichmäßig überzieht. Die Glasur etwas trocknen lassen, dann den Kuchen auf eine Servierplatte setzen und mindestens 1 Stunde kühl stellen, damit die Glasur fest wird. Den Kuchen etwa 1 Stunde vor dem Servieren aus dem Kühlschrank nehmen.
8. Zum Servieren ein scharfes Messer in heißes Wasser tauchen, den Kuchen damit anschneiden und jedes Stück mit einem Löffel Schlagobers servieren.

LESCHANZ-SACHERTORTE
Für eine Springform von 26 cm ø

Zwei Sachertortenrezepte? Ein peinlicher Irrtum? Da das Rezept für Sachertorte so viele Jahre lang Wiens am besten gehütetes Geheimnis war, mussten sich die Bäcker der Stadt wohl oder übel ihre eigenen Rezepte ausdenken.

Leschanz versorgt einige der besten Cafés und Hotels in Wien mit Gebäck und Süßwaren, denn nicht jedes Haus hat eine eigene Bäckerei (auch wenn man über diese Tatsache am liebsten Stillschweigen bewahrt). Wolfgang Leschanz sammelte im Demel und im Sacher Erfahrung als Bäcker und kreierte sein persönliches Sachertortenrezept. Er schneidet seinen Kuchen in drei Schichten und fügt eine zusätzliche Schicht Marillenglasur hinzu, was den Kuchen saftiger und üppiger macht. Die echte Sachertorte wird immer mit Marillenglasur gemacht, aber natürlich können Sie auch einmal andere Obstsorten, wie Himbeeren oder Pfirsiche, für die Glasur ausprobieren.

FÜR DEN TEIG
150 g zartbittere Blockschokolade, fein gerieben
175 g Butter, zimmerwarm
7 große Eier, getrennt, zimmerwarm
250 g Zucker
150 g Mehl, gesiebt

FÜR DIE GLASUREN
225 g Marillenglasur (siehe Seite 32), warm
1 kleine Portion Schokoladenglasur (siehe Seite 32)
Schlagobers (siehe Seite 35) zum Servieren

1. Den Backofen auf 200 °C vorheizen. Die Seitenränder der Springform gut einfetten, den Boden mit rund zugeschnittenem Backpapier auslegen und die Form mit Mehl ausstäuben. Überschüssiges Mehl abklopfen.
2. Die Schokolade im Wasserbad schmelzen. Den Topf vom Herd ziehen und die Schokolade etwas abkühlen lassen, dabei häufig umrühren.
3. Die Butter in einer großen Schüssel mit dem Handrührgerät auf der mittleren Stufe etwa 1 Minute cremig rühren. Die geschmolzene Schokolade zufügen und ca. 1 Minute weiterrühren. Nach und nach die Eigelbe zugeben.
4. Das Eiweiß mit dem Zucker schlagen, dabei darauf achten, dass der Eischnee nicht zu steif wird. Etwa ein Viertel des Eischnees in die Schokoladenmasse rühren, den Rest so unterheben, dass kleine weiße Tupfen in der Schokoladenmasse sichtbar bleiben. Das Mehl in zwei Portionen darüber sieben und mit einem großen Schneebesen unterheben.
5. Teig gleichmäßig in die Form füllen und auf der mittleren Schiene des Backofens etwa 50 Minuten backen. Garprobe machen. Den Kuchen aus dem Backofen nehmen und 10 Minuten abkühlen lassen. Seiten der Springform entfernen, den Kuchen auf ein Kuchengitter stürzen und das Backpapier abziehen. Den Kuchen umdrehen und auf dem Kuchengitter völlig erkalten lassen.
6. Mit einem Zackenmesser die oberste Schicht des Kuchens abschneiden, um eine gleichmäßige Oberfläche zu erhalten. Den Kuchen zweimal durchschneiden. Einen der Böden mit der Schnittfläche nach oben auf eine Tortenunterlage setzen und mit Marillenglasur bestreichen. Den zweiten Boden darauf setzen und ebenfalls mit Glasur bestreichen. Den letzten Tortenboden aufsetzen und den ganzen Kuchen mit der restlichen Marillenglasur überziehen. Die Glasur erkalten lassen, damit sie gleichmäßig und fest wird.
7. Den Kuchen auf ein Kuchengitter setzen. Die Schokoladenglasur zubereiten. (Sie muss immer frisch gemacht und noch warm verarbeitet werden.) Die warme Glasur über den Kuchen gießen und mit einem Spatel verstreichen. Dabei darauf achten, dass die Glasur den ganzen Kuchen gleichmäßig überzieht. Die Glasur etwas trocknen lassen, dann den Kuchen auf eine Servierplatte setzen und mindestens 1 Stunde kühl stellen, damit die Glasur fest wird. Den Kuchen etwa 1 Stunde vor dem Servieren aus dem Kühlschrank nehmen.
8. Zum Servieren ein Messer in heißes Wasser tauchen, den Kuchen damit anschneiden und jedes Stück mit einem Löffel Schlagobers servieren.

DIE GESCHICHTE DER SACHERTORTE

Die Sachertorte ist ein Symbol Wiens genauso wie die »schöne blaue Donau« oder der Stephansdom. Man kann die berühmte Schokoladentorte zwar in jeder Bäckerei der Stadt kaufen, um die Bezeichnung »Original Sacher-Torte« aber wurde jahrelang erbittert gekämpft. Sie war sogar Gegenstand eines Aufsehen erregenden Gerichtsstreits zwischen den Konkurrenten Demel und Sacher.

Am Anfang der Geschichte steht Klemens Fürst von Metternich, einer der Hauptakteure des Wiener Kongresses und obendrein kein Kind von Traurigkeit. Er wusste genau, was er wollte, und bekam es auch meistens. Als er 1832 ein großes Fest gab, wies er seinen Leibkoch an, zu diesem Anlass eine neue Torte zu kreieren. Der Fürst wollte seine Gäste überraschen, und dies nicht mit einer neuen leichten, sahnig-schaumigen, »weiblichen« Torte, wie sie zu dieser Zeit so beliebt waren. Vielmehr wollte er eine trockenere, kompaktere, eher »männliche« Torte servieren.

Der Koch konnte den extravaganten Wünschen seines Fürsten allerdings nicht nachkommen, denn er erkrankte plötzlich. So musste der 16-jährige Franz Sacher, zweiter Lehrling in der Metternichschen Küche, schnell für seinen Meister einspringen.

Schokolade hat, verglichen mit anderen Backzutaten, einen sehr starken, aggressiven, »männlichen« Geschmack, deshalb wählte Sacher sie als Grundlage seines Kuchens. Frische, fruchtige Aprikosenkonfitüre schien ihm dazu das passende Gegenstück zu sein. (Über 100 Jahre später sollte die Frage, wo genau der junge Sacher die Konfitüre aufgetragen hatte, der Hauptstreitpunkt der beiden konkurrierenden Bäckermeister werden.) Eine Schokoladen-Schichttorte war durchaus nichts Neues, die feste, glänzende Schokoladenglasur, die Sacher verwendete, hatte es dagegen noch nie gegeben.

Die neue Torte war die Sensation auf Metternichs Fest, und Prinz Pál Antal Esterházy holte Franz Sacher sofort als Konditor an den ungarischen Hof nach Budapest, wo die Sachertorte ebenfalls wie eine Bombe einschlug. Sacher kehrte jedoch bald nach Wien zurück, um eine Stelle im renommierten Haus

Dehne (später Demel) anzutreten, der Hofzuckerbäckerei des Kaisers. Von dort aus avancierte die Sachertorte bald zum erklärten Lieblingsgebäck der Wiener. Interessant und aufschlussreich ist allerdings, dass im Pressematerial des Hotels Sacher, das sich mit der Entstehungsgeschichte der Torte beschäftigt, Franz Sachers Zeit im Café Dehne mit keinem Wort erwähnt wird.

Mit seinen Ersparnissen eröffnete Sacher schließlich selbst einen kleinen schmucken Lebensmittelladen in der Nähe des Stephansdoms; sein berühmtes Rezept nahm er natürlich mit. Aber auch im Café Dehne wurde die Torte als einträglichste Spezialität des Hauses weiter verkauft, auch nachdem Christoph Demel das Café 1857 gekauft und umbenannt hatte. Eduard Sacher, Franz' Sohn, stieg wie sein Vater in die Lebensmittelbranche ein und absolvierte seine Lehrzeit in London und Paris. Zurück in Wien eröffnete er ein Restaurant in der Nähe der neu gebauten Ringstraße. Sein Haus fand rasch großen Zuspruch – vielleicht wegen der kleinen, gemütlichen Speisezimmer, die den perfekten Rahmen für exklusive und doch intime Diners boten. 1876 zog Eduard Sacher mit seinem Restaurant in ein größeres, repräsentatives Haus hinter der neuen Staatsoper um, wo er in den oberen Stockwerken zusätzlich ein Hotel eröffnete.

Eduards ehrgeizige, Zigarren rauchende Witwe Anna Sacher führte das Haus nach seinem Tod mit starker Hand und machte es allmählich zu einem der berühmtesten Hotels der Welt. Ihm zu Ehren wurden Walzer, Lieder und Operetten komponiert, die alle einen Hauch der unvergleichlichen Eleganz dieses Hauses einzufangen versuchten.

Nach dem Zweiten Weltkrieg mussten die Wiener Geschäftsleute hart kämpfen, um angesichts der am Boden liegenden Wirtschaft Österreichs ihren Platz zu behaupten. Alles, was einem Unternehmen ein positives Image und höheren Marktanteil verschaffen konnte, war mehr als willkommen. Vor diesem Hintergrund beschlossen die Besitzer des Hotels Sacher, die Familien Gürtler und Siller, das Café Demel zu verklagen und sich so das Recht zu erstreiten, ihre Torte als »Original« bezeichnen zu dürfen.

Nach sieben langen Jahren, in denen hitzige Debatten geführt, Akten gewälzt und alte Rezepte studiert worden waren, wurden die Kläger mit dem Recht belohnt, künftig die Bezeichnung »Original Sacher-Torte« führen zu dürfen. Jedes Stück dieses Originals trägt seitdem ein rundes Schokoladensiegel. Das Gericht entschied, dass laut Franz Sachers Originalrezept die Torte in der Mitte durchgeschnitten und mit Marillenglasur bestrichen werden sollte. Zusätzlich wurde sie noch mit Marillenglasur überzogen. In der demelschen Version wird die Torte nur mit der Glasur überzogen, die Schicht in der Mitte fällt weg. Die Originaltorte trägt also seitdem die Bezeichnung »Sacher-Torte« und darf nur im Hotel Sacher verkauft werden. Eine »Sachertorte« dagegen ist eine Torte, die lediglich im sacherschen Stil zubereitet wurde. Das Originalrezept des Hotels Sacher ist natürlich streng geheim und wird sogar in einem Safe unter Verschluss gehalten. Es heißt allerdings, dass einige ehemalige Angestellte des Hotels es in den mageren Nachkriegsjahren unerlaubt entwendet und veröffentlicht haben.

Christian Bär, der Restaurantmanager des Hotels Sacher, erzählt einige interessante statistische Details über die Herstellung der Sacher-Torte: In der Bäckerei Sacher werden jährlich etwa 300 000 Sacher-Torten gebacken, am Tag sind das also ca. 800 Stück. Hauptsaison ist natürlich die Weihnachtszeit, denn dann werden besonders viele Torten auch per Post bestellt. Die 14 Bäcker verbrauchen jedes Jahr über 1,2 Millionen Eier. Für die spezielle Glasur werden drei verschiedene Sorten Schokolade gemischt. Zwar wird der Großteil der Sacher-Torten direkt im Hotel Sacher verkauft, es gibt aber auch noch einige kleinere Außenstellen, z. B. am Wiener Flughafen.

Sowohl die demelsche Sachertorte als auch das Original aus dem Hause Sacher haben ihre treuen Fangemeinden, und um sich selbst ein Urteil zu bilden, muss man natürlich beide probieren. Vielleicht fällt es dem einen oder anderen schwer, dem Gerichtsurteil von damals zuzustimmen, aber die persönliche Entscheidungsfindung alleine ist schon ein himmlisches Vergnügen.

ORANGENTORTE
Für eine Springform von 26 cm ⌀

Die Orangentorte stammt ursprünglich aus Dalmatien, einem Landstrich an der kroatischen Adriaküste, und wurde zur Zeit des Wiener Kongresses 1815 auch in der Hauptstadt der Donaumonarchie bekannt. Da der Teig nur aus Semmelbrösel und ganz ohne Mehl oder Backpulver hergestellt wird, ist die Orangentorte eher schwer und feucht und geht auch nicht auf wie andere traditionelle Wiener Torten. Gekühlt serviert ist sie aber eine erfrischende und fruchtige Abwechslung – und ein Muss für alle Orangenliebhaber.

FÜR DEN TEIG
125 g Mandelblättchen
50 g Semmelbrösel
Zusätzlich Semmelbrösel für die Form
6 große Eier, getrennt, zimmerwarm
150 g Zucker
Abgeriebene Schale von ½ Orange
60 ml frisch gepresster Orangensaft

FÜR DIE ORANGENGLASUR
150 g Zucker
Abgeriebene Schale von 1 Orange
⅛ l frisch gepresster Orangensaft
4 EL frisch gepresster Zitronensaft
50 g Butter
3 Eigelbe von großen Eiern
1 EL Speisestärke
250 g Sahne

2 Orangen zum Garnieren

1. Den Backofen auf 175 °C vorheizen. Die Springform leicht einfetten und mit Semmelbröseln ausstreuen. Überschüssige Semmelbrösel abklopfen.
2. Für den Teig die Mandelblättchen mit den Semmelbröseln im Mixer zerkleinern, bis sie sehr fein – fast mehlartig – zermahlen sind. Beiseite stellen.
3. Die Eigelbe und ein Drittel des Zuckers mit dem Handrührgerät auf höchster Stufe etwa 3 Minuten schlagen, bis die Mischung hell und schaumig ist. Abgeriebene Orangenschale und Orangensaft einrühren.
4. Das Eiweiß auf höchster Stufe zu steifem Schnee schlagen, dabei nach und nach den restlichen Zucker einrieseln lassen. Etwa ein Viertel des Eischnees unter die Eigelbmischung heben. Die Mandelmischung zugeben und einige Male umrühren. Das restliche Eiweiß zufügen und unterheben, bis ein homogener Teig entsteht. Den Teig in die Form füllen.
5. Den Kuchen auf der mittleren Schiene des Backofens etwa 35 Minuten goldbraun backen, aus dem Backofen nehmen und 5 Minuten abkühlen lassen. Mit einem scharfen Messer an der Innenseite der Form entlangfahren, damit sich der Kuchen löst, dann die Seiten der Springform entfernen. Den Kuchen auf ein Kuchengitter stürzen, den Boden der Form abnehmen, den Kuchen wieder umdrehen und auf dem Kuchengitter völlig erkalten lassen.
6. Für die Glasur Zucker mit Orangenschale und -saft, Zitronensaft, Butter, Eigelb und Speisestärke in einem mittelgroßen Topf verschlagen. Die Mischung unter ständigem Rühren zum Kochen bringen, in eine mittelgroße Schüssel gießen und diese in eine größere Schüssel mit Eiswasser stellen. Die Glasur abkühlen lassen, dabei häufig umrühren, damit die Glasur nicht fest wird, sondern streichfähig bleibt.
7. In einer gekühlten mittelgroßen Schüssel die Sahne sehr steif schlagen. Die Hälfte der abgekühlten Glasur unterheben.
8. Mit einem langen Zackenmesser den Kuchen einmal durchschneiden. Die obere Hälfte auf eine Tortenunterlage von 28 Zentimeter Durchmesser stürzen und die Schnittfläche mit der restlichen Orangenglasur bestreichen. Die zweite Kuchenhälfte mit Hilfe eines breiten Kuchenmessers mit der Schnittfläche nach unten darauf setzen. Die Oberfläche der Torte mit der Orangen-Sahne-Glasur überziehen. Unbedeckt etwa 1 Stunde kühl stellen, damit die Glasur fest wird. Die Torte unter einer Tortenhaube mindestens 4–12 Stunden kühl stellen.
9. Die Orangen schälen und die Torte mit den Orangenschnitzen dekorativ belegen.

LESCHANZTORTE
Für eine Springform von 26 cm ø

Der Wiener Walter Leschanz ist ein außergewöhnlicher Konditor, der sowohl im Café Demel als auch im Café Sacher tätig war und seinen Erfahrungsschatz erweitern konnte. Eine seiner Spezialitäten ist diese zweischichtige Schokoladentorte, die all ihrer Raffinesse zum Trotz doch so einfach zuzubereiten ist. Man braucht sich nur die Zutatenliste anzusehen. Teig und Sahnehaube werden aus fast identischen Zutaten hergestellt, durch die unterschiedliche Art der Verarbeitung entstehen am Ende aber zwei völlig verschiedene Produkte. Eine Mischung wird zu einem lockeren Tortenboden gebacken, aus der anderen entsteht eine glänzende, luftige Schokoladenmousse. Die Leschanztorte sollte möglichst innerhalb von 24 Stunden verzehrt werden.

FÜR DEN TEIG
150 g zartbittere Blockschokolade, fein gerieben
175 g Butter, zimmerwarm, in 12 Stücke geschnitten
7 große Eier, getrennt, zimmerwarm
250 g Zucker

FÜR DIE SCHOKOLADENMOUSSE
150 g zartbittere Blockschokolade, fein gerieben
175 g Butter, zimmerwarm, in 12 Stücke geschnitten
175 g Puderzucker
6 große Eier

50 g Schokoladenflocken (siehe Seite 230) oder Borkenschokolade zum Garnieren

1. Den Backofen auf 175 °C vorheizen. Die Springform leicht einfetten und mit Mehl ausstäuben. Überschüssiges Mehl abklopfen.

2. Schokolade im Wasserbad schmelzen. Stück für Stück die Butter, dann die Eigelbe einrühren.

3. In einer großen Schüssel das Eiweiß zu steifem Schnee schlagen, dabei nach und nach den Zucker einrieseln lassen. Ein Viertel des Eischnees in die Schokoladenmasse rühren, den Rest unterheben. Die Masse gleichmäßig in der Form verteilen.

4. Den Teig auf der mittleren Schiene des Backofens etwa 30 Minuten backen, bis die Oberfläche knusprig ist. Garprobe machen. Den Tortenboden aus dem Backofen nehmen und mit einem scharfen Messer an der Innenseite der Form entlangfahren, damit sich der Kuchen leichter löst. In der Form völlig erkalten lassen, der Tortenboden kann sich leicht senken.

5. Für die Schokoladenmousse die Schokolade im Wasserbad schmelzen und unter ständigem Rühren abkühlen lassen, bis sie lauwarm ist.

6. In einer großen Schüssel die Butterstücke und den Puderzucker mit dem Handrührgerät auf kleinster Stufe gut verrühren. Auf höchster Stufe die Mischung etwa 2 Minuten weiterhin schlagen, bis sie hell und schaumig ist. Die abgekühlte Schokolade und nach und nach die Eier unterrühren. Die Mousse auf den Tortenboden in der Form füllen und glatt streichen. Die Torte mit Klarsichtfolie abdecken und 4–12 Stunden kühl stellen, bis die Mousse fest geworden ist.

7. Zum Servieren ein dünnes, scharfes Messer in heißes Wasser tauchen und damit an der Innenseite der Form entlangfahren, damit sich die Torte vollständig von der Form löst. Die Seiten der Springform entfernen. Die Torte mit den Schokoladenflocken garnieren. Das Messer nochmals in heißes Wasser tauchen und die Torte anschneiden. Gekühlt servieren.

DIE GESCHICHTE DER SPANISCHEN WINDTORTE

Lange Zeit galt die Windtorte als Maßstab für die Backkunst jeder Hausfrau. Auch heute noch kann man sie in manchen Konditoreien bekommen, muss sie aber meist vorbestellen. In den Vitrinen der Kaffeehäuser dagegen sucht man die aufwändige Torte vergebens. Trotzdem verdient sie einen besonderen Platz in diesem Buch, denn einerseits eignet sie sich hervorragend, um ausgewählte Kaffeegäste damit restlos zu beeindrucken, andererseits kommt leichtes, feines Baisergebäck wegen des geringen Fettgehalts in letzter Zeit wieder zunehmend in Mode. In typischer Wiener Art wird bei der Windtorte allerdings das »fehlende« Fett durch die üppige Sahne-Frucht-Füllung mehr als ausgeglichen. Wer es etwas weniger mächtig mag, kann die Torte aber auch gut nur mit frischem Obstsalat füllen.

Warum heißt diese Besonderheit eigentlich spanische Windtorte? Als der Zucker über den mittleren Osten und Nordafrika nach Europa kam, war es der spanische Adel, der die süße Köstlichkeit als Erster ausprobierte und für sich entdeckte. Zwar weiß man nicht sicher, woher das Baisergebäck ursprünglich kommt. Dass die Spanier allerdings schon immer eine Vorliebe für die leichte Masse aus Eiweiß und Zucker hatten, steht außer Zweifel. Der Name Windtorte geht mit großer Sicherheit auf die luftig-leichte Konsistenz der Baiserschale zurück.

SPANISCHE WINDTORTE
Für acht bis zehn Stücke

Die spanische Windtorte, eine üppig dekorierte Baiserschale, gefüllt mit Früchten und Sahne, ist eines der aufwändigsten Gebäcke überhaupt. Damit die Torte gut gelingt, sollten Sie alles gut vorbereiten und sich für die Zubereitung viel Zeit nehmen. Eine weitere Grundregel lautet, dass man Baiser niemals an einem feuchten oder regnerischen Tag machen sollte, denn wenn die Luft zu feucht ist, kann die Baisermasse nicht vollständig austrocknen. Wichtig ist auch, die Temperatur im Backofen nie zu hoch werden zu lassen; es ist sogar besser, das Baiser bei etwas geringerer Temperatur zu backen als zu heiß. Versuchen Sie also nicht, durch Erhöhen der Backtemperatur den Backvorgang zu beschleunigen, denn dadurch kann das Baiser leicht brechen oder zu dunkel werden. Um die Temperatur gering zu halten, sollten Sie die Tür des Backofens während des Backens einige Male für etwa 30 Sekunden einen Spalt öffnen. Wenn Sie eine perfekt weiße Baisermasse erzielen wollen, brauchen Sie einen Backofen, der eine Temperatur von 75 °C konstant halten kann. Auf Seite 219 finden Sie außerdem einige wichtige Hinweise auf die richtige Verarbeitung von Eiweiß. Um die Baisermasse in die gewünschte Form zu bringen, brauchen Sie eine Loch- und eine Sterntülle, einen großen Spritzbeutel, zwei Backbleche und Backpapier. Die Baiserschale können Sie bereits am Vortag zubereiten, die Füllung sollten Sie aber erst kurz vor dem Servieren hineingeben, damit die Schale fest und knusprig bleibt und nicht durchweicht. Statt Erdbeeren können Sie natürlich auch andere Beeren verwenden. Während der Beerensaison bietet sich eine Mischung aus Himbeeren, Brombeeren und Heidelbeeren besonders an. Maraschinolikör passt am besten zum leichten Baiser. Sie können aber auch hochprozentigeres Kirschwasser, Cognac oder Grand Marnier nehmen.

FÜR DIE ERSTE BAISERMASSE
6 Eiweiße von großen Eiern
¼ TL Weinstein
(siehe Seite 218)
200 g extrafeiner Zucker

FÜR DIE ZWEITE BAISERMASSE
8 Eiweiße von großen Eiern
¼ TL Weinstein
250 g extrafeiner Zucker

FÜR DIE ERDBEERFÜLLUNG
250 g Sahne, gekühlt
3 EL Puderzucker
2 EL Maraschinolikör oder Kirschwasser
500 g frische Erdbeeren, geputzt und in Scheiben geschnitten

1. Backofen auf 75 °C vorheizen. Zwei Backbleche mit Backpapier auslegen. Den Boden einer Springform von 24 Zentimeter Durchmesser als Vorlage auf das Backpapier setzen und mit einem dicken schwarzen Stift je zwei Kreise in möglichst großem Abstand zueinander auf jedes Backblech zeichnen. Das Backpapier umdrehen und wieder auf die Bleche legen. Die Kreise sollten immer noch zu sehen sein.

2. Für die erste Baisermasse das Eiweiß in einer großen, völlig fettfreien Schüssel mit dem Handrührgerät auf hoher Stufe schaumig schlagen. Weinstein zufügen und die Masse weiterhinschlagen, bis sie leicht fest wird. Löffelweise den Zucker zugeben und dabei die Masse weiter zu steifem Schnee schlagen. Den Eischnee in einen großen Spritzbeutel mit großer Lochtülle füllen.

3. Die Baisermasse spiralförmig auf einen der Kreise spritzen, bis die gesamte Kreisfläche bedeckt ist. Die Oberfläche leicht mit einem Metallspatel glatt streichen. (Diese Baiserplatte wird später der Tortenboden.) Drei einfache Baiserringe auf die anderen drei vorgezeichneten Kreislinien spritzen, sie bilden später den Tortenrand.

4. Die Baiserformen auf der mittleren und unteren Schiene des Backofens backen, bis sie fest geworden sind, eine hellbeige Farbe annehmen und sich leicht vom Backpapier lösen lassen. Die einfachen Baiserringe brauchen etwa 1 Stunde, die Baiserplatte ca. 1 1/2 Stunden. Die Backofentür während des Backens von Zeit zu Zeit für etwa 30 Sekunden öffnen, um die Backtemperatur niedrig zu halten. Nach 30 Minuten Backzeit die Backbleche im Ofen vertauschen, so dass das untere nach oben kommt. Außerdem die Vorderseite der Bleche nach hinten drehen. Das fertige Baiser aus dem Backofen nehmen, vorsichtig vom Backpapier ablösen und völlig erkalten lassen.

5. Für die zweite Baisermasse ein Backblech mit Backpapier auslegen und, wie in Punkt eins beschrieben, mit einem Kreis von 24 Zentimeter Durchmesser versehen. Das Papier umdrehen und wieder auf das Backblech legen. Ein zweites Blech mit Backpapier auslegen.

6. Die Baisermasse, wie in Punkt zwei beschrieben, zubereiten. Die Hälfte der Masse in einen Spritzbeutel mit großer Sterntülle füllen. Den markierten Kreis spiralförmig mit Baisermasse ausspritzen und die Masse mit einem Spatel glatt streichen. Auf die Baiserplatte kranzförmig Rosetten spritzen. (Dies ist der Deckel der Torte.)

7. Etwa zwei Drittel der restlichen Baisermasse in den Spritzbeutel füllen. Die gebackene Baiserplatte auf ein Backblech mit Backpapier setzen. Die drei gebackenen Baiserringe mit etwas frischer Baisermasse als Klebstoff übereinander auf die Platte setzen und festdrücken. Mit einem Metallspatel die restliche Baisermasse gleichmäßig außen am Tortenrand verteilen und glatt streichen. Die übrige Baisermasse in den Spritzbeutel geben und den Tortenrand mit Rosetten verzieren.

8. Die Baiserformen auf der mittleren und unteren Schiene des Backofens etwa 1 1/4 bis 1 1/2 Stunden backen, bis sie fest geworden sind, eine hellbeige Farbe annehmen und sich leicht vom Backpapier lösen lassen. Nach etwa 45 Minuten Backzeit die Backbleche im Ofen wieder vertauschen. Außerdem die Vorderseite der Bleche nach hinten drehen. Nach der angegebenen Backzeit den Backofen ausschalten und die Tür einen Spalt öffnen. Das Baiser mindestens 3 Stunden im Backofen stehen lassen, damit es ganz austrocknet.

9. Für die Erdbeerfüllung kurz vor dem Servieren der Torte die Sahne mit dem Puderzucker in einer großen, gekühlten Schüssel steif schlagen. Maraschinolikör und Erdbeeren unterheben.

10. Zum Servieren die Baiserschale auf eine Servierplatte setzen, die Erdbeersahne hineinfüllen und die Baiserhaube darauf geben. Die Torte mit einem Zackenmesser zerteilen und sofort servieren.

DIOSTORTE
Für eine Springform von 26 cm ø

Gemahlene Walnüsse machen diese ungarische Torte so saftig und würzig. Der Trick dabei ist, die Nüsse für den Teig frisch durch die Mandelmühle zu drehen. Verwendet man den Mixer, werden sie nicht mehlartig, sondern es entsteht ein ölhaltiger Brei. Zum Schluss wird die Torte mit einer reichhaltigen Buttercreme gefüllt und überzogen.

FÜR DEN TEIG
40 g Semmelbrösel für die Form
100 g ganze Walnüsse
150 g Mehl
7 große Eier, zimmerwarm
150 g Zucker

FÜR DIE BUTTERCREME
250 g gehackte Walnüsse
175 g Puderzucker
¼ l Milch
2 EL Speisestärke
2 Eigelbe von großen Eiern
2 EL brauner Rum
Mark von 1 Vanilleschote
350 g kühle Butter

ZUM GARNIEREN
50 g fein gehackte Walnüsse
12 Walnusshälften

1. Backofen auf 175 °C vorheizen. Die Seitenränder der Springform gut einfetten, den Boden mit rund zugeschnittenem Backpapier auslegen und die Form mit Semmelbröseln ausstreuen. Überschüssige Semmelbrösel abklopfen.

2. Die Walnüsse schälen und durch die Mandelmühle drehen und in einer Schüssel mit dem Mehl vermischen.

3. Die Eier in der Küchenmaschine oder mit dem Handrührgerät auf höchster Stufe schaumig schlagen, dabei nach und nach den Zucker einrieseln lassen. Die Masse weiterhin schlagen (etwa 15 Minuten), bis sie zähflüssig ist und beim Herausziehen der Quirle Fäden zieht.

4. Die Walnussmischung in zwei Portionen mit einem großen Schneebesen oder Teigspatel unter die Eimasse heben. Den Teig gleichmäßig in die Form füllen.

5. Den Kuchen auf der mittleren Schiene des Backofens etwa 35 Minuten backen. Garprobe machen. Aus dem Backofen nehmen und in der Form 5 Minuten abkühlen lassen. Die Seitenränder der Form entfernen, den Kuchen auf ein Kuchengitter stürzen und das Backpapier abziehen. Den Kuchen umdrehen und auf dem Kuchengitter völlig erkalten lassen.

6. Für die Buttercreme die Walnüsse mit dem Puderzucker im Mixer zerkleinern, bis sie sehr fein – fast mehlartig – zermahlen sind.

7. Die Milch in einen mittelgroßen Topf gießen, die Speisestärke hineingeben und umrühren, bis sie sich ganz aufgelöst hat. Die Eigelbe zugeben und verschlagen. Die Mischung bei mittlerer Hitze unter ständigem Rühren zum Kochen bringen und so lange köcheln lassen, bis eine zähflüssige, puddingartige Creme entstanden ist. Die fertige Creme einmal aufkochen lassen. Die Speisestärke verhindert, dass das Eigelb gerinnt. Die Creme in eine mittelgroße Schüssel gießen, diese in eine größere Schüssel mit Eiswasser setzen, Rum und Vanillemark einrühren. Die Creme ganz abkühlen lassen, dabei gelegentlich umrühren.

8. Die Creme in der Küchenmaschine 1 Minute lang cremig schlagen. Auf mittlerer Stufe löffelweise die Butter unterrühren, dabei gelegentlich kurz auf die höchste Stufe schalten, damit sich die Butter ganz mit der Creme verbindet und eine homogene Masse entsteht. Die Walnussmischung zugeben. Ist die Creme zu warm, um sie gleichmäßig aufzutragen, die Schüssel nochmals in Eiswasser stellen und umrühren, bis die Creme abgekühlt ist und sich verstreichen lässt.

9. Etwa ein Viertel der Buttercreme in einen Spritzbeutel mit Sterntülle füllen. Mit einem langen Zackenmesser den Kuchen einmal durchschneiden. Die untere Hälfte auf eine Tortenunterlage setzen und ein Drittel der restlichen Creme darauf streichen. Die zweite Kuchenhälfte darauf setzen und den ganzen Kuchen mit der verbleibenden Buttercreme überziehen. Die gehackten Nüsse seitlich am Tortenrand entlang in die Creme drücken; die Torte mit zwölf Buttercremerosetten verzieren und in jede Rosette eine Walnusshälfte stecken. Den Kuchen unter einer Tortenhaube kühl stellen; 1 Stunde vor dem Servieren aus dem Kühlschrank nehmen.

ERDBEER-OBERS-TORTE
Für zehn Stücke

Dies ist eine der klassischen österreichischen Sahnetorten, bei denen meist ebenso viel (oder mehr) Sahne wie Teig im Spiel ist. In der Erdbeersaison findet man in den Kaffeehäusern und Konditoreien unzählige Varianten dieser köstlich-frischen Torte. Zum Garnieren sollten Sie möglichst gleichmäßige kleine Früchte verwenden.

FÜR DEN ORANGENSIRUP
80 ml Wasser
3 EL Zucker
6 EL Grand Marnier, Triple Sec oder Orangensaft

FÜR DIE FÜLLUNG
80 ml Wasser
1 Päckchen gemahlene Gelatine
500 g frische Erdbeeren, geputzt
150 g Zucker
1 EL frisch gepresster Zitronensaft
500 g Sahne, gekühlt

1 kleiner Biskuitboden (kalte Methode, siehe Seite 23)
Pflanzenöl für das Backpapier
10 kleine Erdbeeren mit Stiel
100 g rote Johannisbeerglasur (siehe Seite 32), warm
125 g Sahne, gekühlt
2 EL Puderzucker
Mark von ½ Vanilleschote

1. Für den Sirup Wasser und Zucker in einem kleinen Topf zum Kochen bringen, dabei häufig umrühren, damit sich der Zucker ganz auflöst. Den Topf vom Herd ziehen und Grand Marnier o. Ä. zufügen. Die Mischung in eine kleine Schüssel gießen und völlig erkalten lassen.

2. Für die Füllung das Wasser in eine kleine Schüssel gießen, die Gelatine hineinstreuen und 5 Minuten einweichen lassen.

3. Die Hälfte der Erdbeeren im Mixer pürieren. Das Püree in einen kleinen Topf geben, eingeweichte Gelatine, Zucker und Zitronensaft einrühren und das Gemisch bei mittlerer Hitze unter ständigem Rühren etwa 2 Minuten lang erwärmen. Dabei darauf achten, dass die Masse nicht kocht. Die Masse in eine Schüssel geben und diese in eine größere Schüssel mit Eiswasser setzen. Die Masse oft umrühren und etwas abkühlen, aber nicht fest werden lassen. Die Schüssel aus dem Eiswasser nehmen.

4. Die Sahne in einer mittelgroßen, gekühlten Schüssel sehr steif schlagen. Etwa ein Viertel der Sahne in die Erdbeermasse rühren, den Rest unterheben.

5. Den Biskuitboden mit einem langen Zackenmesser einmal durchschneiden. (Die oberste Haut des Biskuitteigs nicht ablösen.) Von den Biskuitböden jeweils einen etwa 1 Zentimeter breiten Rand abschneiden, im Mixer zu Kuchenbröseln zerkleinern, in eine kleine Schüssel geben und mit Klarsichtfolie abdecken.

6. Einen Tortenring von 26 Zentimeter Durchmesser leicht mit Öl bestreichen. Die obere Hälfte des Biskuitbodens mit der Oberseite nach unten hineinlegen. Die Hälfte des Orangensirups darauf geben und verstreichen, dann die Hälfte der Erdbeersahne so verteilen, dass der ganze Tortenring ausgefüllt ist. Die restlichen Erdbeeren in Scheiben schneiden und auf der Füllung verteilen. Den zweiten Biskuitboden darauf setzen und mit dem restlichen Sirup beträufeln. Die verbleibende Erdbeersahne einfüllen. Den Ring mit Klarsichtfolie abdecken und 4–12 Stunden kühl stellen, damit die Sahnefüllung fest wird.

7. Die fertige Torte mit glasierten Erdbeeren verzieren. Dazu ein Backblech mit Backpapier aus-

legen und mit etwas Pflanzenöl bestreichen. Die zehn ganzen Erdbeeren waschen und mit Küchenpapier trockentupfen. Jede Erdbeere an den grünen Blättchen fassen, kurz in die warme Johannisbeerglasur tauchen, abtropfen lassen und auf das Backpapier setzen. Die glasierten Erdbeeren etwa 15 Minuten trocknen lassen.

8. Mit einem scharfen Messer an der Innenseite des Tortenrings entlangfahren, damit sich die Torte löst. Den Ring entfernen. Die zurückbehaltenen Kuchenbrösel auf dem Tortenrand verteilen und festdrücken. Die Sahne mit Puderzucker und Vanillemark in einer mittelgroßen, gekühlten Schüssel steif schlagen. Die Sahnemischung in einen Spritzbeutel mit Sterntülle füllen und zehn Rosetten auf die Torte spritzen. In jede Rosette eine glasierte Erdbeere setzen. Gekühlt servieren.

PANAMATORTE
Für eine Springform von 26 cm ⌀

Diese Torte wurde 1914 zur Eröffnung des Panamakanals kreiert. Die einzelnen Schichten aus Schokolade und Mandeln werden wunderbar abgerundet und ergänzt durch eine köstliche Schokoladenglasur. Achten Sie darauf, dass die Eimischung völlig erkaltet ist, bevor Sie die Butter unterrühren. Die Butter sollte dabei weich und formbar, aber immer noch kühl sein.

FÜR DEN TEIG
80 g zartbittere Blockschokolade, fein gerieben
100 g Mandelblättchen
50 g Semmelbrösel
7 große Eier, getrennt, zimmerwarm
100 g Zucker
Mark von 1 Vanilleschote
½ TL Mandelextrakt

FÜR DIE GLASUR
80 g zartbittere Blockschokolade, fein gerieben
2 große Eier, zimmerwarm
150 g Zucker
200 g kühle Butter
Mark von ½ Vanilleschote
¼ TL Mandelextrakt
2 EL Sahne (nach Belieben)

40 g Mandelblättchen, geröstet
(siehe Seite 226)

1. Backofen auf 175 °C vorheizen. Die Seitenränder der Springform einfetten, den Boden mit rund zugeschnittenem Backpapier auslegen und die Form mit Mehl ausstreuen.
2. Die Schokolade im Wasserbad schmelzen, den Topf vom Herd ziehen und die Schokolade etwas abkühlen lassen.
3. Die Mandelblättchen mit den Semmelbröseln im Mixer zerkleinern, bis sie sehr fein – fast mehlartig – zermahlen sind.
4. Eigelbe mit der Hälfte des Zuckers in einer großen Schüssel mit dem Handrührgerät auf höchster Stufe etwa 3 Minuten schaumig schlagen. Geschmolzene Schokolade, Vanillemark und Mandelextrakt zugeben und verschlagen.
5. Das Eiweiß in einer großen Schüssel zu steifem Schnee schlagen, dabei nach und nach den restlichen Zucker einrieseln lassen. Etwa ein Viertel des Eischnees in den Schokoladenteig rühren, den Rest mit einem großen Schneebesen oder einem Teigspatel unterheben. Die Mandelmischung in zwei Portionen unterheben. Den Teig gleichmäßig in der Form verteilen.
6. Den Kuchen auf der mittleren Schiene des Backofens etwa 35 Minuten backen, bis sich der Kuchen allmählich vom Rand löst. Garprobe machen. Aus dem Backofen nehmen und etwa 10 Minuten abkühlen lassen. Mit einem Messer an der Innenseite der Form entlangfahren, dann die Seiten der Springform entfernen. Den Kuchen auf ein Kuchengitter stürzen, das Backpapier abziehen, den Kuchen umdrehen und auf dem Kuchengitter völlig erkalten lassen.
7. Für die Glasur die Schokolade im Wasserbad schmelzen. Eier und Zucker in einer mittelgroßen, hitzebeständigen Schüssel verschlagen. Die Schüssel in einen hohen Topf mit leicht kochendem Wasser setzen. (Das Wasser sollte den Boden der Schüssel nicht berühren.) Die Mischung weiterhin leicht schlagen, bis sie erhitzt ist. Die Schüssel aus dem Topf nehmen und die geschmolzene Schokolade einrühren. Die Mischung mit dem Handrührgerät auf höchster Stufe etwa 5 Minuten schlagen, bis sie völlig erkaltet ist. Löffelweise die Butter zugeben und jeden Löffel gut verrühren, so dass die Masse homogen bleibt. Vanillemark und Mandelextrakt zugeben. Ist die Glasur zu fest, zusätzlich die Sahne einrühren.
8. Mit einem langen Zackenmesser die oberste Schicht des Kuchens abschneiden, um eine glatte Oberfläche zu erhalten. Den Kuchen einmal durchschneiden. Einen Esslöffel der Glasur auf eine Tortenunterlage geben und die untere Hälfte des Kuchens darauf setzen. Ein Drittel der restlichen Glasur auf den Kuchen geben und gleichmäßig verstreichen. Die zweite Kuchenhälfte darauf setzen. Den ganzen Kuchen mit der

verbleibenden Glasur überziehen und die Oberfläche glatt streichen. Die Mandelblättchen auf dem Tortenrand verteilen und festdrücken. Vor dem Servieren die Torte mindestens 1 Stunde kühl stellen.

HIMBEER-JOGHURT-TORTE
Für 12 bis 16 Stücke

Die Joghurttorte ist eine der wenigen neueren Errungenschaften der österreichisch-ungarischen Küche; es gibt sie erst seit etwa 20 Jahren. Diese Himbeertorte ist eine besonders köstliche Variante. Cremiger Joghurt wird mit viel Sahne verfeinert und so leichter und luftiger gemacht. Verwenden Sie immer Sahnejoghurt, denn er eignet sich in Konsistenz und Geschmack am besten für die Tortenfüllung.

FÜR DEN HIMBEERSIRUP
80 ml Wasser
3 EL Zucker
6 EL Himbeergeist

FÜR DIE FÜLLUNG
80 ml Wasser
2 Päckchen gemahlene Gelatine
500 g frische oder gefrorene Himbeeren
350 g Zucker
2 EL frisch gepresster Zitronensaft
500 g Sahnejoghurt natur
250 g Sahne, gekühlt
1 kleiner Biskuitboden (kalte Methode, siehe Seite 23)

FÜR DIE GLASUR
50 ml Wasser
½ Päckchen gemahlene Gelatine
1 EL fein gehackte Pistazien zum Garnieren

1. Für den Sirup Wasser und Zucker in einem kleinen Topf zum Kochen bringen, dabei häufig umrühren, damit sich der Zucker auflöst. Den Topf vom Herd ziehen, den Himbeergeist zufügen, die Flüssigkeit in eine kleine Schüssel gießen und völlig erkalten lassen.

2. Für die Füllung das Wasser in eine kleine Schüssel gießen, die Gelatine hineinstreuen und 5 Minuten einweichen lassen.

3. Drei Viertel der Himbeeren mit Zucker und Zitronensaft im Mixer pürieren. Entstandene Flüssigkeit abgießen. Die Hälfte des Himbeerpürees in eine kleine Schüssel geben, mit Klarsichtfolie abdecken und kühl stellen. Das restliche Püree in einen mittelgroßen Topf geben und die Gelatine einrühren. Die Mischung bei mittlerer Hitze unter ständigem Rühren etwa 2 Minuten erwärmen, aber nicht zum Kochen bringen. Die Mischung in eine mittelgroße Schüssel füllen und diese in eine größere Schüssel mit Eiswasser stellen. Die Masse häufig umrühren und etwas abkühlen, aber nicht fest werden lassen. Die Schüssel aus dem Eiswasser nehmen.

4. Den Joghurt unter die Himbeermasse rühren. In einer mittelgroßen, gekühlten Schüssel die Sahne steif schlagen. Etwa ein Viertel der Sahne unter die Himbeercreme rühren, den Rest unterheben.

5. Den Biskuitboden mit einem langen Zackenmesser einmal durchschneiden. (Die oberste Haut des Biskuitteigs nicht ablösen.) Von den Biskuitböden jeweils einen etwa 1 Zentimeter breiten Rand abschneiden, im Mixer zu Kuchenbröseln zerkleinern, in eine kleine Schüssel geben und mit Klarsichtfolie abdecken.

6. Einen Tortenring von 26 Zentimeter Durchmesser leicht mit Öl bestreichen. Die obere Hälfte des Biskuitbodens mit der Oberseite nach unten in die Form legen. Die Hälfte des Himbeersirups darauf geben und verstreichen, dann die Hälfte der Himbeersahne so darauf verteilen, dass der ganze Tortenring ausgefüllt ist. Die restlichen Himbeeren auf der Füllung verteilen. Den zweiten Biskuitboden darauf setzen und mit dem restlichen Sirup beträufeln. Die verbleibende Himbeersahne einfüllen. Den Tortenring mit Klarsichtfolie abdecken und 4–12 Stunden kühl stellen, damit die Sahnefüllung fest wird.

7. Für die Glasur das Wasser in eine kleine Schüssel gießen, die Gelatine hineinstreuen und 5 Minuten einweichen lassen. Das zurückbehaltene Himbeerpüree in einen kleinen Topf geben, die Gelatine unterrühren und das Gemisch bei mittlerer Hitze erwärmen. Nicht zum Kochen bringen! Die Mischung in eine kleine Schüssel füllen und diese in eine größere Schüssel mit Eiswasser stellen. Häufig umrühren und etwas abkühlen, aber nicht fest werden lassen.

8. Die Glasur über die Torte gießen und gleichmäßig verstreichen. Unbedeckt etwa 30 Minuten kühl stellen, damit die Glasur fest wird.

9. Mit einem Messer an den Seitenrändern des Tortenrings entlangfahren und ihn entfernen. Die zurückbehaltenen Kuchenbrösel auf dem Tortenrand verteilen und festdrücken. Die Oberseite der Torte ringförmig mit den gehackten Pistazien bestreuen.

DIE GESCHICHTE DER DOBOSTORTE

Was Auguste Escoffier für Frankreich war, das war Jószef Dobos für Ungarn. Denn er kreierte seine kulinarischen Meisterwerke zur selben Zeit – Ende des 19. Jahrhunderts – wie der berühmte französische Meisterkoch. Und genauso wie sein französischer Kollege erlangte auch Dobos weit über die ungarischen Landesgrenzen hinaus große Berühmtheit.

In Dobos' Familie gab es viele Köche. Er selbst war außerdem stolzer Besitzer eines exklusiven, gut sortierten Delikatessengeschäftes in Budapest, in dem er die Reichen und Adeligen der Stadt bediente. Zu einer Zeit, da die Verschiffung von Lebensmitteln teuer und unsicher war, bot er in seinem Geschäft über 60 Käse- und 22 Champagnersorten an. In Budapest liebte man große internationale Ausstellungen, wo die Bevölkerung Gelegenheit hatte, andere fremdartige Köstlichkeiten zu probieren und zu genießen. Auf der Budapester Landesausstellung 1885 betrieb auch Dobos ein kleines Restaurant. Seine berühmtesten Gäste waren der Kaiser und die Kaiserin von Österreich (gleichzeitig König und Königin von Ungarn). Beide genossen seine Speisen sichtlich. In Wien machte sich Kaiserin Elisabeth oft unbeliebt, denn sie setzte sich ganz offen für die Unabhängigkeit Ungarns ein. In Budapest wurde sie dafür wie eine Heldin gefeiert, und allein die Tatsache, dass sie von Dobos' Speisen sichtlich beeindruckt war, sicherte ihm einen Ruf als »Starkoch«.

Einige Jahre später stellte Dobos seine berühmteste Erfindung, die Dobostorte, vor. Die besonders zarten Schichten, die köstliche Karamellglasur, besonders aber die üppige Schokoladenbuttercreme – eine kulinarische Neuheit aus Frankreich – begeisterten die Budapester Bevölkerung restlos und machten die Torte bald zum beliebtesten Dessert der Stadt. Dobos entwarf außerdem ein Spezialpaket, in dem die Torte verschickt und per Schiff transportiert werden konnte, und so tauchte die Dobostorte bald auch in anderen europäischen Hauptstädten auf. Natürlich versuchten andere Budapester Konditoren, an das Rezept für die beliebte Torte heranzukommen, um ihre eigene Version zu entwickeln und von der großen Beliebtheit zu profitieren. Dobos aber war ein geschäftstüchtiger Mann und hielt das Rezept eine Zeit lang unter Verschluss. Im Jahr 1896, während der Feierlichkeiten zum 1000-jährigen Bestehen Ungarns, betrieb Dobos einen kleinen Verkaufsstand, wo er seine berühmte Torte tausendfach verkaufte. Jeder, der etwas auf sich hielt, musste sie haben.

Als Dobos schließlich 1906 aus Altersgründen seine Geschäfte aufgab, machte er dem Budapester Handelsverband sein begehrtes Rezept höchst öffentlich und medienwirksam zum Geschenk und sorgte damit dafür, dass seine Torte (und sein Name) der Nachwelt erhalten blieb. Eine Operette über Dobos' zahlreiche Intrigen machte ihn schließlich wirklich unsterblich.

Passenderweise ist ›dob‹ das ungarische Wort für Trommel. Und da die Karamellglasur der Dobostorte ein bisschen wie eine gespannte Trommel aussieht, wird oft irrtümlich angenommen, der Name der Torte leite sich vom Wort ›dob‹ ab.

DOBOSTORTE
Für zwölf Stücke

Genau fünf dünne Schichten aus Vanillebiskuitteig, dazwischen Schokoladenbuttercreme und obenauf eine knusprige Karamellglasur – das ist die berühmte Dobostorte. Keinem Ungarn muss man diesen Namen erklären, diese Torte ist viel mehr als eine köstliche Süßspeise, sie ist eine nationale Institution.

Damit die Dobostorte allerdings perfekt gelingt, braucht man viel Zeit. Die Teigschichten müssen einzeln gebacken werden, niemals sollte man einen einzigen Biskuitboden einfach durchschneiden. Denn nur einzeln gebacken werden die Schichten richtig trocken und sind das perfekte Gegenstück für die üppige Schokoladenbuttercreme dazwischen. Glücklicherweise sind die Teigschichten im Backofen schnell fertig; außerdem kann man die Sache beschleunigen, indem man zwei oder mehr Backbleche gleichzeitig verwendet.

FÜR DEN TEIG
6 große Eier, getrennt, zimmerwarm
175 g Puderzucker
Mark von 1 Vanilleschote
150 g Mehl, gesiebt
1 Prise Salz

FÜR DIE SCHOKOLADENBUTTERCREME
100 g zartbittere Schokolade, fein gerieben
350 g kühle Butter
2 EL Kakaopulver
175 g Puderzucker
Mark von 1 Vanilleschote

FÜR DIE KARAMELLGLASUR
1 TL Butter
150 g Zucker
2 EL frisch gepresster Zitronensaft

ZUM GARNIEREN
60 g gehackte Haselnüsse, geröstet
12 ganze Haselnüsse, geröstet und geschält

1. Backofen auf 200 °C vorheizen. Sechs Stücke Backpapier für die Backbleche zuschneiden. Den Boden einer Springform von 26 Zentimeter Durchmesser als Vorlage benutzen und mit einem dicken schwarzen Stift auf jedes Backpapier einen Kreis zeichnen. Das Backpapier umdrehen, damit die Farbe nicht mit dem Teig in Berührung kommt. Die Kreise sollten immer noch zu sehen sein.

2. Für den Teig die Eigelbe, die Hälfte des Puderzuckers und das Vanillemark in einer mittelgroßen Schüssel mit dem Handrührgerät auf höchster Stufe etwa 3 Minuten schlagen, bis die Mischung hell und zähflüssig ist und beim Herausziehen der Quirle Fäden zieht.

3. In einer anderen Schüssel das Eiweiß zu steifem Schnee schlagen, dabei nach und nach den restlichen Puderzucker einrieseln lassen. Mit einem großen Gummispatel etwa ein Viertel des Eischnees unter die Eigelbmasse rühren, den Rest so unterheben, dass einige weiße Tupfen in der Eigelbmasse sichtbar bleiben. Mehl und Salz mischen. Die Mehlmischung in zwei Portionen über die Eimasse sieben und unterheben.

4. Ein Backblech mit einem der vorbereiteten Backpapiere belegen. Den eingezeichneten Kreis mit Hilfe eines dünnen Spatels gleichmäßig mit Teig bestreichen, dabei den Kreis vollständig ausfüllen und die Oberfläche der Teigschicht glatt streichen. Den Teig auf der obersten Schiene des Backofens etwa 5 Minuten backen, bis die Ränder leicht braun werden. Während der erste Teig im Ofen ist, ein zweites Backpapier mit Teig bestreichen und das Backblech auf die mittlere Schiene des Backofens setzen. Sobald die erste Teigschicht fertig gebacken ist, das zweite Blech auf die obere Schiene geben. Die fertige Teigplatte auf eine glatte Oberfläche stürzen und das Backpapier vorsichtig abziehen. Den Teig wieder auf das Backpapier setzen und völlig erkalten lassen. Das Backblech mit kaltem Wasser abspülen, damit es abkühlt, und gut abtrocknen. Erst dann mit einem neuen Stück Backpapier belegen. Auf die gleiche Weise den restlichen Teig verarbeiten, so dass insgesamt sechs Teigplatten entstehen. Alle Teigböden völlig erkalten lassen.

5. Für die Schokoladenbuttercreme die Schokolade im Wasserbad schmelzen und leicht abkühlen lassen. Die Butter mit dem Handrührgerät auf höchster Stufe cremig rühren. Auf kleinster Stufe Kakaopulver und Puderzucker einrühren. Zum Schluss die abgekühlte Schokolade und das Vanillemark zugeben.

6. Die schönste der Teigplatten beiseite legen. Sie dient als Grundlage für die Karamellglasur. Einen Esslöffel Schokoladenbuttercreme auf eine Tortenunterlage geben und eine der Teigplatten darauf setzen. Den Teig mit Creme bestreichen und die nächste Teigplatte aufsetzen. Diese wieder mit Creme bestreichen. Auf die gleiche Weise alle verbleibenden Teigplatten verarbeiten. Die letzte Schicht muss eine Cremeschicht sein. Mit der restlichen Schokoladenbuttercreme den Tortenrand überziehen und die gehackten Haselnüsse darauf verteilen. Die Torte unbedeckt kühl stellen.

7. Ein Backblech mit Backpapier auslegen und leicht mit Butter bestreichen. Die zurückbehaltene Teigschicht auf das Blech setzen und darauf mit einem Messer zwölf gleich große Tortenstücke markieren. Ein dünnes scharfes Messer und einen Metallspatel leicht einfetten.

8. Für die Karamellglasur Butter in einem kleinen Topf schmelzen, Zucker und Zitronensaft zufügen und bei mittlerer Hitze unter ständigem Rühren goldgelb karamellisieren.

9. Die heiße Karamellmasse sofort über die vorbereitete Tortenplatte gießen und mit dem Spatel gleichmäßig verstreichen. Die Masse etwa 30 Sekunden trocknen lassen. Mit der Spitze des dünnen Messers zwölf Markierungen in das Karamell schneiden. Das Karamell nochmals etwa 1 Minute abkühlen lassen, dann die ganze Teigplatte in zwölf gleich große Stücke teilen und völlig erkalten lassen.

10. Die zwölf Stücke auf der Torte anrichten, dabei unter jedes Stück seitlich eine ganze Haselnuss legen, so dass es leicht schräg steht. Die Torte zugedeckt etwa 2 Stunden kühl stellen und gekühlt servieren.

SCHOKOLADEN-KIRSCH-TORTE
– Lúdlábtorta –
Für zwölf Stücke

Das ungarische Wort *lúdláb* bedeutet Gänsebein, doch die einzige Gemeinsamkeit zwischen dieser Torte und einem Gänsebein besteht höchstens darin, dass beide sehr gehaltvoll sind. Die *Lúdlábtorta* (siehe Abb. Seite 64) wird in den feinsten Budapester Kaffeehäusern als Spezialität serviert, und sie verlangt dem Konditor wirklich all seine Kunstfertigkeiten ab. Es ist, als würde man einen Schokoladen-Kirsch-Trüffel genießen, denn die Glasur verbindet sich unmittelbar mit der Füllung aus Schokoladenmousse. Damit die Mousse nicht schmilzt oder die Glasur zu weich wird, achten Sie darauf, dass die Torte immer kühl steht.

**Schokoladenbiskuitteig
(siehe Seite 24)**

FÜR DIE SCHOKOLADENMOUSSE
350 ml Milch
25 g Kakaopulver
100 g Zucker
2 Eigelbe
2 EL Speisestärke
75 g zartbittere Blockschokolade, fein gerieben
1 EL Kirschwasser (nach Belieben)
350 g kühle Butter
100 g Kirschkonfitüre
350 g frische Kirschen, entsteint, oder gefrorene Kirschen, aufgetaut

FÜR DIE GLASUR
1/8 l Sahne
100 g zartbittere Blockschokolade, fein gerieben

12 frische Kirschen mit Stiel zum Garnieren

1. Den Biskuitboden einmal durchschneiden. Eine Hälfte anderweitig verwenden.

2. Für die Mousse ein Drittel der Milch in einem

kleinen Topf erhitzen. Kakaopulver und Zucker in einem mittelgroßen Topf mischen und nach und nach die heiße Milch einrühren. Eigelbe zufügen und alles gut verschlagen.

3. Die Speisestärke in die restliche Milch rühren und die Mischung in den Topf geben. Alles mit einem Schneebesen gut verrühren und bei mittlerer Hitze zum Kochen bringen, dabei weiterhin häufig umrühren, bis die Masse dickflüssig ist. Den Topf vom Herd ziehen und die geriebene Schokolade zufügen. 1 Minute stehen lassen, dann die Mischung mit dem Schneebesen schlagen, bis die Schokolade schmilzt. Die Masse durch ein Drahtsieb in eine mittelgroße Schüssel streichen und diese in eine größere Schüssel mit Eiswasser setzen. Nach Belieben das Kirschwasser zufügen und die Masse völlig erkalten lassen, dabei häufig umrühren.

4. Die Schokoladenmasse in der Küchenmaschine oder mit dem Handrührgerät auf mittlerer Stufe schlagen, dabei löffelweise die Butter zugeben. Die Maschine gelegentlich kurz auf die höchste Stufe schalten, damit eine homogene Masse entsteht. Die Masse schlagen, bis sie gleichmäßig und luftig ist.

5. Den Biskuitboden auf eine Tortenunterlage setzen. Die Kirschkonfitüre in einem kleinen Topf bei mittlerer Hitze zum Kochen bringen und durch ein Drahtsieb in eine kleine Schüssel streichen. Den Biskuitboden mit der warmen Konfitüre bestreichen. Eine dünne Schicht Mousse darauf geben. Die Kirschen kreisförmig auf der Mousse verteilen und mit einer dicken Schicht Schokoladenmousse bedecken. Die Oberfläche so gleichmäßig wie möglich glatt streichen. Mit der restlichen Mousse den Tortenrand gleichmäßig überziehen. Die Torte unbedeckt 4–12 Stunden kühl stellen.

6. Für die Glasur die Sahne in einem kleinen Topf leicht köcheln lassen. Die geriebene Schokolade in einen mittelgroßen Topf geben, mit der heißen Sahne übergießen und etwa 1 Minute stehen lassen. Dann verrühren und wieder etwa 5 Minuten stehen lassen, bis die Schokolade abgekühlt, aber immer noch flüssig ist.

7. Die Torte aus dem Kühlschrank nehmen und die abgekühlte Moussefüllung nochmals mit einem Metallspatel glätten. Den Spatel dazu vorher in heißes Wasser tauchen. Die Torte auf ein Kuchengitter setzen und mit der Glasur übergießen. Die Glasur mit dem Metallspatel überall verteilen und glatt streichen. Die Torte mit den zwölf Kirschen garnieren und mindestens 20 Minuten kühl stellen, damit die Glasur fest wird.

8. Zum Servieren ein Messer in heißes Wasser tauchen und die Torte damit anschneiden. Gekühlt servieren.

STRUDEL

Wer kennt ihn nicht, den Wiener Apfelstrudel, jene weltberühmte Süßspeise? Ein papierdünner Teig umhüllt eine süß-säuerliche Apfelfüllung, verfeinert mit Nüssen oder Mandeln und Rosinen. Wussten Sie dabei eigentlich, dass der Strudel ursprünglich aus der Türkei kommt? Filoteig, wie er dort heißt, ist in vielen türkischen Läden erhältlich. Strudel selbst zu backen ist eine Kunst, die aber mit ein bisschen Übung schnell beherrscht werden kann. Wir zeigen Ihnen ausführlich, wie das geht.

Bei dem papierdünnen Teig, der Äpfel oder andere Früchte umhüllt, handelt es sich eigentlich um Filoteig, eine kulinarische Hinterlassenschaft der Türken. Der große Unterschied besteht darin, dass nach den meisten Rezepten aus Osteuropa der Filoteig und die Füllung in einer Backform angerichtet werden, während beim österreichischen Strudel der Teig um die Füllung herumgerollt wird. Die Türken hatten Ungarn schon über hundert Jahre besetzt gehalten, bevor sie versuchten, Wien zu erobern; deshalb ist der Strudel in den Kaffeehäusern von Budapest – wo er *rétes* heißt – sogar noch mehr zu Hause als in Wien. In jedem ungarischen Supermarkt gibt es ein grobkörniges, griesartiges Mehl speziell für den Strudelteig zu kaufen. Natürlich wird keiner Ihrer Gäste es Ihnen übel nehmen, wenn Sie Strudelteig nicht selbst machen, sondern gekauften verwenden. Aber mit ein bisschen Übung ist das Selbermachen eigentlich ganz leicht.

Der Strudel ist ursprünglich ein sehr bodenständiges Gericht und erinnert an die Zeit, als die Menschen sich noch ausschließlich von dem ernährten, was sie ernten konnten. Die Zutaten für den Teig hatte man meist im Haus, und für die Füllung verwendete man die Früchte der jeweiligen Saison – oder man füllte den Strudel mit Quark, wenn genug davon da war. Der Topfenstrudel war eine der beliebtesten Mehlspeisen, die als sättigende fleischlose Mahlzeiten in vielen katholischen Haushalten freitags auf den Tisch kamen. Auch heute noch orientiert man sich beim Strudel an den Früchten der Saison. Im Herbst sind saftige Äpfel, im Sommer frische Sauerkirschen ein wunderbarer Grund, das Strudelziehen zu lernen.

Ein Strudel schmeckt am besten, wenn er frisch aus dem Ofen kommt oder einige Stunden nach dem Backen bei Zimmertemperatur serviert wird. Eingefrorener Strudel dagegen wird meist matschig. Wenn nötig, backen Sie den Strudel vor dem Servieren nochmals im vorgeheizten Backofen offen bei 175 °C 10 Minuten auf. Erhitzen Sie den Strudel nicht in der Mikrowelle, dadurch wird die Kruste zu weich. Zum Strudelmachen brauchen Sie drei Dinge: das richtige Mehl (es muss aber nicht unbedingt das original ungarische *rétesliszt*, also Strudelmehl, sein), einen Platz, wo Sie den Teig von allen Seiten gut ziehen können, z. B. einen Küchentisch, und schließlich den Willen, zu lernen und auch zu akzeptieren, dass Ihr erster Strudelteig vielleicht noch nicht ganz perfekt gelingt.

STRUDELTEIG
Für einen Strudel

Strudelteig zu machen ist leichter, als Sie denken. Das Schwierigste daran ist, einen Platz zu finden, wo der Teig am besten ausgezogen werden kann. Dabei sollte man von allen Seiten an den Teig herankommen können. Sie können z. B. Ihren Küchen- oder Esstisch verwenden oder auch einen kleinen Beistelltisch, der etwa die angegebene Größe hat. Einige Bäcker empfehlen einen runden Tisch; ich sehe darin allerdings keinen Vorteil, denn wir wollen ja eine rechteckige Form erreichen. Für das Gelingen des Strudels spielt es jedoch keine Rolle, ob man den Teig zum Quadrat, Rechteck oder Kreis auszieht.

200 g Mehl
1 Prise Salz
7 EL Wasser (wenn nötig etwas mehr)
2 EL Öl
½ TL Apfelessig
Öl zum Bestreichen des Teigs

1. Mehl und Salz in eine Rührschüssel geben. In einer kleinen Schüssel Wasser, Öl und Essig verrühren. Die Küchenmaschine oder das Handrührgerät auf die kleinste Stufe schalten, nach und nach die Flüssigkeit zugeben und alles zu einem weichen Teig verrühren. (Der Teig muss später gezogen und gedehnt werden, ist er also nicht weich genug, etwas mehr Wasser zugeben.) Eine Kugel formen und mit den Knethaken den Teig auf mittlerer Stufe verkneten, bis er weich und geschmeidig ist.

2. Den Teig aus der Schüssel nehmen und auf

einer unbemehlten Arbeitsfläche mit den Händen 1–2 Minuten weiterkneten, dabei den Teig mehrmals hart auf die Arbeitsfläche schlagen. Eine Kugel formen, die Oberfläche mit etwas Öl bestreichen, die Kugel in Klarsichtfolie wickeln und 30–90 Minuten ruhen lassen. Je länger der Teig ruhen kann, desto besser.

3. Über den Arbeitstisch eine Tischdecke oder ein Küchentuch breiten, mit reichlich Mehl bestäuben und das Mehl auf dem Stoff verreiben. Die Teigkugel in die Mitte setzen und so dünn wie möglich ausrollen (Bild 1). Den Teig an einem Ende hochheben und mit Hilfe der Schwerkraft den Strudelteig im Hängen vorsichtig über den Handrücken, dann über den Unterarm ausziehen (Bild 2).

4. Wird der Teig zu groß, um ihn im Ganzen hochzuhalten, den Teig auf die Arbeitsfläche legen, dabei die dickeren Teigenden überhängen lassen. Mit den Händen unter den Teig fassen und den Teig erneut über den Handrücken von allen Seiten noch dünner ausziehen (Bild 3). Die überhängenden Teigränder mit der Hüfte am Tischrand fixieren, so kann der Teig mit mehr Spannkraft gedehnt werden. Den Teig weiter ziehen und dehnen, bis er papierdünn und ca. 60 mal 90 Zentimeter groß ist. Einige kleine Löcher im Teig sind nicht schlimm, sie verschwinden, wenn der Teig zusammengerollt wird. Die dickeren Teigränder mit einer Schere abschneiden. Jetzt kann der Teig gefüllt und weiterverarbeitet werden.

NOCH EINIGE TIPPS ZUM STRUDELTEIG

- Wenn Sie zum ersten (oder zweiten oder dritten) Mal Strudel machen, bereiten Sie am besten zwei Portionen Teig vor; die Zutaten sind ja nicht allzu teuer. So haben Sie, falls Ihr erster Teig nicht ganz perfekt gelingt, gleich noch einen zweiten Versuch.
- Es spielt keine Rolle, aus welchem Stoff die Tischdecke ist, Baumwolle und Kunstfaser sind gleich gut geeignet. Eine gemusterte Tischdecke wäre allerdings in jedem Fall von Vorteil: Wenn Sie das Muster durch den Teig hindurch klar erkennen können, dann ist er dünn genug.
- Wenn Sie den Teig kneten, schlagen Sie ihn

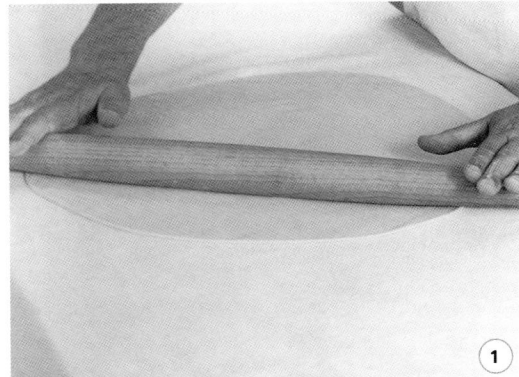

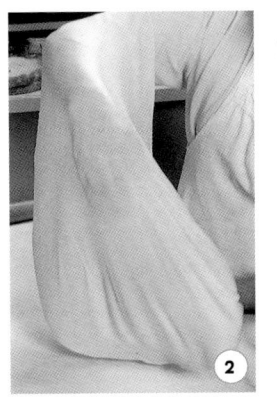

mehrmals hart auf die Tischfläche, das aktiviert das Gluten. Setzen Sie dabei ruhig ihre ganze Kraft ein – heftige Schläge machen den Teig später leichter dehnbar.

- In den meisten Bäckereien wird der Teig zu zweit gezogen; eine Person fixiert den Teig, während die andere ihn dehnt, oder aber beide ziehen vorsichtig in entgegengesetzte Richtungen. Die Anweisungen oben sind auf eine Person zugeschnitten. Wenn Sie jedoch jemanden haben, der Ihnen beim Ausziehen hilft, umso besser.
- Lassen Sie sich von der Größe des Teigs nicht beirren. Fixieren Sie den überhängenden Teig mit der Hüfte am Tischrand, so wird das Dehnen leichter. Die Schwerkraft kann Ihnen einige Arbeit abnehmen. An jeder Seite des Teigblattes bildet sich ein dickerer Teigrand, der – überhängend – den Teig durch sein Gewicht zusätzlich dehnt. Vor dem Backen wird dieser Teigrand ohnehin abgeschnitten.

APFELSTRUDEL
Für einen Strudel, acht Stücke

Der Apfelstrudel ist vermutlich die traditionsreichste österreichische Mehlspeise und verdient in diesem Buch ganz klar einen Ehrenplatz. Verwenden Sie für den Strudel möglichst harte, saure Äpfel. Eine alte Grundregel lautet sogar: »Je hässlicher die Äpfel, desto besser wird der Strudel.« Am besten eignen sich Golden Delicious oder Boskop, denn sie behalten beim Backen ihre Form. Das nachfolgende Rezept stammt im Übrigen von Wolfgang Leschanz.

---

3 EL Rosinen
2 EL brauner Rum
100 g Zucker
⅛ TL gemahlener Zimt
125 g Butter, geschmolzen
100 g frische Semmelbrösel
Strudelteig (siehe Seite 94)
60 g gehackte Walnüsse
1 kg harte, saure Äpfel, geschält, entkernt und in dünne Scheiben geschnitten

---

1. Rosinen und Rum in einer kleinen Schüssel mischen. In einer anderen Schüssel Zucker und Zimt vermengen.

2. Drei Esslöffel der geschmolzenen Butter in einer großen Pfanne bei mittlerer Hitze erwärmen, die Semmelbrösel zugeben und in etwa 3 Minuten goldbraun rösten, dabei häufig umrühren. Die gerösteten Brösel auf einen Teller geben und zum Abkühlen beiseite stellen.

3. Den Backofen auf 200 °C vorheizen. Ein Backblech mit Backpapier auslegen. Den Strudelteig, wie auf Seite 95 beschrieben, auf einem Küchentuch zu einem Rechteck ausziehen. Mit den Händen oder einem feinen Backpinsel etwa drei Esslöffel der restlichen geschmolzenen Butter auf dem Teig verstreichen und die Semmelbrösel darüber streuen. Die gehackten Walnüsse auf dem Teig verteilen, dabei auf der schmalen Seite des Teigs jeweils einen kleinen Rand freilassen. Die Apfelscheiben mit der Rosinen-Rum-Mischung sowie dem Zucker und Zimt vermengen und auf die Walnüsse geben.

4. Die freigelassenen Ränder auf die Apfelfüllung klappen. Dann das Küchentuch an der breiten Seite des Teigs leicht anheben, den Strudel ganz einrollen und hufeisenförmig auf das Backblech setzen. Die Enden des Strudelteigs unter die Strudelrolle stecken. Den Strudel mit der restlichen Butter bestreichen.

5. Strudel auf der oberen Schiene des Backofens etwa 30 Minuten goldbraun backen, aus dem Backofen nehmen und etwa 30 Minuten auskühlen lassen. Den Strudel mit einem Zackenmesser in breite Scheiben schneiden und warm servieren.

KIRSCHSTRUDEL
Für einen Strudel, acht Stücke

Bereiten Sie diesen Strudel im Sommer während der kurzen Kirschenzeit zu. Am besten eignen sich frische Sauerkirschen, denn gefrorene Kirschen geben beim Backen zu viel Wasser ab und machen den Strudel matschig. Natürlich können Sie auch frische süße Kirschen verwenden, aber Sauerkirschen passen einfach besser zum Strudel.

100 g Butter, geschmolzen
100 g frische Semmelbrösel
Strudelteig (siehe Seite 94)
40 g Mandelblättchen
1 kg frische Sauerkirschen oder süße Kirschen, entsteint
150 g Zucker
2 EL frisch gepresster Zitronensaft (wenn süße Kirschen verwendet werden)

1. Drei Esslöffel der geschmolzenen Butter in einer großen Pfanne bei mittlerer Hitze erwärmen, die Semmelbrösel zugeben und in etwa 3 Minuten goldbraun rösten, dabei häufig umrühren. Die gerösteten Brösel auf einen Teller geben und zum Abkühlen beiseite stellen.
2. Den Backofen auf 200 °C vorheizen. Ein Backblech mit Backpapier auslegen. Den Strudelteig, wie auf Seite 95 beschrieben, auf einem Küchentuch zu einem Rechteck ausziehen. Mit den Händen oder einem feinen Backpinsel etwa drei Esslöffel der restlichen geschmolzenen Butter auf dem Teig verstreichen und die Semmelbrösel darüber streuen. Die Mandelblättchen auf dem Teig verteilen, dabei auf der schmalen Seite des Teigs jeweils einen kleinen Rand freilassen. Die Kirschen mit Zucker und Zitronensaft (bei süßen Kirschen) mischen und auf die Mandelblättchen geben.
3. Die freigelassenen Ränder auf die Kirschfüllung klappen. Dann das Küchentuch an der breiten Seite des Teigs leicht anheben, den Strudel ganz einrollen und hufeisenförmig auf das Backblech setzen. Die Teigenden unter die Strudelrolle stecken. Den Strudel mit der restlichen Butter bestreichen.
4. Strudel auf der oberen Schiene des Backofens etwa 30 Minuten goldbraun backen, aus dem Backofen nehmen und etwa 30 Minuten abkühlen lassen. Den Strudel mit einem Zackenmesser in breite Scheiben schneiden und warm servieren.

WEINTRAUBENSTRUDEL MIT WEINCHAUDEAU
Für einen Strudel, acht Stücke

Diese Strudelvariante ist ein Klassiker aus der Steiermark, südlich von Wien. Das Weinchaudeau (Weinschaumsauce), das Wiener Gegenstück zur italienischen Zabaione, macht ihn zu einer besonders ausgefallenen Köstlichkeit (siehe Abb. Seite 97).

100 g Butter, geschmolzen
75 g frische Semmelbrösel
60 g Haselnüsse, geschält, grob gehackt und geröstet
3 EL Zucker
1 Prise gemahlener Zimt
Strudelteig (siehe Seite 94)
500 g kernlose helle Weintrauben
Weinchaudeau (siehe Seite 202)

1. Drei Esslöffel der geschmolzenen Butter in einer großen Pfanne bei mittlerer Hitze erwärmen, die Semmelbrösel zugeben und in etwa 3 Minuten goldbraun rösten, dabei häufig umrühren. Die gerösteten Brösel auf einen Teller geben und zum Abkühlen beiseite stellen.
2. Die Haselnüsse mit Zucker und Zimt im Mixer zerkleinern, bis sie sehr fein zermahlen sind.
3. Den Backofen auf 200 °C vorheizen. Ein Backblech mit Backpapier auslegen. Den Strudelteig, wie auf Seite 95 beschrieben, auf einem Küchentuch zu einem Rechteck ausziehen. Mit den Händen oder einem feinen Backpinsel etwa drei

Esslöffel der restlichen geschmolzenen Butter auf dem Teig verstreichen und die Semmelbrösel darüber streuen. Die Haselnussmischung auf dem Teig verteilen, dabei auf der schmalen Seite des Teigs jeweils einen kleinen Rand freilassen. Die gewaschenen und entstielten Weintrauben auf der Nussmischung verteilen.

4. Die freigelassenen Ränder auf die Traubenfüllung klappen. Dann das Küchentuch an der breiten Seite des Teigs leicht anheben, den Strudel ganz einrollen und hufeisenförmig auf das Backblech setzen. Die Teigenden unter die Strudelrolle stecken. Den Strudel mit der restlichen Butter bestreichen.

5. Strudel auf der oberen Schiene des Backofens etwa 30 Minuten goldbraun backen, aus dem Backofen nehmen und etwa 30 Minuten abkühlen lassen. Den Strudel mit einem Zackenmesser in breite Scheiben schneiden und mit jeweils einem Löffel Weinchaudeau warm servieren.

Der Filoteig

Gekaufter Filoteig soll dem Hobbykoch eigentlich das Leben leichter machen. Man kann damit allerdings auch Pech haben. Beim Kauf von gefrorenem Filoteig muss man vorsichtig sein. Denn es passiert oft, dass die Qualität des Teigs durch falsche Lagerung im Geschäft gelitten hat. Wenn Sie den Filoteig also zu Hause vorschriftsmäßig aufgetaut haben und die dünnen Schichten dennoch zusammenkleben oder aber der Teig nach dem Backen einen merkwürdigen Geschmack hat, zeigt dies deutlich, dass der Teig während der Lagerung bereits aufgetaut und wieder eingefroren wurde. Ein Fehler, der eindeutig dem Händler anzulasten ist! Es gibt jedoch einige einfache Regeln, die Ihnen helfen werden, diese Probleme zu umgehen.

- Kaufen Sie Filoteig möglichst frisch bei einem Händler Ihres Vertrauens. Am besten gehen Sie in ein Geschäft für griechische oder türkische Spezialitäten, oder Sie suchen sich ein gutes Delikatessengeschäft. Je frischer der Filoteig, desto geringer ist die Gefahr, dass er das Aroma anderer Lebensmittel in der Kühltheke angenommen hat.
- Filoteig ist in verschiedenen Stärkegraden zu haben, und wer es ganz genau nehmen will, kann für jedes Rezept die passende Teigstärke auswählen. In den meisten Geschäften bekommt man den Teig in einer mittleren Stärke, die sich für alle Rezepte eignet.
- Lässt man Filoteig bei Zimmertemperatur auftauen, kleben die dünnen Schichten zusammen. Deshalb sollten Sie den Teig immer über Nacht im Kühlschrank auftauen und dann noch 1 Stunde bei Zimmertemperatur stehen lassen, bevor Sie ihn verarbeiten.
- Teigblätter, die Sie nicht brauchen, bedecken Sie mit Klarsichtfolie. Sie eignet sich sehr viel besser als ein feuchtes Küchentuch.
- Übriger Filoteig hält sich – in Klarsichtfolie gewickelt – bis zu einer Woche im Kühlschrank. Frieren Sie übrigen Filoteig nie ein zweites Mal ein, dadurch kleben die Blätter nach dem Auftauen zusammen.
- Wenn Sie anstelle des selbst gemachten Strudelteigs den dünneren, gekauften Filoteig verwenden, legen Sie mehrere Teigblätter etwas überlappend nebeneinander, um eine ausreichend große Teigplatte zu erhalten. Breiten Sie zunächst eine Tischdecke über Ihre Arbeitsfläche, bestäuben Sie sie mit etwas Mehl, und legen Sie die Filoteigblätter darauf aus. Die Ränder der Blätter sollten sich etwa 2 Zentimeter breit überlappen.

Wenn Sie Glück haben, gibt es in Ihrer Nähe sogar ein türkisches oder griechisches Geschäft, das noch selbst gemachten Filoteig verkauft. Frisch gekauft und verarbeitet, ist er eine besondere Köstlichkeit, die Sie sich nicht entgehen lassen sollten. Sind die Teigblätter zu groß, können sie leicht mit der Schere in die passende Größe geschnitten werden.

MILCHRAHMSTRUDEL
Für zwei Strudel, zwölf Stücke

Der Milchrahmstrudel ist die typische Wiener Mehlspeise. Von wenigen Ausnahmen abgesehen, wird für diese Strudelvariante der Teig erst mit Quark gefüllt, kurz gebacken und dann mit der Royal, einer reichhaltigen Vanillesauce, übergossen. Die sahnige Vanillecreme und die zartknusprigen Strudelblätter ergeben eine unvergleichliche Mischung. Frau Bleuel vom Berghotel Tulbingerkogel in Mauerbach bei Wien, mitten im Wienerwald, hat für dieses Buch ihr Geheimrezept verraten. Für die Royal verrührt sie einen Teil der Quarkfüllung mit etwas Milch und serviert zusätzlich Vanillesauce zum Strudel. Diese Wiener Köstlichkeit schmeckt am besten ganz frisch zubereitet. Damit die Zubereitung etwas schneller geht, verwenden wir im nachfolgenden Rezept gekauften Filoteig.

FÜR DIE QUARKFÜLLUNG
250 g Zucker
125 g Butter, zimmerwarm
6 große Eier, getrennt, zimmerwarm
75 g Mehl
50 g Rosinen
2 EL Zitronat, gewürfelt (nach Belieben)
350 g Sauerrahm
450 g Sahnequark, durch ein Drahtsieb gestrichen

FÜR DIE ROYAL
½ l Milch
2 große Eier

8 Blätter Filoteig (ca. 30 x 40 cm), aufgetaut oder frisch
50 g Butter, geschmolzen
Vanillesauce (siehe Seite 34) zum Servieren

1. Backofen auf 190 °C vorheizen. Ein Backblech leicht einfetten. Für die Quarkfüllung Zucker und Butter mit dem Handrührgerät auf höchster Stufe etwa 2 Minuten rühren, bis die Mischung hell und schaumig ist. Nach und nach die Eigelbe unterrühren. Mehl, Rosinen und nach Belieben Zitronat zugeben. Zum Schluss Sauerrahm und den Sahnequark unterrühren.

2. In einer mittelgroßen Schüssel das Eiweiß zu steifem Schnee schlagen. Etwa ein Viertel des Eischnees in die Quarkmischung rühren, den Rest unterheben.

3. Für die Royal etwa 200 Gramm der Quarkmischung in eine mittelgroße Schüssel geben und Milch und Eier unterrühren.

4. Das Rezept ergibt zwei Strudel, die nebeneinander auf einem Backblech gebacken werden. Für den ersten Strudel ein Filoblatt auf ein großes Küchentuch legen und mit einem weichen Backpinsel etwas geschmolzene Butter darauf verstreichen. Drei weitere Teigblätter jeweils etwas überlappend darauf legen, so dass ein Quadrat von etwa 40 mal 40 Zentimeter entsteht. Jedes Teigblatt mit etwas geschmolzener Butter bestreichen. Die Hälfte der Quarkfüllung auf die Teigfläche streichen, dabei einen etwa 2 Zentimeter breiten Rand freilassen. Den Strudel mit Hilfe des Küchentuchs zusammenrollen, vorsichtig hochheben und mit etwa 2 Zentimeter Abstand zum Rand auf das Backblech setzen. (Auch wenn der Strudel sehr zerbrechlich aussieht, er lässt sich leicht mit beiden Händen anheben.) Die Teigenden unter die Strudelrolle stecken. Den Strudel mit etwas geschmolzener Butter bestreichen. Die übrigen vier Filoblätter, die restliche Quarkfüllung und die geschmolzene Butter zu einem zweiten Strudel verarbeiten und diesen wie den ersten Strudel auf das Backblech setzen.

5. Die Strudel auf der mittleren Schiene des Backofens 10 Minuten backen, kurz aus dem Backofen nehmen, die vorbereitete Royal um die Strudel herum (nicht darüber!) auf das Backblech gießen und nochmals 30–40 Minuten goldbraun backen.

6. Die Strudel aus dem Backofen nehmen und 20 Minuten bis 1 Stunde auskühlen lassen. Strudel mit Royal und etwas Vanillesauce noch warm servieren.

TOPFENSTRUDEL
Für einen Strudel, zwölf Stücke

Nicht jedem Kaffeehaus ist eine eigene Bäckerei angeschlossen. Oft ist in der relativ kleinen Küche nur Platz, um einfache Rührkuchen frisch zuzubereiten, aber keineswegs genug, um Strudelteig papierdünn auszuziehen. Deshalb kann man für dieses Rezept auch gekauften Filoteig verwenden, ihn mit Quark füllen, und man erhält eine köstliche Mehlspeise. Dieses Rezept stammt von Gerda Hofer.

75 g Butter, geschmolzen
250 g Sahnequark
300 g frische Semmelbrösel
¼ l Milch
150 g Butter, zimmerwarm
150 g Zucker
Abgeriebene Schale von 1 Zitrone
Mark von 1 Vanilleschote
6 große Eier, getrennt, zimmerwarm
250 g Sauerrahm
150 g Rosinen
12 Blätter Filoteig (ca. 30 x 40 cm), aufgetaut oder frisch
Puderzucker zum Besieben
Vanillesauce (siehe Seite 34) nach Belieben

1. Backofen auf 175 °C vorheizen. Ein Backblech mit etwas geschmolzener Butter bestreichen.
2. Den Quark mit einem Gummispatel durch ein Drahtsieb in eine mittelgroße Schüssel streichen. Semmelbrösel und Milch in einer anderen Schüssel verrühren.
3. Die Butter in einer großen Schüssel mit dem Handrührgerät auf höchster Stufe cremig rühren. Zucker, Zitronenschale und Vanillemark zufügen und alles etwa 2 Minuten verrühren, bis die Mischung hell und schaumig ist. Nach und nach die Eigelbe, den Quark, die eingeweichten Semmelbrösel und den Sauerrahm zugeben.
4. Das Eiweiß in einer mittelgroßen Schüssel zu steifem Schnee schlagen. Etwa ein Viertel des Eischnees in die Quarkmasse rühren, den Rest unterheben. Rosinen darunter mengen.
5. Ein Filoblatt auf das vorbereitete Backblech legen und mit einem weichen Backpinsel mit geschmolzener Butter bestreichen. Fünf weitere Filoblätter leicht überlappend darauf legen und jedes mit geschmolzener Butter bestreichen. Die Quarkmischung darauf geben und gleichmäßig verstreichen. Die restlichen sechs Teigblätter über die Quarkmischung geben und auf der Oberseite mit geschmolzener Butter bestreichen. Die überhängenden Teigränder auf das Backblech drücken.
6. Den Strudel auf der mittleren Schiene des Backofens etwa 1 Stunde goldgelb backen, aus dem Backofen nehmen und 30 Minuten abkühlen lassen. Den Strudel mit Puderzucker besieben und warm oder kalt und nach Belieben mit etwas Vanillesauce servieren.

BIRNENSTRUDEL AUS BLÄTTERTEIG
Für einen Strudel, sechs bis acht Stücke

Üblicherweise wird Strudel aus dem typischen, papierdünn ausgezogenen Teig gemacht. In vielen Bäckereien wird als köstliche Alternative aber auch Blätterteig verwendet. Für den nachfolgenden Birnenstrudel eignen sich am besten Bosc-Flaschenbirnen (auch Kaiser-Alexander-Birnen genannt), denn sie behalten beim Backen ihre Form und geben auch nicht zu viel Flüssigkeit ab. Bestreut man den Teig vor dem Füllen mit Semmelbröseln, bleibt er schön knusprig.

3 reife, aber feste Bosc-Flaschenbirnen,
geschält, entkernt und in Würfel geschnitten
(ca. 1 x 1 cm)
1 EL brauner Rum
1 EL frisch gepresster Zitronensaft
Abgeriebene Schale von 1/2 Zitrone
75 g Zucker
50 g Rosinen
1 Prise gemahlener Zimt
1/2 Portion Blätterteig (siehe Seite 29)
50 g trockene Semmel- oder Kuchenbrösel
1 großes Ei, verschlagen, zum Bestreichen

1. Backofen auf 190 °C vorheizen. Ein Backblech mit Backpapier auslegen. Birnenwürfel, Rum, Zitronensaft und -schale in einer mittelgroßen Schüssel mischen. Zucker, Rosinen und Zimt dazugeben.

2. Den Blätterteig zu einem Rechteck von ca. 40 mal 25 Zentimeter ausrollen. Die Semmelbrösel in einem breiten Streifen auf die Teigmitte streuen. Die Birnenmischung auf die Semmelbrösel geben, dabei an den schmalen Seiten des Teigs einen Rand von etwa 2 Zentimeter freilassen. Die breiten Teigränder über die Birnenmischung klappen, dabei die sich überlappenden Teigenden mit dem verschlagenen Ei bestreichen und fest aufeinander drücken. Den Strudel mit den überlappenden Teigrändern nach unten hufeisenförmig auf das Backblech setzen. Die Teigränder unter die Strudelrolle stecken. 15 Minuten einfrieren.

3. Den Strudel mit Ei bestreichen und auf der mittleren Schiene des Backofens etwa 40 Minuten goldbraun backen. Warm oder kalt servieren.

SÜSSES HEFEGEBÄCK

Man kann Hefeteig mit Quark, Nüssen, Mohn, Trockenfrüchten oder Konfitüre füllen, ihn zu Zöpfen flechten, zu Schnecken rollen oder mit Streuseln bestreuen. Seine Vielseitigkeit macht das Hefegebäck zu einer der beliebtesten Süßspeisen in Österreich und Ungarn.

Eine Küchenmaschine mit Knethaken gehört heute in vielen Küchen zur Standardausrüstung, und gerade für die Zubereitung von Hefeteig ist das sehr hilfreich. Wichtig ist es dabei, alle Zutaten zuerst gut zu vermischen, aus dem Teig dann eine Kugel zu formen und ihn mit dem Knethaken nochmals kräftig zu bearbeiten. Natürlich kann man Hefeteig auch mit der Hand kneten. Dazu verrührt man einfach alle flüssigen Zutaten in einer Schüssel und gibt nach und nach Mehl zu, bis ein weicher, klebriger Teig entsteht. Auf einer bemehlten Arbeitsfläche knetet man den Teig mit den Händen kräftig weiter, bis er weich und geschmeidig ist. Je nach Bedarf kann noch etwas Mehl beigefügt werden.

Außer für kleinere Teigmengen, wo das genaue Abmessen von Trockenhefe vielleicht leichter geht, ist es immer empfehlenswert, frische Hefe zu verwenden. Sie ist milder im Geschmack und entwickelt mehr Triebkraft als Trockenhefe. In diesem Buch sind die Mengenangaben allerdings für beide Hefearten angegeben. Im Gegensatz zur frischen Hefe muss man Trockenhefe in warmer Flüssigkeit – am besten Milch – auflösen. Erwärmen Sie die Milch also auf etwa 40 °C, denn nur bei lauwarmer Temperatur können sich die winzigen Hefepartikel völlig auflösen.

Meist soll man Hefeteig an einem »warmen Ort« gehen lassen. In einer Bäckerei ist das kein Problem, denn die großen Backöfen geben genug Wärme ab, um die Luft auf die idealen 26 °C zu bringen. Wenn es in Ihrer Küche kühler ist, muss der Hefeteig einfach etwas länger gehen. Sie können aber auch die Wärme nutzen, die Ihr Backofen beim Vorheizen abgibt. Schalten Sie den Ofen auf die vorgeschriebene Backtemperatur und öffnen Sie gelegentlich die Tür des Backofens, damit etwas warme Luft austreten kann. Geben Sie den Hefeteig in eine Schüssel, und stellen Sie ihn ganz in die Nähe des Ofens, um die Wärme voll auszunutzen.

Aus einem Hefeteig werden oft mehrere Gebäckstücke, wie z. B. Taschen, Zöpfe oder Schnecken, geformt. Diese sollten jeweils die gleiche Größe haben, damit sie auch in der gleichen Backzeit fertig werden. Die Küchenwaage kann hier eine Hilfe sein. Wiegen Sie zuerst den ganzen Teig ab, teilen Sie das Gewicht dann durch die Anzahl der Gebäckstücke, die Sie machen wollen. Teilen Sie den Teig entsprechend, und wiegen Sie jedes Stück nochmals einzeln ab.

In vielen Großbäckereien gibt es spezielle Räume, in denen für Hefeteig die richtige Temperatur und Feuchtigkeit herrscht, damit der Teig optimal aufgehen kann. Sie können selbst solch eine abgeschlossene »Kammer« für Ihren Hefeteig herstellen: Setzen Sie die bereits geformten Teigstücke auf ein Backblech, schieben Sie das Blech in eine große durchsichtige Plastiktüte (etwa einen Müllbeutel), und verschließen Sie die Tüte mit einem Gummiband. Damit die Plastiktüte nicht an den Teigstücken klebt, stellen Sie am besten ein hohes Glas mit heißem Wasser auf das Blech, bevor Sie die Tüte verschließen. Das erhöht außerdem den Feuchtigkeitsgrad der Luft.

Rohen Hefeteig sollte man nicht einfrieren, weil durch die niedrigen Temperaturen die Hefepilze absterben. Wenn Sie zum Frühstück frisches Hefegebäck haben wollen, gibt es zwei Möglichkeiten: Am besten ist es, das Gebäck vorher zu backen, einzufrieren, bei Zimmertemperatur über Nacht aufzutauen und kurz vor dem Servieren im Backofen aufzuwärmen. Lassen Sie das Hefegebäck aber nie länger als einen Monat eingefroren, sonst leidet die Qualität.

Die andere Möglichkeit ist, den Teig am Abend vorher vorzubereiten und über Nacht im Kühlschrank gehen zu lassen. Vergessen Sie nicht, den Teig gut mit Butter zu bestreichen und die Schüssel mit Klarsichtfolie zu verschließen. Am nächsten Morgen den Teig an einem warmen Ort 1–2 Stunden stehen lassen. Dann kann der Teig weiterverarbeitet werden. Diese Methode hat allerdings den Nachteil, dass das Gebäck einen zu starken Hefegeschmack entwickeln kann, die letzte Gare vor dem Backen sollte also so kurz wie möglich sein.

Bewahren Sie Hefegebäck am besten in Alufolie gewickelt bei Zimmertemperatur auf. In Klarsichtfolie wird das Gebäck schnell zu weich. Ist das Gebäck schon ein bis zwei Tage alt, backen Sie es vor dem Servieren einfach 10–15 Minuten bei 175 °C im Backofen auf – und es wird wieder locker und knusprig.

Kaffee im Dreivierteltakt

Wird in einem traditionellen Wiener Kaffeehaus Livemusik gespielt, erklingt sie meistens im Dreivierteltakt. Von Wien aus trat der Walzer zu Beginn des 19. Jahrhunderts seinen Siegeszug um die ganze Welt an.

Heute gilt der Walzer zwar als »braver« Standardtanz, bei seiner Einführung am Wiener Hof hielt man ihn aber geradezu für skandalös. Als einer der ersten Tänze überhaupt begeisterte der Walzer zuallererst die einfache Bevölkerung, bevor er am Wiener Hof bekannt wurde. Bis dahin hatten neue Tänze eher den umgekehrten Weg genommen. Anders als bei den strengen, distanzierten Hoftänzen hielten sich die Partner beim Walzer eng umschlungen und tanzten Wange an Wange. Durch das schnelle Drehen konnte man leicht außer Atem oder gar ins Schwitzen geraten – für eine Dame der damaligen Zeit war das geradezu undenkbar. All dies machte den Walzer zu einem berühmt-berüchtigten Modetanz.

In den meisten Dörfern gab es jemanden, der Geige spielen konnte. Eine Geige konnte man leicht transportieren, um bei Dorffesten oder Hochzeiten in anderen Dörfern zu spielen. Immer mehr Volkstänze wurden im neuen, beliebten Dreivierteltakt geschrieben. Als dann die ersten Walzer für große Orchesterbesetzung komponiert wurden, blieb die Violine weiterhin das wichtigste Instrument.

Johann Strauß Vater und Joseph Lanner brachten mit ihren Orchestern den Walzer in die Hauptstadt Wien. Ihre ersten Erfolge feierten sie im Haus Dommayer, zu dieser Zeit ein großes Kasino in Hietzing (siehe Seite 59). Strauß spielte selbst Geige und dirigierte gleichzeitig sein Orchester. Lanner leitete damals sein eigenes fest engagiertes Orchester. Das war ungewöhnlich, denn in Wien wurden die Orchester meist je nach Anlass aus freiberuflichen Musikern zusammengestellt. Johann Strauß Sohn verhalf dem Walzer schließlich durch seine vielen Operetten zu Weltruhm.

Auch heute noch wird in vielen Kaffeehäusern – meist am Wochenende – musiziert. Eine vollständige Liste der Kaffeehauskonzerte finden Sie z. B. in einer speziellen Broschüre des Wiener Fremdenverkehrsamtes.

BRIOCHESTRIEZEL
Für einen großen Zopf

Die renommierte Berufsschule für den Lebensmittel- und Textilbereich, für Technische Zeichner und Zahntechniker bildet in Wien auch die besten Köche und Konditoren aus. Paul Skop, Leiter der Berufsschule, hat für dieses Buch sein altes Familienrezept für »Opas Briochestriezel« verraten. Die Teigmenge ergibt einen großen Hefezopf, mit dem Sie gut viele Gäste bewirten können. Ganz frisch schmeckt der Striezel natürlich am besten, Sie können ihn aber auch halbieren und die Hälfte bis zu einem Monat lang einfrieren. Hefezopf, der schon einige Tage alt ist, wird wieder frisch und knusprig, wenn Sie ihn vor dem Servieren kurz im Backofen aufbacken.

FÜR DEN HEFEVORTEIG
1/8 l Milch (wird Trockenhefe verwendet, muss die Milch auf ca. 40 °C erwärmt werden)
30 g frische Hefe oder 1 Beutel Trockenhefe
1/4 TL Zucker
75 g Mehl

FÜR DEN GRUNDTEIG
150 ml Milch
150 g Zucker
1 Eigelb von einem großen Ei
1 EL brauner Rum
1 EL frisch gepresster Zitronensaft
1 1/4 TL Salz
500 g Mehl, je nach Bedarf etwas mehr
100 g Butter, zimmerwarm
75 g Rosinen

ZUM GARNIEREN
1 großes Ei, verschlagen, zum Bestreichen
3 EL Hagelzucker (nach Belieben)

1. Für den Vorteig die Milch in eine kleine Schüssel gießen, die frische Hefe hineinbröckeln und den Zucker zugeben. 3 Minuten stehen lassen. Mehl zugeben und die Mischung zu einem weichen Teig verrühren. Die Schüssel mit Klarsichtfolie dicht verschließen und den Teig an einem warmen Ort ca. 30 Minuten gehen lassen, bis sich sein Volumen fast verdoppelt hat.

2. Für den Grundteig den Vorteig mit Milch, Zucker, Eigelb, Rum, Zitronensaft und Salz in die Küchenmaschine geben und auf kleinster Stufe verrühren, dabei so viel Mehl zugeben, dass ein weicher Teig entsteht. Löffelweise die Butter zugeben und jeden Löffel gut mit dem Teig verrühren. Der Teig sieht jetzt noch etwas grob und unregelmäßig aus.

3. Die Küchenmaschine ausschalten und den Teig zu einer Kugel formen. Dann den Teig mit dem Knethaken auf mittlerer Stufe etwa 6 Minuten kneten, bis der Teig glatt und geschmeidig ist, dabei nach und nach noch etwa 35 Gramm Mehl und zum Schluss die Rosinen zufügen.

4. Den Teig auf eine leicht bemehlte Arbeitsfläche setzen und mit den Händen kneten, um die Konsistenz zu prüfen. Wenn der Teig nicht an der Arbeitsfläche kleben bleibt, enthält er genug Mehl. Den Teig zu einer Kugel formen und in einer ausgebutterten Schüssel so lange rollen, bis er ganz mit Butter überzogen ist. Die Kugel in Klarsichtfolie gewickelt an einem warmen Ort erneut etwa 1 1/2 Stunden gehen lassen, bis sich das Volumen verdoppelt hat.

5. Den Teig auf einer unbemehlten Arbeitsfläche nochmals kurz durchkneten und in drei gleich große Stücke schneiden. Jedes Stück mit den Händen zu einem etwa 40 Zentimeter langen Teigstrang rollen.

6. Die drei Teigstränge nebeneinander auf die Arbeitsfläche legen und jeweils von außen nach innen zu einem Zopf flechten. Die Stränge dabei lose übereinander legen und nicht zu sehr ziehen. Zum Schluss die Teigenden fest zusammendrücken.

7. Ein Backblech mit Backpapier auslegen, den Hefezopf darauf legen und das Blech in einen großen Plastikbeutel schieben. Den Beutel gut verschließen und den Zopf an einem warmen Ort nochmals 45–60 Minuten gehen lassen, bis sich sein Volumen verdoppelt hat.

8. Backofen auf 175 °C vorheizen. Den Zopf aus dem Plastikbeutel nehmen und mit dem verschlagenen Ei bestreichen. Nach Belieben den Hagelzucker darauf streuen.

9. Den Hefezopf auf der mittleren Schiene des Backofens 35–40 Minuten goldbraun backen. Wenn der Zopf gegen Ende der Backzeit zu dunkel wird, das Gebäck lose mit Alufolie abdecken. Den Zopf aus dem Backofen nehmen und auf einem Kuchengitter völlig erkalten lassen.

BÖHMISCHE QUARKTASCHEN
– Buchty –
Für zwölf Stück

Es gibt ein tschechisches Märchen, in dem sich der Held während all seiner Abenteuer nur von diesen süßen Quarktaschen ernährt. Böhmische Bäcker brachten dieses Rezept mit nach Wien, wo daraus allmählich die typisch österreichischen Buchteln entstanden (siehe Seite 111). Man kann die Taschen natürlich auch mit Pflaumenmus, Aprikosenkonfitüre, Walnüssen oder Mohn füllen, aber Sahnequark ist als Füllung besonders beliebt.

FÜR DEN HEFEVORTEIG
1/8 Milch (wird Trockenhefe verwendet, muss die Milch auf ca. 40 °C erwärmt werden)
30 g frische Hefe oder 1 Beutel Trockenhefe
1/4 TL Zucker
75 g Mehl

FÜR DEN GRUNDTEIG
400 g Mehl, je nach Bedarf etwas mehr
100 g Zucker
1/2 TL Salz
100 g kühle Butter, in Würfel geschnitten
6 EL Milch
1 großes Ei
2 Eigelbe von großen Eiern
Mark von 1 Vanilleschote
1/2 TL Mandelextrakt
Abgeriebene Schale von 1 Zitrone

FÜR DIE QUARKFÜLLUNG
20 g kühle Butter
3 EL Puderzucker
200 g Sahnequark, durch ein Drahtsieb gestrichen
1 großes Ei, getrennt, zimmerwarm
50 g Rosinen

50 g Butter, geschmolzen

1. Für den Vorteig die Milch in eine kleine Schüssel gießen, die frische Hefe hineinbröckeln

und den Zucker zugeben. 3 Minuten stehen lassen. Mehl zugeben und die Mischung zu einem weichen Teig verrühren. Die Schüssel mit Klarsichtfolie dicht verschließen und den Teig an einem warmen Ort ca. 30 Minuten gehen lassen, bis sich sein Volumen fast verdoppelt hat.

2. Für den Grundteig Mehl, Zucker, Salz und Butter in der Küchenmaschine auf kleinster Stufe verrühren, bis ein mürber Teig entstanden ist. Vorteig, Milch, Ei, Eigelbe, Vanillemark, Mandelextrakt und Zitronenschale zufügen und weiterrühren, bis ein leicht klebriger Teig entsteht, der sich von der Schüsselwand löst. Dabei je nach Bedarf etwas mehr Mehl zugeben. Den Teig auf eine leicht bemehlte Arbeitsfläche setzen und mit den Händen etwa 2 Minuten kneten, bis er weich und geschmeidig ist.

3. Den Teig zu einer Kugel formen und in einer ausgebutterten Schüssel so lange rollen, bis er ganz mit Butter überzogen ist. Die Kugel in Klarsichtfolie gewickelt an einem warmen Ort etwa 1 1/4 Stunden gehen lassen, bis sich ihr Volumen fast verdoppelt hat.

4. Für die Quarkfüllung die Butter mit dem Puderzucker vermengen. Quark, Eigelb und Rosinen einrühren. Das Eiweiß in einer kleinen Schüssel zu steifem Schnee schlagen und unter die Quarkmasse heben.

5. Den Teig nochmals kurz kneten und mehrmals auf die Arbeitsfläche schlagen. Mit einem scharfen Messer den Teig in zwölf gleich große Stücke schneiden und aus jedem Stück eine feste Kugel formen. Die Kugeln mit Klarsichtfolie bedecken und 10 Minuten ruhen lassen.

6. Ein Backblech einfetten. Auf der Arbeitsfläche jede Kugel zu einer runden Teigplatte von etwa 10 Zentimeter Durchmesser formen. Einen gehäuften Esslöffel der Quarkfüllung auf jede Teigplatte geben und die Seiten über der Füllung zusammendrücken. Die Quarktaschen mit der glatten Seite nach oben auf das Backblech setzen und das Blech in einen großen Plastikbeutel schieben. Den Beutel gut verschließen und die Quarktaschen an einem warmen Ort nochmals etwa 45 Minuten gehen lassen, bis sich ihr Volumen fast verdoppelt hat.

7. Den Backofen auf 175 °C vorheizen. Das Backblech aus dem Plastikbeutel nehmen und die Quarktaschen mit der Hälfte der geschmolzenen Butter bestreichen. Die Quarktaschen auf der mittleren Schiene des Backofens 30–35 Minuten goldbraun backen. Das Blech aus dem Backofen nehmen, die Taschen mit der restlichen Butter bestreichen und vor dem Servieren mindestens 20 Minuten abkühlen lassen. Die Quarktaschen können warm oder kalt serviert werden.

BUCHTELN
Für 15 Stück

Im altehrwürdigen Café Hawelka in Wien fällt die Geisterstunde nicht auf Mitternacht, sondern auf zehn Uhr abends, denn um diese Zeit werden hier frische Buchteln serviert. Und wie von Geisterhand sind sie jedes Mal innerhalb von Minuten wieder verschwunden. Natürlich können Sie dieses süße Gebäck zu jeder Tageszeit genießen, frisch aus dem Ofen und zu später Stunde noch warm serviert, schmecken Buchteln aber einfach unübertrefflich. Dieses Rezept stammt von Herrn Schrammel von der Berufsschule für Bäcker und Konditoren in Wien.

FÜR DEN HEFEVORTEIG
1/8 l Milch (wird Trockenhefe verwendet, muss die Milch auf ca. 40 °C erwärmt werden)
30 g frische Hefe oder 1 Beutel Trockenhefe
1/4 TL Zucker
75 g Mehl

FÜR DEN GRUNDTEIG
1/8 l Milch
75 g Zucker
1 großes Ei, verschlagen
Mark von 1 Vanilleschote
1/2 TL Salz
350 g Mehl, je nach Bedarf etwas mehr
75 g Butter, zimmerwarm
20 g Orangeat oder Zitronat, gewürfelt (nach Belieben)

75 g Butter, geschmolzen

75 g Pflaumenmus oder Aprikosenkonfitüre
Puderzucker zum Besieben

1. Für den Vorteig die Milch in eine kleine Schüssel gießen, frische Hefe hineinbröckeln und Zucker zugeben. 3 Minuten stehen lassen. Mehl zugeben und die Mischung zu einem weichen Teig verrühren. Die Schüssel mit Klarsichtfolie dicht verschließen und den Teig an einem warmen Ort ca. 30 Minuten gehen lassen.

2. Für den Grundteig den Vorteig mit Milch, Zucker, Ei, Vanillemark und Salz in der Küchenmaschine oder mit dem Handrührgerät auf kleinster Stufe verrühren, dabei so viel Mehl zugeben, dass ein weicher Teig entsteht, der sich von der Schüsselwand löst. Löffelweise Butter und noch etwa drei bis vier Esslöffel Mehl zugeben und den Teig weiterhin rühren, bis er sich erneut von der Schüsselwand löst. Teig zu einer Kugel formen und nun mit dem Knethaken auf mittlerer Stufe etwa 5 Minuten kneten, bis er glatt und geschmeidig ist, dabei je nach Bedarf noch etwas Mehl und nach Belieben zum Schluss Orangeat oder Zitronat zufügen.

3. Den Teig auf einer leicht bemehlten Arbeitsfläche mit den Händen weiterhin kneten, um die Konsistenz zu prüfen. Wenn der Teig nicht an der Arbeitsfläche kleben bleibt, enthält er genug Mehl. Zu einer Kugel formen und in einer ausgebutterten Schüssel so lange rollen, bis er ganz mit Butter überzogen ist. Die Kugel in Klarsichtfolie gewickelt an einem warmen Ort etwa 1 1/4 Stunden gehen lassen, bis sich das Volumen verdoppelt hat.

4. Den Boden einer Springform mit Alufolie auslegen (damit keine Butter ausläuft). Die geschmolzene Butter in eine kleine Schüssel gießen. Sie sollte leicht abgekühlt, aber immer noch flüssig sein. Die Form mit etwas geschmolzener Butter bestreichen.

5. Den Teig nochmals kurz kneten und zu einem Rechteck von etwa 25 mal 15 Zentimeter ausrollen. Die Teigplatte mit Klarsichtfolie bedecken und 5 Minuten ruhen lassen. Ohne die Folie zu entfernen, den Teig weiter ausrollen, bis ein Rechteck von etwa 40 mal 25 Zentimeter entstanden ist. Aus der Teigplatte 15 gleich große Quadrate schneiden.

6. Jedes Teigstück weiter auf etwa 10 mal 10 Zentimeter ausziehen und einen knappen Teelöffel Mus oder Konfitüre in die Mitte setzen. Die Seitenteile über der Füllung zusammendrücken und die dabei neu entstehenden Ecken ebenfalls oben zusammendrücken, so dass eine runde Teigtasche entsteht. Die zusammengedrückten Enden der Teigtaschen in die geschmolzene Butter tauchen und die Taschen mit der glatten Seite

nach oben nebeneinander in die Springform setzen. Die restliche Butter auf den Teigtaschen verteilen. Die Form mit Klarsichtfolie abdecken und die Buchteln an einem warmen Ort nochmals etwa 20–30 Minuten gehen lassen, bis sich ihr Volumen fast verdoppelt hat.

7. Inzwischen den Backofen auf 175 °C vorheizen. Die Buchteln auf der mittleren Schiene des Backofens etwa 10 Minuten goldbraun backen. Die Springform aus dem Backofen nehmen und die Buchteln darin etwa 10 Minuten abkühlen lassen. Die Seiten der Springform entfernen. Zum Servieren die Buchteln auseinander brechen und mit Puderzucker bestreuen. Warm servieren.

KIPFERLN
Für zwölf Stück

Dies ist das Rezept für die echten Wiener Kipferln aus Plunderteig. Französische Croissants werden mit weniger Zucker und ohne Ei gemacht und sind deshalb noch feinblättriger. Welche nun besser schmecken, hängt vom individuellen Geschmack jedes Einzelnen ab.

Wenn Sie die Kipferln zum Brunch servieren, sollten Sie den Teig am Vortag zubereiten und am Morgen ausrollen. Die fertigen Kipferln müssen dann noch etwa 2 Stunden gehen und etwa 20 Minuten backen.

½ Portion Plunderteig (siehe Seite 24)
1 großes Ei
⅛ TL Salz

1. Den Plunderteig auf einer leicht bemehlten Arbeitsfläche zu einem Quadrat von etwa 30 mal 30 Zentimeter ausrollen. Teigplatte mit Klarsichtfolie bedecken und 5 Minuten ruhen lassen. Zwei Backbleche mit Backpapier auslegen.

2. Den Teig mit einem Teigrädchen oder einem scharfen Messer in zwei Hälften schneiden. Die Schnitte sollten scharf und exakt gesetzt werden, damit die Teigschichten nicht zu sehr zusammengedrückt werden. Jede Teighälfte mit gleichmäßigen diagonalen Schnitten in sechs spitze Dreiecke schneiden, dabei sollte die schmale Seite des Dreiecks jeweils 10 Zentimeter lang sein. Wird der Teig zu weich, die Dreiecke kurz in den Kühlschrank legen, bis sie wieder fester sind.

3. Die Dreiecke auf eine bemehlte Arbeitsfläche geben und jeweils noch etwas dünner ausrollen. Jedes Dreieck von der breiten Seite her einrollen und die Seiten halbmondförmig nach unten biegen. Die Kipferln im Abstand von etwa 3 Zentimeter auf die Backbleche setzen. Die Backbleche lose mit Klarsichtfolie bedecken und die Kipferln an einem warmen Ort ca. 2 Stunden gehen lassen. Sie gehen leicht auf, verdoppeln aber ihr Volumen nicht.

4. Backofen auf 200 °C vorheizen. Ei und Salz in einer kleinen Schüssel verschlagen und die Kipferln mit der Eimischung bestreichen. Kipferln auf der oberen und mittleren Schiene des Backofens etwa 20 Minuten goldbraun backen. Dabei nach etwa 10 Minuten die Bleche vertauschen, so dass das untere nach oben kommt. Außerdem die Vorderseite der Bleche nach hinten drehen. Nach 20 Minuten sind die Kipferln innen eventuell noch nicht ganz durchgebacken, die Restwärme außerhalb des Backofens reicht aber dafür aus. Die Kipferln auf dem Backblech völlig erkalten lassen.

NUSSKIPFERLN

Die Nusskipferln sind eine Spezialität des Kaffeehauses Zauner in Bad Ischl und werden oft nur Zaunerkipferln genannt. Dafür eine Walnussfüllung wie für die Äpfel im Schlafrock (siehe Seite 134) zubereiten und vor dem Einrollen auf jedes Teigdreieck einen Teelöffel Füllung setzen.

DIE GESCHICHTE DER KIPFERLN

Zugegeben, die Franzosen haben das Croissant verfeinert und berühmt gemacht, erfunden wurde es aber in Wien. In vielen Wiener Bäckereien gehörte das zarte Butterkipferl nämlich schon längst zu den beliebtesten Spezialitäten, bevor es Prinzessin Marie-Antoinette schließlich in ihre neue Wahlheimat Frankreich mitnahm. Dabei gibt es einen großen Unterschied zwischen dem »Kipfel«, einem Brötchen aus einfachem Hefeteig, und dem oben beschriebenen »Kipferl«, dem feinblättrigen Hörnchen aus aufwändigerem Plunderteig. Obwohl die beiden Wörter aus dem Wiener Dialekt so ähnlich klingen, liegen doch Welten zwischen dem einfachen Kipfel und dem raffinierten Kipferl.

Um die Entstehung des Kipferls ranken sich viele Geschichten und Legenden. Es heißt, die Wiener hätten das Hörnchen erfunden, um sich über ihre türkischen Feinde und den Halbmond auf deren Flagge lustig zu machen. Jedes Mal, wenn ein Wiener genüsslich ein Kipferl verspeiste, machte er damit sozusagen einem Türken den Garaus. Einige Quellen geben den Bäckermeister Thomas Wendler als Erfinder des Kipferls an, und einige Historiker behaupten sogar, die Ehefrau Georg Kolschitzkys – der ja angeblich den Wienern den Kaffee schmackhaft gemacht haben soll (siehe Seite 38/39) – habe die Kipferln zum ersten Mal in ihrem Kaffeehaus »Zur blauen Flasche« serviert.

Die Bezeichnung »Kipferl« ist mit dem althochdeutschen Wort »kipfa« verwandt, das das Horn des Ziegenbocks bezeichnet. Schon lange vor dem 17. Jahrhundert wurden in Klöstern zu Ostern hörnchenförmige Brötchen gebacken, denn gerade zur Osterzeit hat die Tiersymbolik in der Kirche Tradition. Woher der Name auch kommt, das Kipferl hat sich längst als Lieblingsgebäck jedes guten Wieners etabliert; Konstanze Mozart soll z. B. niemals freiwillig auf ihr Frühstückskipferl verzichtet haben.

NUSSSCHNECKEN
Für 16 Stück

Dieses feinwürzige Gebäck (siehe Abb. Seite 104) mit vielen Rosinen und gemahlenen Haselnüssen ist inzwischen in ganz Europa zu Hause.

✦✦✦✦✦✦✦

50 g Haselnüsse, geschält, geröstet und grob gehackt
50 g Zucker
¼ gemahlener Zimt
Plunderteig (siehe Seite 24)
25 g Butter, geschmolzen
75 g Rosinen
125 g Marillenglasur (siehe Seite 32), warm

✦✦✦✦✦✦✦

1. Backofen auf 190 °C vorheizen. Zwei Backbleche mit Backpapier auslegen.
2. Die Haselnüsse mit Zucker und Zimt im Mixer zerkleinern, bis sie sehr fein zermahlen sind. Die Mischung in eine Schüssel geben.
3. Den Teig in zwei Hälften schneiden. Eine Hälfte auf einer leicht bemehlten Arbeitsfläche zu einem Rechteck von 30 mal 20 Zentimeter ausrollen. Die Teigplatte mit der Hälfte der geschmolzenen Butter bestreichen und mit der Hälfte der Nussmischung und der Rosinen bestreuen. Teigplatte von der schmalen Seite her einrollen, so dass ein Zylinder entsteht, dabei den schmalen Teigrand am Ende fest auf die Teigplatte drücken. Teigrolle mit einem scharfen Messer in acht gleichmäßige Scheiben schneiden und die Teigschnecken im Abstand von etwa 3 Zentimeter auf eins der Backbleche setzen. Den restlichen Teig, die Nussmischung und die Rosinen wie oben beschrieben verarbeiten. Die Backbleche mit Klarsichtfolie bedecken und die Schnecken 30 Minuten gehen lassen.
4. Schnecken auf der oberen und mittleren Schiene des Backofens etwa 20 Minuten goldbraun backen. Dabei nach etwa 10 Minuten die Bleche vertauschen, so dass das untere nach oben kommt. Außerdem die Vorderseite der Bleche nach hinten drehen. Die Schnecken aus dem Backofen nehmen, auf ein Kuchengitter legen und etwas auskühlen lassen.
5. Nussschnecken mit der warmen Marillenglasur bestreichen und abkühlen lassen, bis die Glasur fest geworden ist.

Oberlaa: Die »Sahnediät«

Ein besonderes Vergnügen ist es, einmal mit der Trambahn aus Wien hinaus in das Stammhaus der Bäckerei Oberlaa zu fahren. Heute gibt es in ganz Wien vier Oberlaa-Kaffeehäuser, das Original wurde jedoch in den 1970er Jahren für die Wiener Gartenschau gebaut. Nach dem Ende der Schau baute man das Oberlaa zu einem Kurhotel um, mit allen gefragten Sportmöglichkeiten und Wellnessprogrammen. Gleichzeitig etablierte das Oberlaa aber auch seinen Ruf als beste Bäckerei ganz Wiens.

In der Backstube werden täglich zahllose Kuchen, Torten und Pralinen von Konditormeister Vinzenz Bäuerle und seinem Team von Hand gefertigt. Bemerkenswert dabei ist, dass der junge Konditor rank und schlank ist, was er vielleicht den vielen sportlichen Angeboten des Kurhotels zu verdanken hat. Im gemütlichen, hellen Café des Oberlaa kann man in der Kuchentheke jedenfalls zahlreiche kunstvoll verzierte Torten und Pralinen bewundern. Und wenn Sie einige davon sogar probieren sollten, werden Sie feststellen, dass sie noch besser schmecken, als sie aussehen.

Auf die Frage, wie ein Kurhotel, in das man doch gewöhnlich reist um abzunehmen, seinen Gästen so viele süße Verlockungen bieten kann, reagierte Bäuerle verwirrt:

»Man reist in ein Kurhotel, um sich wohl zu fühlen. Und wo könnte man sich wohler fühlen als bei einem köstlichen Stück Torte?«

GOLDENE NOCKERLN
– Aranygaluska –
Für acht bis zehn Stück

In einem sehr einfachen Kaffeehaus in Budapest habe ich diese köstliche ungarische Spezialität zum ersten Mal probiert. Runde Hefeteigkugeln werden mit goldfarbener Walnuss-Zucker-Glasur überzogen und in einer Form gebacken. Jeder Ungar kennt dieses typische, wunderschön anzusehende Gebäck als Goldene Nockerln. Dies ist eines jener Rezepte, die so gut wie jede Hausfrau im Repertoire hat, vielleicht, weil der Teig nicht lange geknetet werden muss. Man kann die Knödel auf dem Backblech oder in der Springform backen, besonders spektakulär sehen sie aber in der Guglhupfform aus.

FÜR DEN HEFEVORTEIG
1/8 l Milch (wird Trockenhefe verwendet, muss die Milch auf ca. 40 °C erwärmt werden)
20 g frische Hefe oder 1 Beutel Trockenhefe
1/4 TL Zucker
75 g Mehl

FÜR DEN GRUNDTEIG
1/8 l Milch
50 g Butter, geschmolzen
50 g Zucker
1/4 TL Salz
4 Eigelbe von großen Eiern
350 g Mehl, je nach Bedarf etwas mehr

2 EL Semmelbrösel für die Form
100 g Walnüsse, grob gehackt
150 g Zucker
Abgeriebene Schale von 1 Zitrone
100 g Butter, geschmolzen, lauwarm

1. Für den Vorteig die Milch in eine kleine Schüssel gießen, die frische Hefe hineinbröckeln und den Zucker zugeben. 3 Minuten stehen lassen. Mehl zugeben und die Mischung zu einem weichen Teig verrühren. Die Schüssel mit Klarsichtfolie dicht verschließen und den Teig an einem warmen Ort ca. 30 Minuten gehen lassen, bis sich sein Volumen verdoppelt hat.

2. Für den Grundteig Milch, geschmolzene Butter, Zucker und Salz in eine Rührschüssel geben. Eigelbe und Vorteig zufügen und in der Küchenmaschine oder mit dem Handrührgerät alles auf kleinster Stufe gut vermengen. Dabei so viel Mehl zugeben, dass ein leicht klebriger Teig entsteht, der sich von der Schüsselwand löst. Den Teig aus der Schüssel nehmen und auf einer leicht bemehlten Arbeitsfläche mit den Händen kneten, bis er glatt und geschmeidig ist.

3. Den Teig zu einer Kugel formen und in einer ausgebutterten Schüssel so lange rollen, bis er ganz mit Butter überzogen ist. Die Kugel in Klarsichtfolie gewickelt an einem warmen Ort etwa 1 1/4 Stunden gehen lassen, bis sich ihr Volumen fast verdoppelt hat.

4. Den Teig mit den Händen nochmals kurz durchkneten und auf die Arbeitsfläche schlagen. Mit einem scharfen Messer in 30 gleich große Stücke schneiden. Aus jedem Teigstück eine Kugel formen, die Kugeln auf die Arbeitsfläche setzen und mit Klarsichtfolie bedecken.

5. Eine Guglhupfform von 30 Zentimeter Durchmesser leicht einfetten und mit Semmelbröseln ausstreuen. Überschüssige Brösel abklopfen. Walnüsse mit Zucker und Zitronenschale im Mixer zerkleinern und die Mischung in eine mittelgroße Schüssel geben. Die Teigkugeln in die geschmolzene Butter tauchen und in der Nussmischung wenden, bis sie ganz überzogen sind. Übrige Butter aufheben. Die Teigkugeln in die Guglhupfform schichten, dabei müssen die Schichten nicht unbedingt gleichmäßig sein. Die Form mit Klarsichtfolie bedecken und die Kugeln an einem warmen Ort 45 Minuten gehen lassen, bis sich ihr Volumen fast verdoppelt hat.

6. Den Backofen auf 175 °C vorheizen. Die Kugeln 20 Minuten backen, dann die Form mit Alufolie abdecken und die Kugeln weiterbacken, bis sie goldbraun sind. Die Form aus dem Ofen nehmen und die obere Schicht der Kugeln mit der restlichen Butter bestreichen. Die Kugeln in der Form 5 Minuten abkühlen lassen, auf einen Teller stürzen und völlig erkalten lassen. Zum Servieren die Kugeln auseinander brechen.

DALMATINISCHE KOLATSCHEN
– Domažlicé Koláče –

Für zwölf Kolatschen

Im Tschechischen bedeutet *kolače* wörtlich Rundgebäck. Die Kolatschen werden immer aus Hefeteig gemacht, man kann sie aber auf verschiedene Art und Weise füllen und formen. In Prag findet man die dalmatinischen Kolatschen in fast jeder Bäckerei; sie sehen aus wie kleine süße Pizzen, belegt mit Mohn, Quark, Aprikosenkonfitüre und Pflaumenmus.

FÜR DEN HEFEVORTEIG
1/8 l Milch (wird Trockenhefe verwendet, muss die Milch auf ca. 40 °C erwärmt werden)
30 g frische Hefe oder 1 Beutel Trockenhefe
75 g Mehl
1/4 TL Zucker

FÜR DEN GRUNDTEIG
150 g kühle Butter
75 g Zucker
3 Eigelbe von großen Eiern
1/8 l Milch
Mark von 1 Vanilleschote
1/4 TL Salz
Abgeriebene Schale von 1/2 Zitrone
500 g Mehl, je nach Bedarf etwas mehr

Quarkfüllung (siehe Seite 118)
Mohnfüllung (siehe Seite 118)
50 g Pflaumenmus
50 g Aprikosenkonfitüre

FÜR DIE STREUSEL
20 g Mehl
1 EL Zucker
1 EL kühle Butter

1 Eigelb von einem großen Ei, verschlagen mit 1 TL Milch zum Glasieren

1. Für den Vorteig die Milch in eine kleine Schüssel gießen und die frische Hefe hineinbröckeln. 3 Minuten stehen lassen. Mehl und Zucker zugeben und die Mischung zu einem weichen Teig verrühren. Die Schüssel mit Klarsichtfolie dicht verschließen und den Teig an einem warmen Ort ca. 30 Minuten gehen lassen, bis sich sein Volumen verdoppelt hat.

2. Für den Grundteig die Butter in der Küchenmaschine oder mit dem Handrührgerät auf höchster Stufe etwa 1 Minute cremig rühren. Zucker zugeben und weiterhin die Mischung rühren, bis sie hell und schaumig ist. Vorteig zufügen. Nach und nach Eigelbe, Milch, Vanillemark, Salz und Zitronenschale zugeben und alles auf kleinster Stufe gut vermengen. So viel Mehl zugeben, dass ein leicht klebriger Teig entsteht. Den Teig zu einer Kugel formen und mit dem Knethaken der Küchenmaschine oder des Handrührgeräts auf mittlerer Stufe etwa 6 Minuten kneten, bis er glatt und geschmeidig ist.

3. Den Teig erneut zu einer Kugel formen und in einer ausgebutterten Schüssel so lange rollen, bis er ganz mit Butter überzogen ist. Die Kugel in Klarsichtfolie gewickelt an einem warmen Ort etwa 1 1/4 Stunden gehen lassen, bis sich das Volumen verdoppelt hat.

4. Den Teig auf einer unbemehlten Arbeitsfläche nochmals kurz kneten, in zwölf Stücke schneiden und aus jedem Stück eine Kugel formen. Die Teigkugeln mit Klarsichtfolie bedecken und 5 Minuten ruhen lassen.

5. Zwei Backbleche mit Backpapier auslegen. Die Teigkugeln zu Kreisen von etwa 10 Zentimeter Durchmesser ausrollen. Jeweils einen gehäuften Teelöffel jeder Füllung auf jeden Teigkreis setzen. Jeder Kreis enthält also nebeneinander alle vier Füllungen. Die Kreise im Abstand von etwa 3 Zentimeter auf die Backbleche setzen. Die Bleche mit Klarsichtfolie bedecken und die Kolatschen an einem warmen Ort nochmals 40 Minuten gehen lassen.

6. Für die Streusel Mehl, Zucker und Butter mit den Händen zu einem groben Teig verarbeiten und zerkrümeln. Beiseite stellen.

7. Den Backofen auf 175 °C vorheizen. Die Kolatschen am Rand mit der Eimischung bestreichen und mit den Streuseln bestreuen.

8. Die Kolatschen auf der oberen und mittleren Schiene des Backofens etwa 20 Minuten goldbraun backen. Dabei nach etwa 10 Minuten die

DIE GESCHICHTE DES GUGLHUPFS

Ganz in der Tradition origineller Wiener Küchengeschichten heißt es in einigen historischen Quellen, die Form des Guglhupfs sei einem türkischen Turban nachempfunden; mit jedem »Turbankuchen«, den man aß, zeigte man also seinen Hass auf den türkischen Feind.

Tatsächlich geht die geschwungene Form dieses Kuchens aber bis auf die Römerzeit zurück – überall im Römischen Reich fand man Bronzegefäße in ähnlich geschwungener Form, die, wie es heißt, die Strahlen der Sonne symbolisierten. Wie es aber zu der Bezeichnung »Guglhupf« kam, ist bis heute ein Rätsel. Im österreichischen Dialekt bedeutet »Gugl« so viel wie Halstuch; und »Hupf« ist wohl eine Abwandlung von »Kopf«. Vielleicht spielt aber auch das deutsche Wort »Kogel«, also Hügel oder Bergkuppe, eine Rolle.

Als eines der Lieblingsgerichte von Kaiser Franz Joseph hat der Guglhupf seinen festen Platz in der österreichischen Geschichte. In den Sommermonaten, wenn die kaiserliche Familie nach Bad Ischl umzog, pflegte er seinen allmorgendlichen Spaziergang immer mit einem Besuch in der Villa seiner guten Freundin und Vertrauten, der Schauspielerin Katharina Schratt zu beenden, und natürlich wartete dort immer ein frisch gebackener Guglhupf auf ihn. Für den Fall eines unvorhergesehenen Zwischenfalls hatte Katharina Schratt sogar immer einen Reserveguglhupf parat, den sie regelmäßig bei der Bäckerei Zauner, der besten in Bad Ischl, bestellte.

Bleche vertauschen, so dass das untere nach oben kommt. Außerdem die Vorderseite der Bleche nach hinten drehen. Die Kolatschen können warm oder kalt serviert werden.

QUARKFÜLLUNG

1 EL weiche Butter mit 1 EL Zucker in einer kleinen Schüssel cremig rühren. 75 g Quark, 2 TL verschlagenes Eigelb, 1 EL Rosinen und etwas abgeriebene Zitronenschale zugeben und verrühren.

MOHNFÜLLUNG

50 g Mohn im Mixer fein zermahlen, in einen kleinen Topf geben und 3 EL Milch, 1 EL schwarze Johannisbeerkonfitüre, 1 1/2 TL Zucker und 1/4 TL Kakaopulver zugeben und verrühren. Die Mischung bei kleiner Hitze zum Kochen bringen, dabei häufig umrühren und etwa 1 Minute kochen lassen, bis sie leicht eingedickt ist. Völlig erkalten lassen.

GERMGUGLHUPF
Für eine Guglhupfform von 28 cm ø

Der Guglhupf ist eine vielseitige Wiener Spezialität, die man auf die verschiedensten Arten zubereiten kann. Ursprünglich wurde Guglhupf immer aus Hefeteig gebacken – »Germ« ist die österreichische Bezeichnung für Hefe –, als aber das Backpulver immer populärer wurde, nutzten viele Bäcker dieses neue, unkomplizierte Treibmittel. Das nachfolgende, klassische Rezept enthält zwar Hefe, der Teig wird aber dennoch eher gerührt als geknetet. Der Guglhupf ist saftig und reichhaltig und durch den Eischnee gleichzeitig leicht und locker – ideal zum Kaffee am Nachmittag.

FÜR DEN HEFEVORTEIG
1/4 l Milch (wird Trockenhefe verwendet, muss die Milch auf ca. 40 °C erwärmt werden)
30 g frische Hefe oder 1 Beutel Trockenhefe
1/2 TL Zucker
150 g Mehl

FÜR DEN GRUNDTEIG
150 g kühle Butter
100 g Zucker
4 große Eier, getrennt, zimmerwarm
1 EL brauner Rum
Mark von 1 Vanilleschote
Abgeriebene Schale von 1 Zitrone
½ TL Salz
400 g Mehl, je nach Bedarf etwas mehr
150 g Rosinen

ZUM GARNIEREN
50 g Mandelstifte
Puderzucker zum Besieben

1. Für den Vorteig die Milch in eine kleine Schüssel gießen, die frische Hefe hineinbröckeln und den Zucker zugeben. 3 Minuten stehen lassen. Mehl zugeben und die Mischung zu einem weichen Teig verrühren. Die Schüssel mit Klarsichtfolie dicht verschließen und den Teig an einem warmen Ort ca. 30 Minuten gehen lassen bis sich sein Volumen verdoppelt hat.
2. Für den Grundteig Butter und Zucker in der Küchenmaschine oder mit dem Handrührgerät auf höchster Stufe etwa 2 Minuten schaumig rühren. Vorteig zugeben und auf kleinster Stufe weiterrühren. Nach und nach Eigelbe, Rum, Vanillemark, Zitronenschale und Salz zugeben und den Teig mit so viel Mehl verrühren, dass er weich und geschmeidig wird und sich von der Schüsselwand löst. Mit den Knethaken weitere 5 Minuten kneten.
3. Das Eiweiß in einer fettfreien Schüssel zu steifem Schnee schlagen. Den Eischnee über den Teig geben und auf kleinster Stufe unterrühren. Zum Schluss die Rosinen zugeben.
4. Die Guglhupfform gut einfetten und mit den Mandelstiften ausstreuen. Den Teig gleichmäßig in die Form füllen und diese in einen großen Plastikbeutel geben. Ein hohes Glas mit heißem Wasser neben die Form in den Beutel stellen (damit das Plastik die Form nicht berührt) den Beutel mit einem Gummiband verschließen. Den Teig etwa 1 Stunde an einem warmen Ort gehen lassen, bis er die Form zu drei Vierteln ausfüllt.
5. Den Backofen auf 175 °C vorheizen. Den Kuchen auf der mittleren Schiene des Backofens etwa 30 Minuten backen. Die Form lose mit Alufolie bedecken, damit die Oberfläche des Kuchens nicht verbrennt, und den Kuchen noch etwa 30 Minuten weiterbacken. Guglhupf aus dem Backofen nehmen, etwa 10 Minuten abkühlen lassen, auf ein Kuchengitter stürzen und völlig erkalten lassen. Vor dem Servieren mit reichlich Puderzucker besieben.

GERMZWETSCHKENFLECKEN
Für ein Backblech

Jeder gute österreichische Bäcker hat für die Zwetschkenzeit zwei Kuchenrezepte parat: eines mit Hefe, das andere ohne. Dieses Rezept wird außerdem noch mit Streuseln verfeinert. Die kleinen, festen Zwetschken eignen sich sehr viel besser als die großen Pflaumen, denn sie geben beim Backen nicht so viel Flüssigkeit ab, die den Teig weich und matschig machen würde. Das Rezept für Zwetschkenflecken ohne Hefe finden Sie auf Seite 55.

FÜR DEN HEFEVORTEIG
⅛ l Milch (wird Trockenhefe verwendet, muss die Milch auf ca. 40 °C erwärmt werden)
40 g frische Hefe oder 2 Beutel Trockenhefe
75 g Mehl
¼ TL Zucker

FÜR DEN GRUNDTEIG
⅛ l Milch
75 g Zucker
1 EL brauner Rum
Mark von 1 Vanilleschote
½ TL Salz
50 g Butter, geschmolzen
1 großes Ei, verschlagen
400 g Mehl, je nach Bedarf etwas mehr

700 g Zwetschken, längs halbiert, entsteint

FÜR DIE STREUSEL
100 g Mehl
75 g Zucker
75 g Butter, gekühlt, in Würfel geschnitten
Mark von ¼ Vanilleschote
1 Prise gemahlener Zimt

20 g Butter, geschmolzen zum Bestreichen

Das Stadthaus-Café

In der Prager Altstadt gibt es neben dem alten Pulverturm aus dem 12. Jahrhundert ein pastellgelbes, reich verziertes Gebäude. Das Stadthaus wurde 1912 eröffnet und war Teil eines gigantischen Modernisierungsprojekts, das die Stadt Prag auf den Stand anderer europäischer Großstädte bringen sollte. In diesem Stadthaus gibt es einen Konzertsaal, viele kleinere Festräume, einige Restaurants und Bars und eines der schönsten Cafés der Welt.

Das Stadthaus-Café (Kavárna Obecní dům) wird oft Café Nouveau genannt, denn es stellt ein perfektes Schaustück des tschechischen Jugendstils – französisch »art nouveau« – dar.

Der Jugendstil, der auch in Wien sehr verbreitet war, zeichnet sich durch geschwungene Linien und von der Natur inspirierte Blumenformen, wie etwa blühende Weinreben, aus, die meist symmetrisch oder sich wiederholend angeordnet sind. In Wien war der Hauptvertreter des Jugendstils der Maler Gustav Klimt. In Tschechien war es Alfons Mucha (1860–1939), der sich ganz dieser neuen Stilrichtung verschrieb. Neben anderen tschechischen Künstlern bat man auch Mucha, an der Gestaltung des Stadthauses mit seinen zahllosen Mosaiken, Wandgemälden, Fresken, Wasser speienden Figuren, Säulen und Portalen mitzuwirken.

Die Renovierung des Cafés wurde 1997 abgeschlossen. Jetzt findet man darin lange Reihen kleiner Nischen mit lederbespannten Sitzgarnituren, Mahagoniverkleidungen, herrlichen Kronleuchtern und am Ende des lang gestreckten Raumes einen ausladenden Marmorbrunnen. Das Stadthaus-Café ist zweifellos einer der schönsten Orte in Prag für eine gemütliche Tasse Kaffee.

1. Für den Vorteig die Milch in eine kleine Schüssel gießen und die frische Hefe hineinbröckeln. 3 Minuten stehen lassen. Mehl und Zucker zugeben und die Mischung zu einem weichen Teig verrühren. Die Schüssel mit Klarsichtfolie dicht verschließen und den Teig an einem warmen Ort ca. 30 Minuten gehen lassen, bis sich sein Volumen verdoppelt hat.

2. Für den Grundteig den Vorteig mit Milch, Zucker, Rum, Vanillemark und Salz in eine Rührschüssel geben. Die geschmolzene Butter und das Ei zufügen und in der Küchenmaschine oder mit dem Handrührgerät alles auf kleinster Stufe verrühren. Dabei nach und nach so viel Mehl zugeben, dass ein weicher, leicht klebriger Teig entsteht. Aus dem Teig eine Kugel formen und in der Küchenmaschine etwa 5 Minuten auf der mittleren Stufe weiterkneten, bis der Teig glatt und geschmeidig ist.

3. Den Teig erneut zu einer Kugel formen und in einer ausgebutterten Schüssel so lange rollen, bis er ganz mit Butter überzogen ist. Die Kugel in Klarsichtfolie gewickelt an einem warmen Ort etwa 1 Stunde gehen lassen, bis sich ihr Volumen fast verdoppelt hat.

4. Das Backblech gut einfetten. Den Teig kurz durchkneten und auf die Arbeitsfläche schlagen. Teig ausrollen und dehnen und gleichmäßig auf dem Backblech verteilen. Das Blech mit Klarsichtfolie bedecken und 5 Minuten stehen lassen. Wenn sich der Teig leicht zusammenzieht, wird er einfach etwas weiter ausgezogen, bis das Backblech wieder ganz ausgefüllt ist. Die Zwetschken mit der Schnittfläche nach oben in Reihen auf den Teig legen. Alles erneut mit Klarsichtfolie bedecken und an einem warmen Ort 30 Minuten gehen lassen.

5. Backofen auf 175 °C vorheizen. Für die Streusel Mehl, Zucker, Butter, Vanillemark und Zimt in einer kleinen Schüssel mischen. Alles mit den Händen verkneten und dann zerbröckeln. Die Streusel über den Kuchen streuen.

6. Den Kuchen auf der mittleren Schiene des Backofens 30–35 Minuten goldbraun backen. Den Zwetschkenkuchen aus dem Backofen holen und die Ränder mit geschmolzener Butter bestreichen. Der Kuchen kann warm oder kalt serviert werden.

CHRISTSTOLLEN
Für zwei Stollen

Der Stollen ist vermutlich das traditionsreichste Weihnachtsgebäck. Seine typische Form ist dem in Windeln gewickelten Jesuskind nachempfunden. Am besten schmeckt der Stollen, wenn er nach dem Backen einige Tage durchgezogen ist. In den meisten Bäckereien wird Zitronat und Orangeat in den Teig gemischt, das nachfolgende Rezept sieht jedoch verschiedene Trockenfrüchte vor, was den Stollen noch schmackhafter, saftiger und obendrein farbenfroher macht. Die Zugabe von Marzipan ist eine Empfehlung der Konditorei Oberlaa (siehe Kasten Seite 114).

FÜR DIE EINGELEGTEN FRÜCHTE
100 g getrocknete Kirschen
75 g getrocknete Aprikosen, grob gehackt
40 g Korinthen
40 g Rosinen
3 EL brauner Rum
1/8 l heißes Wasser, bei Bedarf etwas mehr
20 g Mehl

FÜR DEN HEFEVORTEIG
1/8 l Milch (wird Trockenhefe verwendet, muss die Milch auf ca. 40 °C erwärmt werden)
30 g frische Hefe oder 1 Beutel Trockenhefe
100 g Mehl

FÜR DEN GRUNDTEIG
80 g Mandelblättchen
350 g Mehl
100 g Butter, zimmerwarm
75 g Zucker
1 großes Ei
1 Eigelb von 1 großen Ei
1/2 TL Mandelextrakt
Abgeriebene Schale von 1 Zitrone
1 TL Salz
25 g Butter, geschmolzen, zum Bestreichen
25 g Zucker und 1/2 TL gemahlene Muskatnuss, gemischt, zum Bestreuen
50 g Marzipanmasse, in Würfel geschnitten
100 g Puderzucker zum Besieben

1. Kirschen, Aprikosen, Korinthen und Rosinen in einer kleinen Schüssel mischen. Rum und so viel heißes Wasser zugeben, dass die Früchte gerade bedeckt sind. Die Mischung gut umrühren, zudecken und 1 Stunde bzw. über Nacht stehen lassen. Die Früchte abgießen, gut abtropfen lassen und mit Küchenpapier trockentupfen. 1/8 Liter der abgegossenen Flüssigkeit auffangen.

2. Für den Vorteig die Milch in eine kleine Schüssel gießen und die frische Hefe hineinbröckeln. 3 Minuten stehen lassen. Mehl zugeben und die Mischung zu einem weichen Teig verrühren. Die Schüssel mit Klarsichtfolie dicht verschließen und den Teig an einem warmen Ort ca. 30 Minuten gehen lassen, bis sich sein Volumen fast verdoppelt hat.

3. Für den Grundteig die Mandelblättchen mit 150 Gramm Mehl im Mixer zerkleinern, bis sie fein zermahlen sind. Das restliche Mehl zufügen, und alles nochmals mixen.

4. Butter und Zucker in der Küchenmaschine oder mit dem Handrührgerät auf höchster Stufe etwa 2 Minuten schaumig rühren. Vorteig, Ei, Eigelb, Mandelextrakt, Zitronenschale und Salz zufügen und alles verrühren. Dabei nach und nach so viel Mandel-Mehl-Masse zugeben, dass ein weicher, leicht klebriger Teig entsteht, der sich von der Schüsselwand löst. Aus dem Teig eine Kugel formen und diese nun mit den Knethaken auf mittlerer Stufe nochmals etwa 7 Minuten kneten.

5. Die Fruchtmischung mit dem angegebenen Mehl mischen, so dass alle Früchte gleichmäßig mit Mehl überzogen sind. Den Teig auf eine leicht bemehlte Arbeitsfläche setzen, zu einer breiten Scheibe formen, mit einigen Früchten bestreuen und kurz verkneten. Diesen Vorgang so oft wiederholen, bis alle Früchte eingearbeitet sind. Je nach Bedarf etwas mehr Mehl zugeben. Dabei aber darauf achten, dass nicht zu viel Mehl in den Teig gerät – der Teig sollte immer noch weich und etwas klebrig sein, sich aber leicht von der Arbeitsfläche lösen lassen. Den Teig zu einer Kugel formen und in einer ausgebutterten Schüssel so lange rollen, bis sie ganz mit Butter überzogen ist. Die Kugel in Klarsichtfolie gewickelt an einem warmen Ort etwa 1 1/2 Stunden gehen lassen.

6. Den Teig in zwei Hälften schneiden, ohne ihn vorher nochmals zu kneten. Eine Teighälfte auf einer leicht bemehlten Arbeitsfläche zu einer ovalen Form von etwa 30 mal 15 Zentimeter ausrollen. Das Oval mit geschmolzener Butter bestreichen und mit der Hälfte der Zucker-Muskat-Mischung bestreuen. Die Hälfte der Marzipanwürfel in einem breiten Streifen in der Mitte der Teigplatte verteilen. Ohne den Teig weiter zu dehnen, eine Seite des Teigs längs über die Marzipanmasse nach innen klappen, dabei die Teigenden nicht exakt übereinander legen, sondern einen etwa 2 Zentimeter breiten Rand freilassen. Die Teigenden gut festdrücken und den Teig leicht nachformen, so dass die bekannte Stollenform entsteht. Die andere Hälfte des Teigs wie oben beschrieben verarbeiten.

7. Ein Backblech mit Backpapier belegen und die beiden Stollen im Abstand von etwa 8 Zentimeter darauf setzen. Die Stollen mit Klarsichtfolie bedecken und an einem warmen Ort nochmals 30 Minuten gehen lassen.

8. Den Backofen auf 175 °C vorheizen. Die Stollen mit der restlichen geschmolzenen Butter bestreichen und etwa 40 Minuten backen. Während der letzen 15 Minuten die Stollen mit Klarsichtfolie bedecken, damit sie nicht zu dunkel werden. Die Stollen aus dem Backofen nehmen und etwa 10 Minuten abkühlen lassen.

9. Die Hälfte des Puderzuckers auf die Arbeitsfläche sieben, die noch warmen Stollen darauf setzen und mit dem restlichen Puderzucker besieben. Die Stollen auf der Arbeitsfläche erkalten lassen und zum Aufbewahren in Alufolie wickeln. Vor dem Servieren die Stollen nochmals mit etwas Puderzucker besieben.

UNGARISCHE WALNUSSROULADEN
– Beigli –
Für zwei Rouladen

Beigli sind das traditionelle ungarische Weihnachtsgebäck. Zwar gibt es die Nussrouladen inzwischen in den Budapester Bäckereien das ganze Jahr über zu kaufen, zu Weihnachten sind sie aber immer noch besonders beliebt. Wie bei vielen traditionellen Standardrezepten gibt es auch bei den *Beigli* gute und weniger gute, frische und weniger frische zu kaufen. Ein erstklassiges *Beigli* mit fester und doch zarter Kruste und saftiger Füllung ist allerdings ein echter Genuss. Der Teig muss besonders fest sein und wird zwischendurch immer wieder kühl gestellt, denn auch in früherer Zeit, als die *Beigli* noch hauptsächlich in der kalten Vorweihnachtszeit gebacken wurden, war es nicht leicht, einen warmen Ort zu finden, wo man den Teig gehen lassen konnte. Dieses Rezept für Walnussrouladen stammt aus einer der ältesten Bäckereien der Welt, Ruszwurm Cukrászda, in Budapest.

FÜR DIE WALNUSSFÜLLUNG
250 g Walnüsse, grob gehackt
75 g Semmelbrösel
2 EL Rosinen
2 Zwetschken, entsteint, grob gehackt
2 EL Orangeat
1 Prise gemahlener Zimt
150 g Zucker
75 ml Wasser
2 EL Honig
Abgeriebene Schale von 1 Zitrone

FÜR DEN TEIG
1/8 l Milch, auf ca. 40 °C erwärmt
1 TL Trockenhefe
300 g Mehl
3 EL Zucker
1 Prise Salz
100 g Butter, gekühlt, in Würfel geschnitten

1 großes Ei, getrennt, Eigelb und Eiweiß separat verschlagen

1. Für die Füllung Walnüsse mit Semmelbrösel, Rosinen, Zwetschken, Orangeat und Zimt im Mixer zerkleinern und in eine mittelgroße Schüssel geben. Zucker, Wasser, Honig und Zitronenschale in einem kleinen Topf bei großer Hitze zum Kochen bringen, über die Walnussmischung gießen und alles gut vermischen. Die Mischung völlig erkalten lassen.

2. Für Teig die Milch in eine kleine Schüssel geben, die Trockenhefe hineinstreuen, 5 Minuten stehen lassen, dann rühren, damit sich die Hefe auflöst.

3. Mehl, Zucker und Salz in eine Rührschüssel geben. Butter zugeben und in der Küchenmaschine oder mit dem Handrührgerät alles auf kleinster Stufe zu einem groben Teig vermengen. Die aufgelöste Hefe zugeben und mit dem Teig verrühren, bis er weich und leicht klebrig ist und sich von der Schüsselwand löst. Den Teig zu einer Kugel formen und mit den Knethaken auf mittlerer Stufe etwa 5 Minuten kneten, bis er glatt und geschmeidig ist. Dabei je nach Bedarf noch etwas Mehl zugeben. Den Teig in Klarsichtfolie wickeln und 15 Minuten kühl stellen.

4. Ein Backblech mit Backpapier auslegen. Den Teig in zwei Hälften teilen. Eine Teighälfte auf einer leicht bemehlten Arbeitsfläche zu einem Rechteck von 25 mal 20 Zentimeter ausrollen. Die Hälfte der Walnussfüllung auf den Teig streichen, dabei einen etwa 1 Zentimeter breiten Rand freilassen. Die Ränder an den Schmalseiten nach innen klappen, den Teig von der breiten Seite zylinderförmig einrollen und den Rand gut festdrücken. Die Teigrolle auf das Backblech setzen. Den restlichen Teig mit der Füllung zu einer zweiten Teigrolle verarbeiten und neben der anderen Rolle ebenfalls auf das Backblech setzen. Beide Rollen mit dem verschlagenen Eigelb bestreichen. Die Teigrollen unbedeckt etwa 1 Stunde kühl stellen, bis das Eigelb ganz getrocknet ist.

5. Die Teigrollen mit dem verschlagenen Eiweiß bestreichen und an einem warmen Ort etwa 45 Minuten gehen lassen.

6. Backofen auf 190 °C vorheizen. Jede Teigrolle mit einer Gabel dreimal einstechen und die Rollen auf der mittleren Schiene des Backofens 25–30 Minuten goldbraun backen. Die *Beigli* aus dem Ofen nehmen und völlig erkalten lassen. Zum Servieren die *Beigli* in dünne Scheiben schneiden und auf einem Teller anrichten.

Schnitten & Stückgebäck

Schnitten sind ein sehr vielseitiges Kleingebäck. Manche werden genauso aufwändig gemacht wie raffinierte Sahnetorten, andere sind einfacher, etwa mit Früchten oder Schokoladencreme garniert. Diese einfachen Kombinationen sind aber mindestens ebenso köstlich wie ihre raffinierten Verwandten. Stückgebäck wird meist aus Blätter- oder Plunderteig hergestellt und auf verschiedenste Art geformt und gefüllt. Hier ergeben sich zwangsläufig Überschneidungen mit dem klassischen Hefegebäck, doch gleichgültig unter welchem Kapitel die einzelnen Rezepte nun stehen, sie schmecken allesamt zu Kaffee oder Tee einfach wunderbar.

Zufluchtsort Kaffeehaus

»Ein Ort, wo man allein sein möchte, dazu aber Gesellschaft braucht.«

Alfred Polgár (über das Café Central)

Als zu Beginn des 18. Jahrhunderts Kaffeehäuser in Wien allmählich in Mode kamen, wollten die Betreiber ihren Gästen bald mehr bieten als nur heißen Kaffee. Sie strebten danach, sich von der Konkurrenz abzuheben. So bürgerte sich die englische Gepflogenheit, den Gästen kostenlos die aktuelle Tagespresse zur Verfügung zu stellen, auch in Wiens Kaffeehäusern schnell ein. Um 1720 tauchten sogar schon die ersten ausländischen Zeitungen auf – damit wollte man die Geschäfts- und Kaufleute in die Kaffeehäuser locken, die ja wissen mussten, was es in Berlin und Amsterdam Neues gab.

Bald kam der Billardsport in Mode und brachte andere Kaffeehausbesitzer dazu, direkt an ihr Café angrenzend Billardräume zu bauen, die lang und schmal waren, um den Billardtischen optimal Platz zu bieten. Daraufhin eröffneten mehr und mehr Kaffehausbesitzer ihre Lokale in großen Eckhäusern. Zum einen drang durch die langen Fensterfronten viel Sonnenlicht ins Innere, so dass die Gäste bequem Zeitung lesen konnten. Zum anderen war der meist L-förmige Raum ideal für ihre Zwecke: In einem Teil wurde Kaffee serviert und Zeitung gelesen, im anderen Billard gespielt. Am Schnittpunkt beider Räume saß meist die Kassiererin und wachte mit strengem Blick über das Geschehen.

Im Jahr 1736 wurden die Kaffeehäuser per kaiserlichem Dekret von der Erhebung der Steuern befreit, eine Entscheidung, die sich äußerst positiv auf die Wirtschaft auswirkte, denn so konnten die Gäste ihren Kaffee genießen, ohne zusätzliche Kosten fürchten zu müssen.

Während des Wiener Kongresses 1815 präsentierte sich diese typische Wiener Einrichtung dann dem Rest der Welt. 1819 gab es in Wien bereits 150 Kaffeehäuser. Allerdings hegte Fürst Metternich nach dem Kongress den Verdacht, ein Netzwerk internationaler Spione habe sich in seiner Stadt eingenistet, um aus Hofburgkreisen geheime politische Informationen zu erhalten. Rasch begann er, eine Geheimpolizei zusammenzustellen, um die Übeltäter zu fassen.

In Wien litt man mehr und mehr unter der erdrückenden Atmosphäre aus Gerüchten und Anschuldigungen. Um nicht ins Visier dieser nicht allzu geheimen Geheimpolizei zu geraten, entwickelten die Wiener verschiedene Strategien. Viele blieben einfach zu Hause und konzentrierten sich auf ihr eigenes Leben. Gepflegte private Einladungen und Gesellschaften kamen in Mode. So lud man etwa zu einem Kammermusikabend ein – Franz Schubert war zu dieser Zeit ein gefragter Musiker. Und natürlich erwarteten die Gäste bei diesen Einladungen auch raffinierte Desserts. Die Hausfrau konnte aus neuen Kochbüchern lernen, wie man ausgefallene Torten zubereitete, und auch die Bäckereien und Konditoreien perfektionierten ihre Kunst. Diese Zeit zwischen 1814 und 1848, in der sich die Bevölkerung ganz auf das häusliche und private Leben konzentrierte, ist auch unter dem Namen »Biedermeierzeit« bekannt. Gottlieb Biedermaier war die schüchterne, einfältige Hauptfigur einiger satirischer Gedichte, die Ludwig Eichrodt 1850 geschrieben und veröffentlicht hatte. Später erst bürgerte sich die noch heute übliche Schreibweise »Biedermeier« ein.

Wer nicht zu Hause blieb, der flüchtete ins Kaffeehaus. In dieser meist überfüllten, belebten Atmosphäre war es jedem noch so gerissenen Spion nämlich geradezu unmöglich, Gespräche irgendwelcher Art zu belauschen. Um eine gemütliche, vertraute Wohnzimmeratmosphäre zu schaffen, wurden in den Cafés Spiegel und Kronleuchter aufgehängt und Plüschsofas aufgestellt. Man spielte leichte, beschwingte Musik.

Nach der Revolution von 1848 war für den alten Metternich und seine »Marionette« Kaiser Ferdinand kein Platz mehr in Wien. Neuer Kaiser wurde der 18-jährige Franz Joseph. Anfangs war dieser allerdings beim Volk wenig beliebt. Die alten Stadtmauern von Wien hatten während der Türkenbelagerungen schweren Schaden genommen, und Franz Joseph setzte per Dekret ihren Abriss fest. Ersetzt wurden sie durch eine große beeindruckende Prachtstraße, die Ringstraße, die auch heute noch von bedeutenden öffentlichen Gebäuden, wie Behörden und Gerichten, gesäumt wird. Die meisten dieser Gebäude wurden im reich verzierten neoklassizistischen Stil erbaut, der Elemente aus Gotik, Romanik und griechischer Antike vereint. Zu Ehren von Franz Josephs 25. Thronjubiläum richtete Wien im Jahr 1873 eine Weltausstellung aus, und die neue Prachtstraße begeisterte die zahllosen Besucher aus aller Welt – genauso wie die Kaffeehäuser.

Damit war das goldene Zeitalter der Kaffeehauskultur angebrochen. Künstlerische und literarische Bewegungen wurden dort gegründet und gepflegt. Das bekannteste Literaturcafé Wiens war das Café Griensteidl, 1847 eröffnet und Heimat des Jungen Wien, einer Gruppe junger Schriftsteller, die die starren Regeln des Neoklassizismus aufbrechen und Neues ausprobieren wollten. Literaten wie Hermann Bahr, Felix Dörmann und Karl Kraus sind zwar hauptsächlich in ihrer Heimat Österreich bekannt, einige hinterließen aber auch in der Weltliteratur ihre Spuren. Der Dichter Hugo von Hofmannsthal etwa war Librettist der populärsten Opern von Richard Strauss. Felix Salten schrieb den Kinderbuchklassiker »Bambi«, und die Stücke von Arthur Schnitzler begeistern das Theaterpublikum rund um die Welt.

Das Café Griensteidl wurde 1897 abgerissen, und erst 100 Jahre später entstand an derselben Stelle ein neues Kaffeehaus. Das Junge Wien zog nach dem Abriss mit Schreibfeder und Kaffeetasse nur ein paar Häuser weiter ins Café Central um. Hier waren die Protagonisten die Schriftsteller Egon Friedell und Alfred Polgár, vor allem aber Peter Altenberg, der typische exzentrische, Sandalen tragende Lebenskünstler. Es heißt, er sei nur deshalb an einer Lungenentzündung gestorben, weil er darauf bestanden hatte, auch im Winter seine Sandalen nicht abzulegen. Heute ist Altenberg durch eine lebensgroße Statue im Café Central verewigt.

Das Café Museum, erbaut nach Plänen des Architekten Adolf Loos, wurde 1899 eröffnet – und schockierte durch seine minimalistische Ausstattung die Wiener Bevölkerung. Anstelle der sonst üblichen opulenten Inneneinrichtung präsentierte Loos einen nüchternen, schlichten Raum, der seine eigene Philosophie, die Funktion eines Raumes bestimme seine Form, perfekt widerspiegelte. Dieses Café wurde zu einem beliebten Treffpunkt der Theaterwelt. Gäste, wie die Komponisten Erich Wolfgang Korngold, der in den 1930er und 1940er Jahren in Hollywood große Erfolge erzielte, und Alban Berg, gingen hier ein und aus. Der Schriftsteller Frank Wedekind, dessen Stücke »Die Büchse der Pandora« und »Der Erdgeist« Vorlagen für Bergs Oper Lulu waren, und die Komponisten Oscar Strauss und Franz Léhar waren im Café Museum ebenso gern gesehene Gäste wie die Maler Oskar Kokoschka und Egon Schiele.

In dieser Zeit entwickelte sich das Kaffeehaus von einem Zufluchtsort des Bürgertums zu einem Ort der Gleichberechtigung, denn jeder konnte hier zum Preis von nur einer Tasse Kaffee stundenlang sitzen bleiben. Die heute teilweise so berühmten Stammgäste waren nämlich damals keineswegs reich. Zudem war Wien hoffnungslos überfüllt, und die Wohnverhältnisse der unteren Schichten waren katastrophal. Viele gingen also ins Kaffeehaus, um sich aufzuwärmen. Und da so viele Schriftsteller stunden- und tagelang immer an ihrem Stammplatz in ihrem Lieblingscafé saßen, begannen einige Kaffeehäuser sogar, Telefonanrufe und Briefe im Namen ihrer Stammgäste anzunehmen. So fand man auf Peter Altenbergs Visitenkarte lediglich die Adresse des Café Central. Diese große Blütezeit der Kaffeehäuser endete mit dem Ersten Weltkrieg und dem damit verbundenen Zerfall der Donaumonarchie.

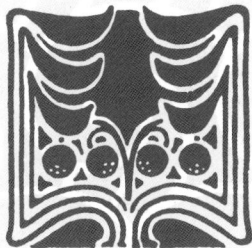

APFEL-MOHN-WALNUSS-SCHNITTEN
- Flódni -

Für zwölf Schnitten

Flódni sind hohe dreischichtige Schnitten, die in Ungarn früher vor allem bei der jüdischen Bevölkerung beliebt waren. Man kann den Teig mit den drei Füllungen auch zylinderförmig einrollen und in Scheiben schneiden. Dieses Rundgebäck nennt man dann *kindli*. Um koscher zu backen, verzichteten viele jüdische Köche auf Butter und verwendeten stattdessen Gänseschmalz für den Teig. In diesem Rezept wird Pflanzenfett verwendet, das den Teig genauso grob und mürbe macht wie Gänseschmalz. Am besten schmecken die Schnitten, wenn sie einen Tag alt sind, dann sind sie gut durchgezogen und schön weich.

FÜR DEN TEIG
500 g Mehl
75 g Puderzucker
1 Prise Salz
200 g Pflanzenfett, in Würfel geschnitten
150 ml Wasser
2 Eigelbe von großen Eiern

FÜR DIE APFELFÜLLUNG
6 Golden-Delicious-Äpfel, geschält
2 EL Honig
1 EL frisch gepresster Zitronensaft
¼ TL gemahlener Zimt

FÜR DIE WALNUSSFÜLLUNG
250 g Walüsse, grob gehackt
200 g Zucker
⅛ l Wasser

FÜR DIE MOHNFÜLLUNG
175 g Mohn, gemahlen (siehe Seite 225)
75 g Zucker
75 ml Wasser

1 Eigelb von 1 großen Ei
1 TL Sahne oder Wasser

1. Für den Teig Mehl, Zucker und Salz in einer großen Schüssel mischen. Pflanzenfett zugeben und mit dem Handrührgerät alles zu einem groben Teig verrühren. Wasser und Eigelbe in einer kleinen Schüssel verschlagen und die Mischung mit dem Teig verrühren, bis er weich und geschmeidig ist. Bei Bedarf etwas mehr Wasser zugeben. Aus dem Teig eine Kugel formen und diese in vier gleich große Stücke teilen. Jedes Stück zu einem Rechteck von 12 mal 10 Zentimeter ausrollen, mit Klarsichtfolie bedecken und bis zu 2 Stunden kühl stellen. Wird der Teig sehr fest, lässt man ihn vor dem Weiterverarbeiten 10 Minuten bei Zimmertemperatur stehen.

2. Für die Apfelfüllung das Kernhaus der Äpfel ausstechen und vier Äpfel in dünne Scheiben schneiden. Die restlichen zwei Äpfel grob raspeln. Die Äpfel mit Honig, Zitronensaft und Zimt in einen mittelgroßen Topf geben, zudecken und bei mittlerer Hitze leicht kochen lassen, bis die Äpfel etwas Saft abgeben. Den Deckel vom Topf nehmen und die Äpfel etwa 8 Minuten weiterkochen, bis sie weich sind. Die Mischung in eine Schüssel geben und erkalten lassen.

3. Für die Walnussfüllung die Walnüsse mit dem Zucker im Mixer zerkleinern, die Mischung in einen mittelgroßen Topf geben und das Wasser zufügen. Etwa 3 Minuten kochen, bis die Masse leicht eingedickt ist. Die Masse in eine Schüssel geben und erkalten lassen.

4. Für die Mohnfüllung Mohn, Zucker und Wasser in einem kleinen Topf bei mittlerer Hitze unter ständigem Rühren zum Kochen bringen und 2 Minuten köcheln lassen, bis die Masse leicht eingedickt ist. Die Masse in eine Schüssel geben und erkalten lassen.

5. Den Backofen auf 200 °C vorheizen und ein Backblech einfetten. Die vier Teigplatten auf einer leicht bemehlten Arbeitsfläche auf die Größe des Backblechs ausrollen. Eine Teigplatte auf das Blech legen und gleichmäßig mit der Apfelfüllung bestreichen. Die zweite Teigplatte auf die Apfelfüllung legen und festdrücken. Diese Teigschicht mit der Walnussfüllung bestreichen. Auf die Füllung wieder eine Teigplatte legen und darauf die Mohnfüllung verteilen. Zum Abschluss die letzte Teigplatte aufsetzen, dabei alle Teigplatten gut festdrücken. Die Oberfläche der Teigplatte einige Male mit der Gabel einstechen.

Eigelb und Sahne in einer kleinen Schüssel verschlagen und auf die Teigplatte streichen.

6. Den Schichtkuchen auf der mittleren Schiene des Backofens etwa 10 Minuten backen, Temperatur auf 175 °C reduzieren und den Kuchen weitere 50 Minuten backen, bis er goldgelb ist.

7. Aus dem Backofen nehmen und 15 Minuten abkühlen lassen. Mit einem scharfen Messer an den Kuchenrändern entlangfahren, damit sie sich leichter vom Blech lösen. Den Kuchen mindestens 2 Stunden stehen lassen, bis er völlig erkaltet ist. Am besten schmecken die Schnitten, wenn man den Kuchen vor dem Servieren über Nacht durchziehen lässt.

8. Zum Servieren den Kuchen in zwölf gleichmäßige Schnitten schneiden.

Der Tokaier

Der Tokaier aus Ungarn ist einer der besten Dessertweine der Welt. Er reicht vom besonders süßen Aszú Eszencia, der oft mit einem edlen Sauternes verglichen wird, bis zum feinherben Furmint. Viele historische Persönlichkeiten hatten eine Vorliebe für diesen Wein. So soll Ludwig XV. einmal zu Madame Pompadour gesagt haben: »Dies ist der König der Weine und der Wein der Könige!« Und auch Maria Theresia, Kaiserin von Österreich und Königin von Ungarn und Böhmen, liebte den Tokaier ganz besonders. Einmal schickte sie einige Flaschen des goldenen Weins an Papst Benedikt XIV., der ihr zum Dank diese Worte schrieb: »Gesegnet sei das Land, wo Du gewachsen, gesegnet die Frau, die Dich geschickt, und gesegnet sei ich, der Dich trinken darf.« Auch die Papageien, die sich Maria Theresia als Haustiere hielt, kamen in den Genuss dieses süßen Weins, denn die Kaiserin fütterte sie regelmäßig mit in Wein getränkten Keksen. Sie war nämlich der festen Überzeugung, der Wein mache ihr Gefieder weich und glänzend.

ÄPFEL IM SCHLAFROCK
Für vier Stück

Diese mit Nüssen gefüllten und in Blätterteig gebackenen Äpfel werden im Kaffeehaus oft als leichtes Mittag- oder Abendessen serviert. Am besten eignen sich kleine, gleich große Äpfel, die natürlich nicht nur wie hier beschrieben mit Wal- oder Haselnüssen, sondern nach Belieben auch mit Rosinen oder Aprikosenkonfitüre gefüllt werden können.

FÜR DIE NUSSFÜLLUNG
75 g Walnüsse oder Haselnüsse, grob gehackt
2 EL Zucker
2 EL Milch
2 EL frische Semmelbrösel
⅛ TL gemahlener Zimt
Abgeriebene Schale von ½ Zitrone

4 kleine Golden-Delicious-Äpfel
1 Zitrone, halbiert
½ Portion Blätterteig (siehe Seite 29)
1 großes Ei, verschlagen
Vanillesauce (siehe Seite 34) zum Servieren

1. Die Nüsse mit dem Zucker im Mixer zerkleinern, bis sie sehr fein zermahlen sind. Die Mischung in einem mittelgroßen Topf mit der Milch, Semmelbröseln, Zimt und Zitronenschale verrühren. Bei mittlerer Hitze unter ständigem Rühren zum Kochen bringen und 3 Minuten köcheln lassen, bis die Mischung leicht eingedickt ist. Die Masse etwas abkühlen lassen.

2. Den Backofen auf 190 °C vorheizen und ein Backblech mit Backpapier auslegen.

3. Die Äpfel schälen und das Gehäuse ausstechen. Die Äpfel mit den Zitronenhälften abreiben und die Nussfüllung einfüllen.

4. Den Blätterteig auf einer leicht bemehlten Arbeitsfläche zu einem Quadrat von etwa 30 mal 30 Zentimeter ausrollen. Die Teigplatte mit einem Teigrädchen in vier gleich große Stücke schneiden. Die Teigränder mit dem verschlagenen Ei bestreichen. Je einen Apfel in die Mitte eines Teigblatts setzen, die vier Teigenden über den Apfel klappen und zusammendrücken. Die Äpfel einfrieren, bis der Blätterteig fest ist.

5. Die Teigtaschen mit verschlagenem Ei bestreichen und auf der mittleren Schiene des Backofens etwa 40 Minuten backen. Die Äpfel im Schlafrock warm mit etwas Vanillesauce servieren.

APFELSCHNITTEN
- Almás Pites -
Für neun Schnitten

Alle Kuchen und Schnitten, die mit einer Teigplatte abgedeckt werden, heißen in Ungarn *pite*. Dieses Rezept ist also das ungarische Gegenstück zum klassischen gedeckten Apfelkuchen. Der Teig für die Schnitten wird mit etwas Sauerrahm verfeinert, wodurch er noch zarter und geschmeidiger wird. Die Äpfel können in Scheiben geschnitten oder geraspelt und ausgedrückt werden.

FÜR DIE FÜLLUNG
6 mittelgroße Golden-Delicious-Äpfel
2 EL frisch gepresster Zitronensaft
50 g Zucker
50 g Rosinen
50 g Walnüsse, fein gerieben
2 EL Semmelbrösel
¼ TL gemahlener Zimt

FÜR DEN TEIG
300 g Mehl
100 g Zucker
1 Prise Salz
200 g kühle Butter, in Würfel geschnitten
50 g Sauerrahm
3 Eigelbe von großen Eiern
Mark von ½ Vanilleschote

1 großes Ei, verschlagen, zum Bestreichen

1. Äpfel schälen, Kernhaus entfernen und grob raspeln. Die Apfelraspel in eine mittelgroße Schüssel geben und mit dem Zitronensaft vermischen. Klarsichtfolie direkt auf die Äpfel drücken und die Mischung etwa 1 Stunde kühl stellen. Apfelrapsel mit den Händen ausdrücken und in einer großen Schüssel mit Zucker, Rosinen, Walnüssen, Semmelbröseln und Zimt vermengen.

2. Für den Teig Mehl, Zucker und Salz in einer großen Schüssel mischen. Butter zugeben und alles mit der Küchenmaschine oder dem Handrührgerät zu einem groben Teig vermengen. Sauerrahm, Eigelbe und Vanillemark in einer kleinen Schüssel vermischen und unter den Teig rühren. Den Teig in zwei Portionen teilen, eine etwas größer als die andere. Aus beiden Portionen große, flache Scheiben formen, in Klarsichtfolie wickeln und 1 Stunde kühl stellen.

3. Backofen auf 175 °C vorheizen und ein Backblech leicht einfetten. Die größere Teigscheibe auf eine leicht bemehlte Arbeitsfläche setzen, mit etwas Mehl bestäuben und zu einem Rechteck in der Größe des Backblechs ausrollen. Die Teigplatte auf das Backblech legen, leicht festdrücken und mit etwas verschlagenem Ei bestreichen. Die Apfelfüllung auf dem Teig verteilen. Die zweite Teigscheibe etwas dünner auf die Größe des Backblechs ausrollen und vorsichtig auf die Apfelfüllung legen. Die Ränder der oberen Teigplatte leicht am Teigboden festdrücken, so dass die Apfelfüllung ganz vom Teig umschlossen ist. Die Teigoberfläche einige Male mit der Gabel einstechen und mit verschlagenem Ei bestreichen.

4. Den Kuchen auf der mittleren Schiene des Backofens etwa 40–45 Minuten backen, bis er goldbraun ist. Aus dem Backofen nehmen, auf dem Blech erkalten lassen und zum Servieren in neun gleich große Stücke schneiden.

BEERENSCHAUMSCHNITTEN
Für zwölf Schnitten

Die österreichische Küche kennt eine ganze Reihe süßer Schnitten, die mit Früchten der Saison und einer leichten Baiserhaube gebacken werden. Rote Johannisbeerschnitten sind besonders beliebt, auch wenn die Saison für diese Früchte ziemlich kurz ist. Dieses Rezept basiert auf einer Vorlage des Café Diglas und wird mit Heidelbeeren zubereitet.

FÜR DEN TEIG
175 g Mehl
1 ½ TL Backpulver
1 Prise Salz
200 g kühle Butter
200 g Zucker
4 große Eier, zimmerwarm
Mark von 1 Vanilleschote
2 EL frisch gepresster Zitronensaft
Abgeriebene Schale von ½ Zitrone

FÜR DEN BELAG
6 Eiweiße von großen Eiern, zimmerwarm
250 g Zucker
500 g frische Heidelbeeren
3 EL Puderzucker

1. Backofen auf 175 °C vorheizen. Ein Backblech leicht einfetten, mit Mehl ausstäuben und überschüssiges Mehl abklopfen.
2. Mehl, Backpulver und Salz mischen. Die Butter mit dem Handrührgerät auf höchster Stufe in einer mittelgroßen Schüssel cremig rühren. Zucker zufügen und etwa 3 Minuten schlagen, bis die Butter hell und schaumig ist. Nach und nach die Eier, dann das Vanillemark einrühren. Die Mehlmischung in zwei Portionen auf kleinster Stufe unter den Teig rühren. Zum Schluss Zitronensaft und -schale zugeben.
3. Den Teig gleichmäßig auf das Backblech streichen und auf der mittleren Schiene des Backofens etwa 25 Minuten goldgelb backen. Den Kuchenboden aus dem Backofen nehmen und etwas abkühlen lassen. Temperatur auf 230 °C erhöhen.
4. Für den Belag das Eiweiß in einer großen Schüssel zu steifem Schnee schlagen, dabei nach und nach den Zucker einrieseln lassen. Die Heidelbeeren mit dem Puderzucker vermischen. Beeren auf dem Kuchen verteilen und mit der Baisermasse bestreichen.
5. Den Kuchen auf der mittleren Schiene nochmals 3–5 Minuten backen, bis die Baiserhaube leicht gebräunt ist. Zum Servieren ein scharfes Messer in heißes Wasser tauchen und den Kuchen in zwölf gleich große Schnitten schneiden.

HIMBEERSCHNITTEN
Anstelle der Heidelbeeren 500 g verlesene Himbeeren verwenden und diese mit 4 EL Puderzucker mischen.

ROTE-JOHANNISBEER-SCHNITTEN
Anstelle der Heidelbeeren 500 g entstielte rote Johannisbeeren verwenden und mit 75 g Puderzucker mischen. Johannisbeeren können am leichtesten mit Hilfe einer Gabel entstielt werden.

UNGARISCHE SCHOKOLADENCREMESCHNITTEN
– Rigó Jancsi –

Für neun Schnitten

Zusammen mit den Schokoladenknödeln (*Somlói Galuska*, siehe Seite 196) sind diese Schokocremeschnitten das beliebteste Schokoladendessert in Ungarn. Schichten aus Schokoladenkuchen wechseln sich mit cremiger Schokoladenmousse ab, und die Krönung ist eine glänzende Schokoglasur. Jahrelang habe ich zur Zubereitung der Mousse Zartbitterschokolade verwendet. Bei einem langen Gespräch mit Sándor Kovács, Chefkonditor des Budapester Cafés Gerbeaud, klärte er mich dann auf: »Denken Sie immer daran, dass die echten Rigó Jancsi immer mit Kakao, nicht mit Schokolade gemacht werden.« Um die Schnitten ein bisschen farbenfroher zu machen, können Sie sie mit einigen kandierten Blumenblättern oder Essblumen garnieren.

FÜR DEN TEIG
75 g Mehl
3 EL Kakaopulver
¼ TL Salz
3 EL Milch
3 EL Pflanzenöl
Mark von ½ Vanilleschote
3 große Eier, zimmerwarm
150 g Zucker

FÜR DIE FÜLLUNG
2 EL brauner Rum oder Wasser
1 ½ TL gemahlene Gelatine
Mark von 1 Vanilleschote
75 g Puderzucker
20 g Kakaopulver
500 g Sahne

FÜR DIE GLASUR
75 ml heißes Wasser
75 g Blockschokolade, fein gerieben
1 EL Butter, zimmerwarm

75 g Marillenglasur (siehe Seite 32), warm

DIE GESCHICHTE DES RIGÓ JANCSI

Mit seinem seelenvollen Blick und seiner Musik brachte er das Herz einer Millionärin zum Schmelzen. Ihre leidenschaftliche Affäre ging nicht nur als Skandal durch die Weltpresse, sie inspirierte auch das sinnliche Schokoladendessert, das bis heute seinen Namen trägt. Die Rede ist von Johann Rigó oder Rigó Jancsi, wie ihn seine ungarischen Landsleute nannten.

Ende des 19. Jahrhunderts unterhielt Johann die Gäste in einem Pariser Hotel mit seiner Violine. Unter den Zuhörern saß einmal auch der belgische Baron Chimay mit seiner schönen amerikanischen Frau Klara Ward, einer Millionärstochter. Klara war von dem gut aussehenden Zigeuner so hingerissen, dass sie sich ihren Diamantring vom Finger zog und dem Teufelsgeiger an den kleinen Finger steckte. Diese Geste erregte selbst im freizügigen Paris großes Aufsehen. Klara verließ bald darauf ihren Mann und ihre zwei Kinder, um mit Johann um die Welt zu ziehen. Dieser Skandal wurde schnell zum Tagesgespräch in ganz Ungarn, und ein Budapester Konditor nutzte das große öffentliche Interesse und kreierte ein sinnlich-üppiges Schokoladendessert, dem er Johanns Namen gab.

Wie so viele skandalträchtige Verbindungen, so hielt auch diese Beziehung nicht lange. Klara und Johann trennten sich nach kurzer Zeit, und der Ungar verschwand aus dem Blickfeld der Öffentlichkeit. Über seinen weiteren Lebensweg ist nichts Genaues bekannt, in einigen Quellen heißt es jedoch, er habe sich in New York bei einem Broadwayorchester verdingt. Zwar war Johann Rigó kein großer Virtuose auf der Violine, aber er bescherte der Nachwelt eines der gehaltvollsten Schokoladendesserts überhaupt.

1. Backofen auf 175 °C vorheizen und ein Backblech mit Backpapier auslegen. Mehl, Kakaopulver und Salz mischen. In einer anderen Schüssel Milch, Pflanzenöl und Vanillemark vermengen.

2. Die Eier mit dem Zucker in einer mittelgroßen Schüssel mit dem Handrührgerät etwa 3 Minuten schaumig schlagen. Die Hälfte der Mehlmischung darüber sieben und unterheben. Dann die Hälfte der Milchmischung einrühren. Mit der restlichen Mehl- und Milchmischung ebenso verfahren. Den Teig gleichmäßig auf das Backblech streichen.

3. Den Kuchen auf der mittleren Schiene des Backofens 15 Minuten backen, aus dem Backofen nehmen und etwa 5 Minuten abkühlen lassen. Auf ein Kuchengitter stürzen und das Backpapier abziehen. Völlig erkalten lassen.

4. Für die Füllung den Rum in eine kleine Schüssel geben und die Gelatine hineinstreuen. 5 Minuten stehen lassen, dann die Schüssel ins heiße Wasserbad stellen und mit einem Gummispatel umrühren, bis sich die Gelatine ganz aufgelöst hat. Die Schüssel aus dem Wasserbad nehmen, das Vanillemark einrühren und die Mischung etwas abkühlen lassen.

5. Puderzucker und Kakaopulver mischen. Die Sahne in einer mittelgroßen, gekühlten Schüssel leicht steif schlagen, dabei nach und nach die Kakaomischung einrieseln lassen. Die Hälfte der Kakaosahne in die Gelatinemischung rühren und diese Mischung erneut mit der restlichen Sahne verschlagen, bis die Mousse steif geschlagen ist.

6. Die Kuchenplatte in zwei Hälften schneiden. Eine Hälfte auf Backpapier setzen und mit der Schokoladenmousse bestreichen. Kühl stellen.

7. Für die Glasur Wasser, geriebene Schokolade und Butter in einen kleinen Topf geben, bei kleiner Hitze erwärmen und häufig umrühren, bis die Schokolade fast ganz geschmolzen ist. Den Topf von der Herdplatte nehmen und weiterrühren, bis die Schokolade ganz schmilzt. Die Mischung etwas abkühlen lassen.

8. Die zweite Kuchenhälfte mit der Marillenglasur bestreichen und ebenfalls kühl stellen, bis die Glasur fest geworden ist. Die Schokoladenglasur über die Marillenglasur gießen und mit einem Gummispatel gleichmäßig auch am Rand verstreichen. Nochmals etwa 15 Minuten kühl stellen, bis die Glasur fest wird.

9. Die glasierte Kuchenhälfte mit einem scharfen Messer in neun gleich große Stücke schneiden, dabei das Messer zwischen den Schnitten immer wieder in heißes Wasser tauchen. Die glasierten Kuchenstücke gleichmäßig auf die Moussefüllung setzen und den Kuchen etwa 1 Stunde kühl stellen, damit die Füllung fest wird. Zum Servieren den Kuchen entlang der glasierten Stücke in neun Schnitten schneiden.

MOKKA-ECLAIRS
Für 14 bis 16 Eclairs

Brandteig ist sehr vielseitig, er eignet sich für verschiedenstes Kleingebäck, das sowohl im Backofen als auch im heißem Fett ausgebacken werden kann (siehe Seite 30). Die Eclairs verlangen dabei beim Zubereiten wie beim Backen am meisten Aufwand und Sorgfalt. Durch das zweimalige Backen bleiben sie außen zart und knusprig und innen leicht und luftig.

Brandteig (siehe Seite 30)
1 großes Ei, verschlagen, zum Bestreichen
Kaffeefondantglasur (siehe Seite 31)

FÜR DIE FÜLLUNG
2 EL Speisestärke
400 ml Milch
100 g Zucker
2 Eigelbe von großen Eiern
250 g Sahne
1 ½ TL lösliches Espressopulver, aufgelöst in
1 EL kochendem Wasser, etwas abgekühlt

1. Backofen auf 200 °C vorheizen. Zwei Backbleche mit Backpapier auslegen.

2. Den warmen Brandteig in einen großen Spritzbeutel mit Lochtülle einfüllen. Im Abstand von etwa 2 Zentimeter Streifen von etwa 12 Zentimeter Länge und 2 Zentimeter Breite auf die

Backbleche spritzen. Mit einem Backpinsel die Teigstreifen mit etwas verschlagenem Ei bestreichen, dabei darauf achten, dass möglichst kein Ei auf das Backpapier gerät.

3. Die Eclairs auf der oberen und mittleren Schiene des Backofens etwa 20 Minuten backen, bis sie leicht aufgegangen und goldgelb sind. Aus dem Backofen nehmen und mit einem scharfen Messer jedes Stück kurz auf die Seite drehen, damit der heiße Dampf entweichen kann. Die Bleche wieder in den Backofen schieben, das untere zuoberst und die Vorderseite nach hinten gedreht, und die Eclairs nochmals 10 Minuten backen, bis sie knusprig sind. Aus dem Backofen nehmen und völlig erkalten lassen.

4. Mit einem Zackenmesser die Eclairs längs halbieren und die oberen Hälften auf ein Kuchengitter legen. Das Kuchengitter auf ein sauberes Backblech setzen.

5. Die Kaffeefondantglasur zubereiten (sie muss warm sein). Die warme Glasur über die oberen Eclairhälften gießen, dabei überschüssige Glasur abtropfen lassen. Nach Belieben die abgetropfte Glasur abkratzen, nochmals erwärmen und die Eclairs ein zweites Mal überziehen. Die Eclairhälften etwa 10 Minuten kühl stellen, damit die Glasur fest wird.

6. Für die Füllung die Speisestärke in 1/8 Liter Milch einrühren. So lange rühren, bis sie sich ganz aufgelöst hat. Zucker und Eigelbe zufügen und gut verschlagen. Die restliche Milch in einem mittelgroßen Topf bei mittlerer Hitze zum Kochen bringen. Die Eigelbmischung einrühren und unter ständigem Rühren nochmals aufkochen lassen. Die Mischung durch ein Drahtsieb in eine Schüssel streichen, diese in eine größere Schüssel mit Eiswasser stellen und die Mischung unter ständigem Rühren etwas abkühlen lassen.

7. Die Sahne in einer mittelgroßen, gekühlten Schüssel steif schlagen, dabei den Espresso zugeben. Ein Viertel der Sahne unter die Eicreme rühren, den Rest unterheben.

8. Die Sahnecreme in einen großen Spritzbeutel mit Sterntülle einfüllen. Die Creme auf die unteren Eclairhälften spritzen, die oberen Hälften darauf setzen und die Eclairs bis zum Servieren unbedeckt im Kühlschrank aufbewahren.

SCHOKOLADEN-BANANEN-SCHNITTEN
Für acht Schnitten

Das Schokoladen-Bananen-Dessert, eine typische Kombination, die in zahllosen internationalen Rezepten auftaucht, darf natürlich auch in der Wiener Küche nicht fehlen.

FÜR DEN TEIG
75 g Mehl, gesiebt
3 EL Kakaopulver
1 Prise Salz
3 große Eier, zimmerwarm
150 g Zucker
25 g Butter
2 EL Milch
Mark von 1/4 Vanilleschote
Pflanzenöl zum Bestreichen der Alufolie

FÜR DIE FÜLLUNG
350 g Sahne
175 g zartbittere Blockschokolade, fein gerieben
1 1/2 TL brauner Rum
3 reife Bananen, geschält und längs halbiert

FÜR DIE GLASUR
75 g Sahne
50 g zartbittere Blockschokolade, fein gerieben
1 TL Glukosesirup

1. Backofen auf 175 °C vorheizen. Das Backblech mit Backpapier auslegen. Mehl, Kakaopulver und Salz in eine Schüssel geben. Die Eier mit dem Zucker in einer kleinen, hitzebeständigen Schüssel verschlagen. Die Schüssel in einen hohen Topf mit leicht kochendem Wasser setzen. (Das Wasser sollte den Boden der Schüssel nicht berühren.) Die Mischung mit dem Schneebesen ständig schlagen, bis sie erwärmt ist und der Zucker sich ganz aufgelöst hat. Die Schüssel aus dem Topf nehmen und mit dem Handrührgerät die Mischung auf höchster Stufe etwa 5 Minuten schlagen, bis sie hell und schaumig ist und sich ihr Volumen verdreifacht hat.

2. Die Butter in einem kleinen Topf bei geringer Hitze schmelzen. Milch zufügen und erwärmen. Die Mischung in eine kleine Schüssel gießen und das Vanillemark einrühren.

3. Die Kakao-Mehl-Mischung portionsweise über den Eischaum sieben und mit einem großen Schneebesen unterheben. Eine große Portion davon unter die Milchmischung rühren. Diese Mischung wieder über den Teig geben und unterheben. Den Teig gleichmäßig auf das Backblech streichen.

4. Den Teig auf der mittleren Schiene des Backofens etwa 20 Minuten backen, aus dem Backofen nehmen und 5 Minuten abkühlen lassen. Auf ein Kuchengitter stürzen und das Backpapier abziehen. Völlig erkalten lassen.

5. Für die Füllung die Sahne bei mittlerer Hitze leicht zum Kochen bringen. Den Topf vom Herd ziehen und die geriebene Schokolade und den Rum einrühren. Mischung 3 Minuten stehen lassen, dann alles zu einer weichen Masse verrühren. Masse in eine Schüssel geben, diese in eine größere Schüssel mit Eiswasser setzen und die Mischung unter ständigem Rühren etwas abkühlen lassen, dann mit dem Schneebesen leicht schlagen, bis die Masse leicht fest, aber noch gut streichbar ist.

6. Die Bananen mit der Schnittfläche nach unten auf dem Kuchenboden verteilen. Die Schokoladenfüllung darauf gleichmäßig, fast bis an den Kuchenrand, verstreichen.

7. Aus Alufolie 12 Zentimeter breite Streifen falten und mit Pflanzenöl bestreichen. Mit der geölten Seite nach innen um den Kuchen legen und festdrücken. Jetzt die Schokoladenfüllung auf dem Kuchen bis ganz an den Rand aus Alufolie verstreichen. Den Kuchen etwa 2 Stunden kühl stellen, bis die Füllung fest ist.

8. Für die Glasur die Sahne bei mittlerer Hitze zum Kochen bringen. Schokolade und Glukosesirup zugeben und verrühren. Die Mischung vom Herd ziehen und etwas abkülen lassen.

9. Alufolie entfernen und den Kuchen mit der Schokoladenglasur übergießen. Die Glasur verstreichen. Den fertigen Kuchen nochmals 30 Minuten kühl stellen, damit die Glasur fest wird, und zum Servieren in gleich große Schnitten schneiden. Gekühlt servieren.

SCHAUMROLLEN
Für zwölf Stück

Die Schaumrollen aus zartem Blätterteig haben in der österreichischen Küche eine lange Tradition. Eine Freundin erzählte mir einmal, ihre Mutter habe in der Nachkriegszeit stets darauf bestanden, dass die Tochter Schaumrollen mit Baiserfüllung zu essen bekam, denn sie war fest davon überzeugt, dass diese sehr viel nahrhafter seien als jene mit herkömmlicher Sahnefüllung. Das ist zwar eine eher zweifelhafte Überlegung, die Geschichte zeigt dennoch, dass solche Süßspeisen damals wie heute als vollwertige Mahlzeiten und nicht nur als kleine Köstlichkeiten zwischendurch angesehen wurden. In dem nachfolgenden Rezept werden Schaumrollen mit einer Mischung aus Baiser und Sahne gefüllt, denn dann bleiben sie außen schön knusprig. Für die Herstellung des Gebäcks brauchen Sie leicht konische Schaumrollenformen (siehe Seite 217) aus Metall.

½ Portion Blätterteig (siehe Seite 29)
1 Eigelb von 1 großen Ei
1 TL Sahne
Schaumobers oder Schlagobers
(siehe Seite 35)

1. Backofen auf 220 °C vorheizen und ein Backblech mit Backpapier auslegen. Den Blätterteig auf einer leicht bemehlten Arbeitsfläche zu einem Rechteck von 40 mal 20 Zentimeter ausrollen, dabei die rechteckige Form so exakt wie möglich einhalten. Die Teigplatte mit einem Teigrädchen der Länge nach in zwölf gleich große Streifen schneiden. Die Streifen mit etwas Wasser bestreichen.

2. Einen Teigstreifen mit der befeuchteten Seite an das spitz zulaufende Ende einer Schaumrollenform legen und festdrücken. Dann den Streifen spiralförmig und leicht überlappend um die Form wickeln. Das andere Teigende ebenfalls fest an die Form drücken. Die Rolle so auf das Backblech legen, dass das obere Teigende nach unten zeigt. Die restlichen Teigstreifen ebenso aufrollen und auf das Backblech legen. Die Rollen etwa 15 Minuten einfrieren, bis der Teig ganz fest ist.

3. Eigelb und Sahne in einer kleinen Schüssel verschlagen. Die Teigrollen aus dem Gefrierfach nehmen und mit etwas Eigelbmischung bestreichen, dabei darauf achten, dass nichts auf das Backpapier tropft. Die Rollen auf der mittleren Schiene des Backofens etwa 15 Minuten backen, bis sie leicht gebräunt sind. Die Rollen aus dem Ofen nehmen, vorsichtig von den Formen ziehen und nochmals 5 Minuten goldbraun und knusprig backen. Aus dem Backofen nehmen und völlig erkalten lassen.

4. Kurz vor dem Servieren den Schaumobers bzw. Schlagobers in einen Spritzbeutel mit großer Sterntülle füllen und von der breiten Seite her in die Rollen spritzen. Die Schaumrollen gekühlt servieren.

DIE GESCHICHTE DER INDIANERKRAPFEN

Eigentlich müssten sie nicht Indianer-, sondern indische Krapfen heißen, aber der Konditor, der sie kreierte, ist wohl dem gleichen Irrtum unterlegen wie einst Christoph Kolumbus, als er Amerika entdeckte. Diese unwiderstehlichen süßen Krapfen wurden zu Beginn des 19. Jahrhunderts im Auftrag des ungarischen Aristokraten und Theateragenten Ferdinand Pálffy kreiert. Pálffy wollte das Wiener Theaterpublikum mit seinen Inszenierungen nachhaltig beeindrucken. Die verwöhnten Wiener konnten seiner klassischen Stückauswahl allerdings gar nichts abgewinnen. So beschloss der Ungar, sein Publikum mit dem schillernden indischen Magier Kutom Bulchia zu überraschen. Als auch das keine Begeisterungsstürme auslöste, gab Pálffy seinem Leibkoch schließlich den Auftrag, ein neues Gebäck zu kreieren, das er dem Publikum in den Pausen servieren konnte. Seinem neuen Star zu Ehren nannte Pálffy die neue Süßspeise »Indianer«. Dieser Trick brachte den gewünschten Erfolg. Und selbst als der exotische Magier längst nicht mehr in Wien auftrat, mochten die Wiener auf ihr neues Lieblingsgebäck nicht mehr verzichten.

INDIANERKRAPFEN
Für 14 Stück

Diese süßen Krapfen aus leichtem Rührteig werden mit einer üppigen Sahnecreme gefüllt und mit glänzender Schokoladenglasur überzogen. Sie sind mit das Köstlichste, was man im Kaffeehaus zu einer Tasse Kaffee genießen kann. Die gleichmäßige runde Form erhalten die Krapfen, wenn man den Teig in einer speziellen Krapfenform bäckt.

FÜR DEN TEIG
3 EL Mehl
3 EL Speisestärke
1 Prise Salz
3 große Eier, getrennt, zimmerwarm
3 EL Zucker
Mark von ¼ Vanilleschote

FÜR DIE SCHOKOLADENGLASUR
125 g Sahne
100 g zartbittere Blockschokolade, fein gerieben

FÜR DIE SAHNEFÜLLUNG
300 g Sahne
3 EL Puderzucker
Mark von 1½ Vanilleschote

100 g Marillenglasur (siehe Seite 32), warm

1. Backofen auf 200 °C vorheizen. Krapfenform leicht einfetten und mit Mehl ausstäuben. Überschüssiges Mehl abklopfen.
2. Mehl, Speisestärke und Salz in einer Schüssel vermengen. Eiweiß zu steifem Schnee schlagen, dabei nach und nach den Zucker einrieseln lassen.
3. Eigelbe und Vanillemark in einer mittelgroßen Schüssel verrühren. Die Hälfte der Mehlmischung dazugeben und mit dem Handrührgerät auf mittlerer Stufe einrühren. Ein Viertel des Eischnees unterrühren, den Rest unterheben. Die restliche Mehlmischung über den Teig sieben und unterheben, bis er weich und geschmeidig ist. Etwa die Hälfte des Teigs gleichmäßig in die Krapfenform füllen, den restlichen Teig in der Schüssel lassen und mit Klarsichtfolie abdecken.
4. Die Krapfen auf der mittleren Stufe des Backofens 10–12 Minuten goldbraun backen. Garprobe machen. Aus dem Backofen nehmen und 3 Minuten abkühlen lassen. Mit einem spitzen Messer die Krapfen aus der Form lösen. Auf

einem Kuchengitter völlig erkalten lassen. Die Form mit heißem Wasser sauber ausspülen, trocknen und den restlichen Teig darin backen.

5. Für die Schokoladenglasur die Sahne bei großer Hitze zum Kochen bringen. Topf vom Herd ziehen und die geriebene Schokolade zugeben. Die Mischung etwa 3 Minuten stehen lassen, dann umrühren, bis die Schokolade ganz geschmolzen und eine weiche, gleichmäßige Masse entstanden ist. Die Masse 10 Minuten abkühlen lassen.

6. Für die Füllung die Sahne mit Puderzucker und Vanillemark in einer mittelgroßen, gekühlten Schüssel steif schlagen. Zudecken und bis zum weiteren Gebrauch kühl stellen.

7. Die Krapfen jeweils quer halbieren und die

obere Hälfte jedes Krapfens etwas aushöhlen. Die Schnittflächen der Krapfen mit der warmen Marillenglasur bestreichen. Die Krapfenhälften beiseite stellen, bis die Glasur fest ist.

8. Die oberen Krapfenhälften mit der Schnittfläche nach unten auf ein Kuchengitter setzen und über ein Backblech stellen. Die Schokoladenglasur löffelweise über die Krapfen gießen, dabei überschüssige Glasur abtropfen lassen. Nach Belieben die abgetropfte Glasur abkratzen, nochmals erwärmen und die Krapfen ein zweites Mal überziehen. Die Krapfenhälften kühl stellen, damit die Glasur fest wird.

9. Die Sahnefüllung in einen Spritzbeutel mit Sterntülle füllen und auf die unteren Krapfenhälften jeweils eine große Portion Füllung spritzen. Mit Hilfe eines Metallspatels die oberen Krapfenhälften auf die Sahnefüllung setzen. Die Indianerkrapfen bis zum Servieren kühl aufbewahren.

Café New York

Das Café New York in Budapest präsentiert in seinem Inneren Luxus pur. Marmorsäulen, Kristalllüster, kunstvollfiligrane, schmiedeeiserne Ziergitter, Wand- und Deckenfresken sowie vergoldete Verzierungen bestimmen das Bild und werfen die Frage auf: Ist das hier Versailles oder ein Budapester Kaffeehaus?

Dieses Schaustück bürgerzeitlichen Überschwangs wurde 1894 als Teil der Budapester Geschäftsräume der New York Life Insurance Company gebaut. Zwar verließ die Lebensversicherungsgesellschaft ihre Budapester Geschäftsstelle bald darauf wieder, der Name »New York« blieb dem Gebäude aber bis heute erhalten. Das Café New York entwickelte sich sogar – zusammen mit dem Café Central – zu einem beliebten Treffpunkt der Budapester Künstler und Schriftsteller. Für den Autor Ferenc Molnár war das Café New York ein zweites Zuhause. Es heißt, einmal sei er sogar so weit gegangen, den Schlüssel des Cafés zu entwenden und in hohem Bogen in die Donau zu werfen, damit der Besitzer die Türen nur nie wieder verschließen sollte.

Das Theater hatte in Budapest schon immer eine große Rolle gespielt, und viele Berühmtheiten aus der Theater- und Filmwelt tummelten sich in den Kaffeehäusern der Stadt. Alexander Korda, der durch sein Wirken später Großbritannien zu einem Zentrum der Filmindustrie machen sollte, saß eines Tages – damals noch junger Journalist – im Café New York, als ein ungarischer Filmproduzent an seinen Tisch trat und ihn fragte, ob er nicht vielleicht bei einem seiner Filme Regie führen wolle. George Cukor, Regisseur der Hollywoodverfilmung von »My Fair Lady« und vieler anderer Klassiker, und Michael Curtiz, der bei dem Film »Casablanca« Regie geführt hatte, saßen ebenfalls oft bei einer Tasse Kaffee im »New York« zusammen.

Unter kommunistischem Regime wurde aus dem Café New York das Café Hungaria, und auch sonst blieb von seiner schillernden Vorgeschichte recht wenig erhalten. Eine Zeitlang wurde es sogar in ein Sportartikelgeschäft umfunktioniert. Ende der 1960er Jahre wurde das Café aber mit viel Aufwand renoviert und 1973 wieder eröffnet. 1990 bekam es schließlich seinen ursprünglichen Namen zurück. Heute ist die Zukunft des Café New York allerdings erneut bedroht, denn das alte Gebäude müsste dringend saniert werden und könnte den drastischen Sparplänen der ungarischen Regierung jederzeit zum Opfer fallen.

ESTERHÁZYSCHNITTEN
Für acht Schnitten

Es gibt sie eigentlich in jedem Kaffeehaus Mitteleuropas. Die Esterházyschnitten werden aus dünnen Nussschichten – immer genau sechs an der Zahl – und üppiger Buttercreme gemacht. Das Gebäck existiert auch in runder Form – als Esterházytorte –, aber die Schnitten sind im Allgemeinen häufiger zu finden. Die Nussschichten können mit Haselnüssen oder Mandeln gemacht werden; besonders gut schmeckt auch eine Kombination aus beidem. Das fedrige Muster auf der Glasur ist ein weiteres unverkennbares Merkmal dieser Köstlichkeit. Es ist leicht nachzumachen, aber Sie müssen zügig arbeiten, solange die Glasur noch flüssig ist. Auch hier sollten Sie alles gut vorbereitet haben, bevor Sie mit der Verzierung beginnen: warme flüssige Schokolade in einer Spritztüte aus Papier, frisch zubereitete Fondantglasur und einen dünnen Metallspatel. Alles in allem sind die Esterházyschnitten mit den knusprigen Nussschichten, der cremigen Füllung und dem raffiniert gezeichneten Muster in der österreichisch-ungarischen Küche zweifellos eine Klasse für sich.

FÜR DIE NUSSSCHICHTEN
75 g Haselnüsse, geschält und geröstet
40 g Mandelblättchen
35 g Puderzucker
5 Eiweiße von großen Eiern, zimmerwarm
100 g Zucker

FÜR DIE KIRSCHBUTTERCREME
¼ l Milch
2 EL Speisestärke
150 g Zucker
2 Eigelbe von großen Eiern
200 g kühle Butter, in Flocken geschnitten
2 EL Kirschwasser, Cognac oder brauner Rum

50 g Marillenglasur (siehe Seite 32), warm
30 g zartbittere Blockschokolade, geschmolzen (siehe Seite 229)
Kleine Portion Fondantglasur (siehe Seite 31), warm
40 g Mandelblättchen, geröstet (siehe Seite 226) zum Garnieren

1. Backofen auf 175 °C vorheizen und ein Backblech mit Backpapier auslegen. Für die Nussschichten Haselnüsse und Mandelblättchen mit

---

DIE GESCHICHTE DER ESTERHÁZYSCHNITTEN

Die Esterházys waren eine wohlhabende und einflussreiche Aristokratenfamilie, die zahlreiche Schlösser, Paläste und Herrenhäuser in Österreich und Ungarn ihr Eigen nannte. Die Musik spielte in der Familie immer eine große Rolle. So stellte beispielsweise Fürst Miklos Esterházy Joseph Haydn als seinen Hofkomponisten ein. Und auch als die Esterházys ihr Hoforchester auflösen ließen, verloren sie ihren großen Einfluss auf die österreichisch-ungarische Musikwelt nicht. Berühmte Komponisten wie Schubert und Beethoven spielten einige ihrer Werke zum ersten Mal bei Einladungen der Esterházys. Fürst Pál Esterházy entwickelte sich später zu einem bekannten Feinschmecker.

Natürlich war dem kommunistischen Staat jede Erinnerung an die Aristokratie ein Dorn im Auge, und so wurden alle Gerichte, die den Namen »Esterházy« trugen – und davon gab es einige –, kurzerhand mit dem Namen »Puschkin«, nach dem russischen Dichter, versehen. Nach dem Niedergang des Kommunismus erhielten aber alle Gerichte ihren ursprünglichen Namen zurück.

dem Puderzucker im Mixer zerkleinern, bis die Nüsse sehr fein – fast mehlartig – zermahlen sind. Das Eiweiß in einer großen, fettfreien Schüssel zu steifem Schnee schlagen, dabei nach und nach den Zucker einrieseln lassen. Den Eischnee unter die Nussmischung heben.

2. Den Nussteig auf das Backblech geben und mit einem Metallspatel gleichmäßig verstreichen. Den Teig auf der mittleren Schiene des Backofens etwa 20 Minuten goldgelb backen. Den Nussboden aus dem Backofen nehmen, auf ein zweites Backblech stürzen und vorsichtig das Backpapier abziehen. Den Boden völlig erkalten lassen. Mit einem Zackenmesser überstehende Teigränder abschneiden, dann den Boden von der breiten Seite her in sechs gleich große Streifen schneiden. Es macht nichts, wenn einige Streifen auseinander brechen, sie lassen sich auf der Füllung leicht wieder zusammensetzen.

3. Für die Buttercreme ein Viertel der Milch in einen Topf gießen, die Speisestärke zugeben und mit dem Schneebesen verrühren, bis sie sich ganz aufgelöst hat. Zucker und Eigelbe zugeben und verrühren. Die restliche Milch einrühren. Die Mischung bei mittlerer Hitze zum Kochen bringen und weiterhin schlagen, bis sie leicht eingedickt ist. Topf vom Herd ziehen und in eine große Schüssel mit Eiswasser setzen. Die Creme unter häufigem Rühren etwas abkühlen lassen.

4. Die Butter in einer mittelgroßen Schüssel mit dem Handrührgerät auf höchster Stufe etwa 1 Minute cremig rühren. Löffelweise die abgekühlte Creme und zum Schluss das Kirschwasser einrühren.

5. Die schönste Nussteigschnitte auf ein Kuchengitter setzen und über ein Backblech stellen. Die Schnitte mit Hilfe eines Metallspatels mit der warmen Marillenglasur bestreichen. Die Glasur 15 Minuten fest werden lassen.

6. Die flüssige, noch warme Schokolade in eine Papiertüte füllen (siehe Seite 229) und die Spitze abschneiden. Die warme Fondantglasur über die glasierte Nussschnitte gießen und mit dem Metallspatel gleichmäßig verstreichen, dabei überschüssige Glasur abtropfen lassen (Bild 1). Auf die warme Glasur sofort in gleichmäßigem Abstand vier dünne Linien aus Schokolade der

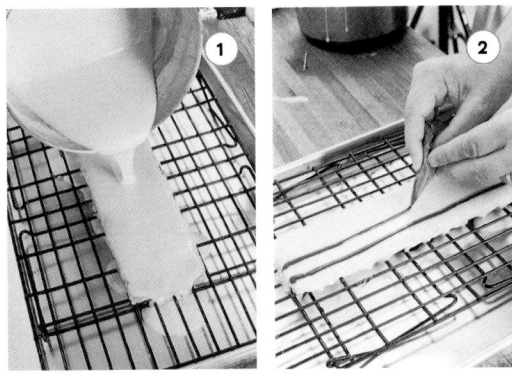

Länge nach aufspritzen (Bild 2). Einen Zahnstocher jeweils im Abstand von etwa 2 Zentimeter von links nach rechts quer zu den Schokoladenlinien durch die Glasur ziehen (Bild 3). Dann den Zahnstocher erneut – diesmal von rechts nach links – genau zwischen den vorher gezeichneten Linien durch die Glasur ziehen. So entsteht das bekannte fedrige Muster. Die Glasur fest werden lassen. Mit einem dünnen scharfen Messer die Nussschnitte vom Kuchengitter lösen.

7. Eine der restlichen Nussschnitten auf die Arbeitsfläche setzen und mit drei Esslöffeln Buttercreme bestreichen. Darauf die nächste Schnitte setzen und diese wieder mit Creme bestreichen. Auf diese Weise alle Schnitten verarbeiten und die letzte nochmals mit Buttercreme bestreichen. Mit der restlichen Buttercreme den Rand dünn überziehen und die Mandelblättchen darauf verteilen. Als Letztes die glasierte Schnitte auf den Kuchen setzen.

8. Den Kuchen unbedeckt 1 Stunde kühl stellen, bis die Buttercreme fest wird. Zum Servieren den Kuchen mit einem dünnen scharfen Messer in acht Schnitten teilen. Die Esterházyschnitten kühl servieren.

DIE GESCHICHTE DER GERBEAUDSCHNITTEN

Der Name »Gerbeaud« steht in Ungarn für Süßspeisen und Desserts allerhöchster Qualität. Das Budapester Café Gerbeaud, stilecht mit Blattgold und rotem Plüsch ausgestattet, pflegt diese Tradition schon seit 125 Jahren. Der ursprüngliche Besitzer des Hauses war Henrik Kugler, der die Ungarn mit den raffinierten und ausgefallenen süßen Kreationen verwöhnen wollte, die er in Paris, Rom und Brüssel kennen gelernt hatte. Zu diesem Zweck erwarb er ein Kaffeehaus am Budapester Vörösmartyplatz und verwandelte es in kürzester Zeit in einen wahren »Tortentempel«.

1884 zog sich Kugler aus dem Geschäft zurück und übergab das Café seinem Geschäftspartner Emil Gerbeaud aus Genf. Gerbeaud stürzte sich mit Hingabe und Geschäftssinn in die Arbeit und kreierte unter anderem eine eigene Schokoladenmarke, die dem Haus Gerbeaud heute noch solide Gewinne beschert. In die Innenausstattung seines berühmten Cafés investierte er viel – heute noch findet man in den Räumen einige der Marmortische, die sich Gerbeaud von der Pariser Weltausstellung 1900 schicken ließ.

Der Erste Weltkrieg traf Budapest und seine Bevölkerung hart, und selbst das ehrwürdige Café Gerbeaud wurde in Kriegszeiten 133 Tage lang in einen Pferdestall umfunktioniert. Nach Kriegsende erlangte das Haus seinen alten Status aber schnell wieder, und Gerbeauds Witwe konnte das Geschäft nach dem Tod ihres Mannes noch etliche Jahre weiterführen. 1948 wurde das Café Gerbeaud schließlich verstaatlicht, und die Familie verließ Ungarn. Emil Gerbeauds Tochter wanderte später nach Brasilien aus. Unter kommunistischer Führung trug das traditionsreiche Café den neuen Namen »Vörösmarty«, bis man sich schließlich 1984 entschloss, den alten Namen zurückzukaufen, denn davon versprach man sich eine Belebung des allzu schleppenden Geschäfts. Fräulein Gerbeaud, damals 98 Jahre alt und immer noch in Brasilien lebend, verlangte zwei Millionen Dollar für ihren Familiennamen – und bekam sie auch.

Man kann all die Köstlichkeiten, die das Café Gerbeaud heute wieder zu bieten hat, unmöglich aufzählen, zwei davon wurden aber im Café selbst kreiert: die Esterházytorte, die heute meist in Form von Schnitten serviert wird, und die Gerbeaudschnitten.

GERBEAUDSCHNITTEN
Für zwölf Schnitten

Die Gerbeaudschnitten sind eine verführerische Komposition aus zarten Hefeteigschichten, einer saftigen Walnuss-Aprikosen-Füllung und einer glänzenden Schokoladenglasur. Der im nachfolgenden Rezept verwendete Hefeteig hat eine eher ungewöhnliche Zusammensetzung, denn eine Mischung aus wenig Hefe und viel Zucker lässt den Teig nur wenig aufgehen. Sándor Kovács, Konditormeister im Gerbeaud, hat mir dieses Rezept verraten.

FÜR DEN TEIG
⅛ l Milch (wird Trockenhefe verwendet, muss die Milch auf etwa 40 °C erwärmt werden)
30 g frische Hefe oder Trockenhefe
3 Eigelbe
Mark von 1 Vanilleschote
500 g Mehl
200 g Zucker
¼ TL Salz
200 g kühle Butter, in Würfel geschnitten

FÜR DIE FÜLLUNG
125 g Walnüsse
100 g Zucker
200 g Aprikosenkonfitüre, warm

FÜR DIE SCHOKOLADENGLASUR
100 g zartbittere Blockschokolade, fein gerieben
75 g Zucker
80 ml Wasser
1 EL Butter

1. Die Milch in eine kleine Schüssel gießen und die Hefe hineinbröckeln. 3 Minuten stehen lassen, dann verrühren, bis sich die Hefe aufgelöst hat. Eigelbe und Vanillemark einrühren.
2. Mehl mit Zucker und Salz vermischen und mit der Butter zu einem groben Teig verrühren. Den Hefevorteig zugeben und alles zu einem festen, klebrigen Teig verrühren, dabei je nach Bedarf etwas mehr Milch zugeben. Den Teig auf einer leicht bemehlten Arbeitsfläche mit den Händen 2–3 Minuten kneten. Es ist wichtig, kein zusätzliches Mehl zuzugeben, der Teig muss leicht klebrig bleiben. In Klarsichtfolie wickeln und 1 Stunde kühl stellen.
3. Für die Füllung die Walnüsse mit dem Zucker im Mixer zerkleinern, bis sie fein zermahlen sind.
4. Ein Backblech leicht einfetten, mit Mehl ausstäuben und überschüssiges Mehl abklopfen. Den Teig in drei gleich große Portionen teilen. Ein Stück auf die Größe des Backblechs ausrollen und auf das Blech legen. Den Teig mit der Hälfte der warmen Aprikosenkonfitüre bestreichen und die Hälfte der Walnussmischung darüber streuen. Die zweite Teigportion in der gleichen Größe ausrollen und auf die Füllung legen. Den Rest der Aprikosenkonfitüre und der Walnussmischung darauf verteilen. Die dritte Teigportion ausrollen und darauf legen. Den Kuchen mit Klarsichtfolie bedecken und 1 Stunde kühl stellen.
5. Den Backofen auf 175 °C vorheizen. Die oberste Teigschicht mehrmals mit einer Gabel einstechen und den Kuchen auf der mittleren Schiene des Backofens 30–35 Minuten goldbraun backen. Wird die Oberfläche zu dunkel, den Kuchen lose mit Alufolie abdecken.
6. Kuchen aus dem Backofen nehmen und 15 Minuten abkühlen lassen. Mit einem scharfen Messer am Rand des Kuchens entlangfahren, damit er sich besser löst. Den Kuchen auf ein Kuchengitter stürzen und völlig erkalten lassen.
7. Für die Glasur die geriebene Schokolade mit Zucker und Wasser in einem kleinen Topf bei mittlerer Hitze zum Kochen bringen, dabei häufig umrühren. Etwa 3–4 Minuten köcheln lassen, den Topf vom Herd ziehen und die Butter einrühren. Die Glasur etwas abkühlen lassen, bis sie leicht eingedickt, aber immer noch flüssig ist.
8. Die Glasur über den Kuchen gießen und auf der Oberfläche gleichmäßig verstreichen. Die Seiten des Kuchens müssen nicht mit Glasur überzogen werden, sie werden später zurechtgeschnitten.
9. Ein dünnes scharfes Messer in heißes Wasser tauchen und überstehende Ränder abschneiden, damit der Kuchen eine gerade Form bekommt. Den Kuchen längs halbieren, dann quer in zwölf gleich große Stücke schneiden.

CREMESCHNITTEN MIT KAFFEEGLASUR
– Francia Krémes –

Für acht bis zehn Schnitten

Diese Schnitten aus Blätterteig und einer feinen Sahnefüllung sind besonders üppig. Manche Bäcker streichen auch einfach nur reichlich Schlagsahne zwischen die Blätterteigschichten und verzichten auf eine aufwändigere Füllung. Die Cremeschnitten sind in jedem Fall ein Klassiker der österreichischen Küche. Auch in Ungarn sind die *Francia Krémes* besonders beliebt, werden dort aber meist mit einer einfachen Kaffeeglasur serviert. Der Trick dabei ist, aus dem Blätterteig möglichst feste, knusprige Teigscheiben zu backen, die möglichst wenig aufgehen. Dies ist nicht ganz einfach, denn eigentlich soll der Blätterteig ja gerade möglichst locker aufgehen. Am besten sticht man den Teig mehrmals mit der Gabel ein, beschwert ihn mit einem Backblech und variiert die Backtemperatur, damit der Teig völlig austrocknet.

½ Portion Blätterteig (siehe Seite 29)

FÜR DIE GLASUR
2 TL lösliches Espressopulver
3 EL kochendes Wasser
150 g Puderzucker

FÜR DIE SAHNEFÜLLUNG
350 ml Milch
2 EL Speisestärke
150 g Zucker
4 Eigelbe von großen Eiern
Mark von 1 Vanilleschote
3 EL Wasser
2 EL brauner Rum
2 Päckchen gemahlene Gelatine
300 g Sahne

1. Ein Backblech umdrehen und Backpapier auf die Größe des Blechbodens zuschneiden. Den Blätterteig auf einer leicht bemehlten Arbeitsfläche etwas größer als das Backpapier ausrollen, die Teigplatte auf das Backpapier legen und auf den Blechboden setzen. Falls der Teig etwas schrumpft, nochmals ausrollen, so dass er genau die Größe des Backpapiers hat. Den Teig mit einer Gabel mehrmals einstechen. Den Teig lose mit Klarsichtfolie bedecken und 20–30 Minuten einfrieren.

2. Den Backofen auf 200 °C vorheizen. Die Teigplatte mit einem scharfen Messer oder einem Teigrädchen exakt rechteckig zuschneiden. Teigplatte mit einem zweiten Stück Backpapier bedecken und darauf ein zweites Backblech setzen. Der Teig muss gleichmäßig und vollständig beschwert sein. Den Teig auf der mittleren Schiene des Ofens 20 Minuten backen.

3. Temperatur auf 175 °C reduzieren, das obere Backblech und die obere Schicht Backpapier entfernen und die Tür des Backofens etwa 30 Sekunden offen lassen, um die Innentemperatur absinken zu lassen. Die Tür schließen und den Boden weitere 15 Minuten leicht goldgelb backen. Backblech aus dem Backofen nehmen, den Ofen aber noch nicht ausschalten. Den Boden 10 Minuten auskühlen lassen und mit einem Zackenmesser von der schmalen Seite her in drei gleich große Streifen schneiden. Die Streifen nochmals 10 Minuten goldbraun backen. Den Backofen ausschalten, die Tür etwas öffnen und die Blätterteigstreifen im Ofen auskühlen lassen.

4. Für die Glasur das Espressopulver im heißen Wasser auflösen. Den Puderzucker in eine mittelgroße Schüssel sieben und den Espresso einrühren. Alles weiterhin verrühren, bis eine homogene Masse entsteht. Ist sie nicht flüssig genug, noch einige Tropfen Wasser zufügen.

5. Den mittleren Blätterteigstreifen auf ein Kuchengitter setzen und mit der Kaffeeglasur übergießen. Die Glasur mit einem Metallspatel gleichmäßig verstreichen und etwa 20 Minuten fest werden lassen.

6. Für die Füllung 1/8 Liter Milch in einen mittelgroßen Topf gießen, die Speisestärke einstreuen und verrühren, bis sie sich aufgelöst hat. Zucker und Eigelbe einrühren. Die restliche Milch in einem kleinen Topf erwärmen und in die Eimischung gießen. Alles unter ständigem Rühren bei mittlerer Hitze zum Kochen bringen. Den

Topf vom Herd ziehen und das Vanillemark einrühren. Topf in eine große Schüssel mit Eiswasser setzen und die Crememasse etwas abkühlen lassen, dabei häufig umrühren.

7. Wasser und Rum in einer kleinen, hitzebeständigen Schüssel mischen und die Gelatine einstreuen. 5 Minuten stehen lassen, dann die Mischung ins heiße Wasserbad stellen und umrühren, bis sich die Gelatine ganz aufgelöst hat. Die Mischung stehen lassen, bis sie lauwarm, aber immer noch flüssig ist.

8. Die Sahne in einer mittelgroßen, gekühlten Schüssel steif schlagen, dabei nach und nach die Gelatinemischung zugeben. Ein Viertel der Sahne unter die Crememasse rühren, den Rest unterheben. Danach die Crememasse noch etwa 10–15 Minuten im Eiswasserbad stehen lassen, dabei gelegentlich leicht umrühren, damit sie weiterhin auskühlt und die richtige Konsistenz zum Verstreichen bekommt.

9. Einen unglasierten Blätterteigstreifen auf die Arbeitsfläche setzen und mit einem Metallspatel die Hälfte der Cremefüllung darauf verstreichen. Den letzten Streifen darauf setzen und die restliche Füllung gleichmäßig darauf verteilen. Zum Schluss den glasierten Blätterteig aufsetzen und den Kuchen mindestens 1 Stunde kühl stellen, damit die Füllung fest wird.

10. Zum Servieren den Kuchen mit dem Zackenmesser in acht bis zehn Schnitten schneiden. Gekühlt servieren.

SAHNESCHNITTEN

Kaffeeglasur weglassen. Für die Füllung Milch, Speisestärke, Zucker und Eigelbe weglassen. Die Sahne mit Vanillemark und der aufgelösten Gelatine steif schlagen und im Eiswasserbad kühlen, bis die Masse die richtige Konsistenz zum Verstreichen hat. Die fertigen Schnitten mit Puderzucker besieben.

KARDINALSCHNITTEN
Für zehn Schnitten

Wenn den Wiener Kaffeehausbesuchern einmal nach einer weniger üppigen Süßspeise zumute ist, bietet sich eine himmlisch leichte Kardinalschnitte an. Sie wird aus lockerem Biskuitteig und einer Baiserfüllung gemacht. Es heißt, sie verdanke ihren Namen der leuchtend roten Johannisbeerglasur, denn rot ist bekanntlich die Farbe der Kardinalsroben. Heute allerdings wird in vielen Konditoreien stattdessen Aprikosenkonfitüre verwendet. Für die Herstellung der Schnitten brauchen Sie zwei große Spritzbeutel für Baiser und Biskuitteig, zwei breite Lochtüllen und zwei Backbleche.

FÜR DIE BAISERMASSE
8 Eiweiße von großen Eiern, zimmerwarm
175 g Zucker

FÜR DEN BISKUITTEIG
3 große Eier, zimmerwarm
2 Eigelbe von großen Eiern, zimmerwarm
75 g Zucker
Mark von ½ Vanilleschote
75 g Mehl
1 Prise Salz
Puderzucker zum Besieben

100 g Marillenglasur oder rote Johannisbeerglasur (siehe Seite 32), warm

1. Backofen auf 190 °C vorheizen und zwei Backbleche mit Backpapier auslegen. Für die Baisermasse das Eiweiß in einer großen Schüssel zu steifem Schnee schlagen, dabei nach und nach den Zucker einrieseln lassen.
2. Für den Biskuitteig die Eier und Eigelbe mit dem Zucker in einer großen Schüssel mit dem Handrührgerät auf höchster Stufe etwa 3 Minuten schlagen, bis die Mischung hell und schaumig ist. Vanillemark einrühren. Mehl und Salz darüber sieben und unterheben.
3. Zwei große Spritzbeutel mit Lochtüllen versehen. Die Hälfte der Baisermasse in einen Beutel, die Hälfte des Biskuitteigs in den anderen Beutel füllen. Einen breiten Baiserstreifen im Abstand von 1 Zentimeter vom Rand auf die ganze Länge des Backblechs spritzen. Daneben einen breiten Streifen Biskuitteig so aufspritzen, dass er die Baisermasse berührt. Weiter abwechselnd Baiser und Biskuitmasse aufspritzen, bis insgesamt vier Baiser- und drei Biskuitstreifen entstanden sind. Das zweite Backblech ebenso mit Baiser und Biskuitteig bespritzen. Beide Bleche mit Puderzucker besieben.
4. Teig- und Baiserschichten auf der oberen und mittleren Schiene des Backofens 10–15 Minuten backen, bis der Biskuitteig goldgelb ist. Das obere Blech kann eventuell vor dem unteren fertig gebacken sein. Die Bleche aus dem Backofen nehmen und die fertigen Schichten völlig erkalten lassen.
5. Die erkalteten Teigplatten nochmals mit Puderzucker besieben. Eine der Platten auf die Arbeitsfläche stürzen und das Backpapier abziehen. Mit einem Zackenmesser überstehende Teigränder entfernen und den Kuchen quer zu den Streifen in zwei Hälften schneiden. Eine Hälfte mit 50 Gramm der Marillenglasur bestreichen und die andere Hälfte mit der flachen Seite nach unten darauf setzen, so dass beide Schichten mit der Unterseite aufeinander liegen. Den Kuchen in fünf gleich große Schnitten schneiden. Die zweite Teigplatte und die restliche Marillenglasur ebenso verarbeiten. Die Schnitten lose mit Klarsichtfolie bedecken und bis zum Servieren kühl aufbewahren.

UNGARISCHE HEFEKÜCHLEIN
– Pogácsas –

Für zwölf Stück

An fast jeder U-Bahnhaltestelle in Budapest gibt es eine oder mehrere kleine Bäckereien, und überall türmen sich vielerlei *Pogácsas* in den Schaufenstern. Das sind runde Hefeteigküchlein, die die Ungarn zu jeder Tageszeit gerne genießen (siehe Abb. Seite 128). Manche werden aus süßem Teig gemacht und mit Sesam oder Mohn bestreut, die meisten sind aber eher herzhaft. In Bars und Restaurants bekommt man auch oft Mini-*Pogácsas* zu Wein und Bier serviert.

Die Ungarn lieben Schweinefleisch – *Tebertös Pogácsas* mit Schweine- oder Gänsefleisch gemacht, sind besonders beliebte Varianten –, deshalb werden die *Pogácsas* in vielen Bäckereien mit Schweineschmalz gemacht. In diesem Rezept wird allerdings normale Butter verwendet, denn sie hat einen feineren Geschmack, der eindeutig besser zum Morgenkaffee passt.

3 EL Milch (wird Trockenhefe verwendet, muss die Milch auf ca. 40 °C erwärmt werden)
30 g frische Hefe oder 1 Beutel Trockenhefe
1 Prise Zucker
75 g Sauerrahm, je nach Bedarf etwas mehr
2 Eigelbe von großen Eiern
300 g Mehl
3 EL Puderzucker
½ TL Salz
100 g kühle Butter, in Würfel geschnitten

1 großes Ei, verschlagen, zum Bestreichen
1 ½ TL Sesam oder Mohn zum Garnieren

1. Die Milch in eine kleine Schüssel geben und die Hefe hineinbröckeln und die Prise Zucker zugeben. Die Mischung 5 Minuten stehen lassen, dann umrühren, damit sich die Hefe auflöst. Sauerrahm und Eigelbe zugeben.

2. Mehl, Puderzucker und Salz mit der Butter in der Küchenmaschine oder mit dem Handrührgerät auf kleinster Stufe zu einem groben Teig verrühren. Den Hefevorteig zugeben und alles zu einem weichen, leicht klebrigen Teig vermengen, dabei bei Bedarf noch etwas Sauerrahm zufügen. Aus dem Teig eine Kugel formen und nun mit den Knethaken etwa 6 Minuten kneten, bis der Teig weich und geschmeidig ist.

3. Den Teig auf einer leicht bemehlten Arbeitsfläche zu einem Rechteck von 30 mal 15 Zentimeter ausrollen, dabei die rechteckige Form so exakt wie möglich einhalten. Den Teig wie einen Brief falten, d.h. das obere Drittel nach innen schlagen, dann das untere Drittel darauf klappen. Überschüssiges Mehl von der Teigoberfläche abklopfen. Den Teig mit der offenen Seite nach links drehen und noch einmal zu einem Rechteck von 30 mal 15 Zentimeter ausrollen. Nun das obere Viertel und das untere Viertel des Teigs nach innen schlagen, so dass die Teigenden in der Mitte zusammentreffen. Den Teig entlang der mittleren Kante zusammenklappen, so dass ein vierlagiges Teigpaket entsteht. Mit Hilfe des Rollholzes den Teig nochmals gleichmäßig flach drücken, in Klarsichtfolie wickeln und 20–30 Minuten kühl stellen.

4. Den Teig nochmals wie oben beschrieben zuerst drei-, dann vierlagig falten, in Klarsichtfolie hüllen und nochmals 2–12 Stunden kühl stellen. Wird der Teig länger als 2 Stunden kühl gestellt, sollte er vor dem Weiterverarbeiten 15–20 Minuten bei Zimmertemperatur ruhen.

5. Den Backofen auf 200 °C vorheizen und ein Backblech mit Backpapier belegen. Auf einer leicht bemehlten Arbeitsfläche den Teig auf 28 mal 15 Zentimeter und etwa 1 Zentimeter dick ausrollen. Für eckige *Pogácsas* den Teig mit waagerechten und senkrechten Schnitten in zwölf gleichmäßige Stücke schneiden. Soll das Gebäck rund werden, mit einer großen runden Ausstechform acht oder neun Kreise ausstechen. Den restlichen Teig kurz durchkneten, nochmals ausrollen und zwei bis drei weitere Kreise ausstechen.

6. Die *Pogácsas* auf das Backblech setzen, mit dem verschlagenen Ei bestreichen und mit Mohn oder Sesam bestreuen. Das Gebäck auf der mittleren Schiene des Backofens etwa 18–20 Minuten goldbraun backen.

BACKTIPP

Damit die *Pogácsas* leicht und locker werden, wird der Teig wie Blätterteig gefaltet, darf aber – anders als herkömmlicher Hefeteig – nicht zu stark aufgehen. Wenn Sie runde *Pogácsas* machen möchten, können Sie die entstehenden Teigreste gut zu neuen Hörnchen verarbeiten. Leichter sind natürlich rechteckige Hörnchen herzustellen, auch wenn sie weit weniger schön aussehen als die runde Variante.

POGÁCSAS MIT KÄSE

Den Puderzucker auf 2 EL reduzieren und den Teig nach dem ersten Ausrollen mit 25 g geriebenem Hartkäse bestreuen, dreilagig falten, erneut mit 25 g Käse bestreuen und vierlagig falten. 25 g geriebenen Käse mit 1/4 TL frisch gemahlenem schwarzen Pfeffer und 1/4 TL Paprikapulver vermischen und jedes mit Ei glasierte Gebäckstück mit dieser Mischung bestreuen.

POGÁCSAS MIT SPECK

Den Puderzucker auf 2 EL reduzieren und zusätzlich 1/2 TL grob gemahlenen schwarzen Pfeffer in den Teig geben. 150 g Frühstücksspeck in dünne Scheiben schneiden und in einer kleinen Pfanne knusprig braten. Die Speckstreifen auf Küchenpapier abtropfen und erkalten lassen und grob hacken. Beim Verkneten des Teigs zum Schluss den Speck zugeben.

PLÄTZCHEN & KRAPFEN

Bestellt man beim Ober im Kaffeehaus »etwas Kleines zum Kaffee«, so bekommt man in der Regel eine kleine Auswahl Kaffee- oder Teegebäck, die wirklich wunderbar zum Kaffee passt. In der Weihnachtszeit erscheint die Auswahl an Plätzchen, Lebkuchen und Konfekt geradezu unüberschaubar groß, aber auch während des Jahres sind süße Plätzchen, Törtchen und Taler in den Kaffeehäusern als kleine Köstlichkeiten zwischendurch sehr beliebt.

Die meisten Plätzchen werden auf Mürbteigbasis gemacht. Für die Ischler Törtchen z. B. wird der vielseitige Teig etwa zu runden Scheiben ausgerollt, für die Husaren mit fruchtiger Konfitüre gefüllt. Bei manchen Plätzchenteigen wird ein Teil des Mehls durch gemahlene Nüsse ersetzt, um eine größere Geschmacksvielfalt zu erreichen, so etwa bei den Vanillekipferln. Auch die Makronen aus luftiger Baisermasse sind beliebte Plätzchen. Dieses Gebäck trägt allerdings nur in der Grundvariante mit Mandeln und Eischnee den allzu prosaischen Namen »Makrone«. Für alle raffinierteren Sorten haben die Wiener den sehr viel charmanteren Namen »Busserl« oder »Küsschen«.

Fettgebackenes, vor allem Krapfen, findet man in den Kaffeehäusern in allen Variationen. Faschingskrapfen aß man ursprünglich, wie ihr Name schon sagt, hauptsächlich in der Faschingszeit, also zwischen dem Fest der Heiligen Drei Könige und Aschermittwoch. Denn in der anschließenden Fastenzeit musste man auf solch üppiges Gebäck meist verzichten. Inzwischen werden die süßen Faschingskrapfen aber immer häufiger das ganze Jahr über angeboten.

Ein sauberes, glattes Backblech ist – neben einem guten Backofen und natürlich dem richtigen Rezept – eine wichtige Vorraussetzung zum Gelingen der Plätzchen, denn darauf wird das dünne Gebäck gleichmäßig gebacken und verbrennt nicht so leicht. Besonders praktisch ist natürlich auch Backpapier, denn man muss das Blech zwischendurch nicht abspülen und kann sich auch das lästige Einfetten und Ausstäuben sparen.

Alle Plätzchen lassen sich am leichtesten in dicht verschließbaren Dosen aufbewahren. Am besten geben Sie ein Blatt Backpapier zwischen die einzelnen Plätzchenschichten und reservieren eine eigene Dose für jede Plätzchensorte. Denn wenn sie die Plätzchen mischen, können sie leicht den Geschmack der anderen Sorten annehmen; außerdem werden harte Plätzchen schnell weich, weiche dagegen hart.

ISCHLER TÖRTCHEN
Für zwölf große Plätzchen

In Bad Ischl hatte der österreichische Kaiser Franz Joseph einst seine Sommerresidenz, und mit ihm kamen in den Sommermonaten zahlreiche Wiener Aristokratenfamilien in den kleinen Ort. Dort gab und gibt es eine der weltbesten Bäckereien und Konditoreien, das Kaffeehaus Zauner; denn wenn der Kaiser persönlich Stammkunde ist, ist das wohl die beste Qualitätskontrolle, die man sich denken kann. Die zarten Ischler Törtchen, die mit Konfitüre gefüllt und mit Schokoladenglasur überzogen werden, waren bei den Sommerfrischlern besonders beliebt. Viele nahmen sich sogar einen kleinen Vorrat mit nach Hause und machten das Gebäck so in ganz Österreich bekannt. Heute bekommt man die Ischler Törtchen in jedem guten Kaffeehaus entlang der Donau. Man kann die Törtchen auch mit Schokoladenbuttercreme füllen, der Kontrast zwischen der fruchtigen Konfitüre und der süßen Schokoladenglasur ist aber besonders reizvoll.

FÜR DEN TEIG
50 g Mandelblättchen
150 g Mehl
1 Prise Salz
125 g kühle Butter, in Würfel geschnitten
100 g Puderzucker

FÜR DIE FÜLLUNG
100 g Himbeer- oder rote
Johannisbeerkonfitüre, gleichmäßig verrührt

FÜR DIE GLASUR
150 g zartbittere Blockschokolade,
fein gerieben
2 EL heißer Bohnenkaffee
2 EL heißes Wasser
25 g Butter, zimmerwarm

1 EL Pistazien, gehackt, zum Garnieren

Kaffeehäuser und Cafés

Nicht jedes Lokal, in dem man Kaffee bestellen kann, ist auch ein Kaffeehaus. In Wien ist vielmehr sehr genau festgeschrieben, was in einem Kaffeehaus serviert werden darf und was nicht. An manchen Stellen sind diese Regeln allerdings schwer zu interpretieren. Im Jahr 1999 gab es jedenfalls in Wien 2.635 »Kaffeelokale« in insgesamt sechs verschiedenen Kategorien.

- 564 Kaffeehäuser, in denen nur kalte, vornehmlich süße Speisen serviert werden. Diese Speisen können, müssen aber nicht direkt in den Cafés zubereitet werden. Typische herzhafte Gerichte, die in Kaffeehäusern angeboten werden, sind kalte Wurst- oder Käseplatten, serviert mit frischem Brot.

- 611 Kaffee-Restaurants, die sowohl kalte als auch warme Speisen servieren. Hier kann die Speisekarte sehr unterschiedlich aussehen, ganz typisch ist aber eine herzhafte Gulaschsuppe oder ein würziger Gemüsekuchen.

- 911 Espressobars, wo man einen schnellen Espresso trinken kann. Die Bar serviert meist weder Alkohol noch andere Getränke. Auch Speisen kann man hier nicht bestellen. Den Espresso trinkt man im Stehen oder auf Barhockern an der Theke.

- 133 Kaffee-Konditoreien, meist mit eigener angeschlossener Bäckerei und Konditorei. Berühmte Wiener Konditoreien sind etwa Demel, Oberlaa, Heiner, Gerstner und Lehmann. In diesen Häusern werden neben dem Standardprogramm meist die jeweiligen feinen Spezialitäten des Hauses serviert. Eine so genannte Kurkonditorei setzt bei der Qualität ihrer Süßspeisen besonders hohe Maßstäbe.

- 35 Stehcafés, wo man meist im Stehen eine Tasse Kaffee mit einem kleinen Gebäck serviert bekommt. Man findet sie häufig an Bahnhöfen oder anderen belebten Plätzen.

- Übrig bleiben 381 »Nichtbetriebe«, die zwar eine entsprechende Lizenz besitzen, aber kein Gewerbe betreiben.

Diese Zahlen sprechen eine deutliche Sprache. Zwar könnte man auf den ersten Blick über die hohe Zahl der unpersönlichen Espressobars durchaus besorgt sein, zählt man aber alle klassischen Lokale, also Kaffeehäuser, Kaffee-Restaurants und Kaffee-Konditoreien zusammen, so wird deutlich, dass die traditionellen Kaffeehäuser, in denen der Gast seinen Kaffee stilecht auf dem Silbertablett serviert bekommt, immer noch weit in der Überzahl sind.

1. Die Mandelblättchen mit dem Mehl und dem Salz im Mixer zerkleinern, bis sie fein zermahlen sind.
2. Die Butter mit dem Handrührgerät auf höchster Stufe cremig rühren. Auf kleinster Stufe den Puderzucker und die Nuss-Mehl-Mischung einrühren und alles so lange rühren, bis ein fester, gleichmäßiger Teig entsteht. Aus dem Teig zwei flache Scheiben formen, in Klarsichtfolie wickeln und 1/2–2 Stunden kühl stellen. Wenn der Teig zu fest ist, vor dem Ausrollen etwa 10 Minuten bei Zimmertemperatur stehen lassen.
3. Backofen auf 175 °C vorheizen und zwei Backbleche mit Backpapier auslegen. Auf einer leicht bemehlten Arbeitsfläche eine Teigscheibe kreisförmig etwa 3 Millimeter dick ausrollen. Mit einer runden Ausstechform von etwa 6 Zentimeter Durchmesser Teigkreise ausstechen und im Abstand von etwa 2 Zentimeter auf die Backbleche legen. Die Teigreste zu einer Kugel formen und beiseite stellen. Die zweite Teigscheibe ebenso verarbeiten. Alle Teigreste nochmals kurz durchkneten, ausrollen und daraus weitere Kreise ausstechen, bis insgesamt 24 Teigkreise entstanden sind.
4. Die Plätzchen auf der oberen und mittleren Schiene des Backofens 12–15 Minuten goldbraun backen. Nach der Hälfte der Backzeit die Backbleche vertauschen, so dass das untere nach oben kommt. Außerdem die Vorderseite der Bleche nach hinten drehen. Die fertigen Plätzchen aus dem Ofen nehmen, auf ein Kuchengitter setzen und völlig erkalten lassen.
5. Jeweils zwei Plätzchen mit einem Teelöffel Konfitüre so zusammensetzen, dass die Unterseiten gegeneinander liegen. Die zusammengesetzten Plätzchen wieder auf das Backblech legen.
6. Für die Glasur die Schokolade mit Kaffee und Wasser im Wasserbad schmelzen. Die Butter einrühren, den Topf vom Herd ziehen und die Glasur etwas abkühlen lassen.
7. Die warme Glasur über die Plätzchen gießen und mit einem kleinen Metallspatel leicht auf Seiten und Oberfläche verstreichen. In die Mitte jedes Plätzchens einige gehackte Pistazien streuen und die Plätzchen etwa 30 Minuten kühl stellen, bis die Glasur fest wird.

SCHOKOLADENBUSSERLN
Für etwa 36 Stück

Der Wiener nennt die Makronenplätzchen charmant Busserln. Diese Variante mit Schokolade und Mandeln ist ganz besonders beliebt.

150 g zartbittere Blockschokolade, fein gerieben
150 g Mandelblättchen
150 g Puderzucker
4 Eiweiße von großen Eiern, zimmerwarm

1. Backofen auf 160 °C vorheizen und zwei Backbleche mit Backpapier auslegen. Die Schokolade im Wasserbad schmelzen und auf lauwarme Temperatur abkühlen lassen.
2. Die Mandelblättchen mit der Hälfte des Puderzuckers im Mixer zerkleinern, bis sie sehr fein – fast mehlartig – zermahlen sind. Das Eiweiß mit dem Handrührgerät zu steifem Schnee schlagen, dabei nach und nach den restlichen Puderzucker einrieseln lassen. Die Mandelmischung unter den Eischnee heben, dann die Schokolade unterrühren. Die Masse in einen Spritzbeutel mit Lochtülle füllen.
3. Im Abstand von etwa 2 Zentimeter walnussgroße Busserln auf die Backbleche spritzen. Die Busserln auf der oberen und mittleren Schiene des Backofens etwa 30 Minuten backen, bis die Ränder fest sind und sie sich leicht vom Backpapier lösen lassen (siehe Backtipp). Die Busserln aus dem Backofen nehmen und auf dem Blech völlig erkalten lassen.

BACKTIPP
Wenn Sie zwei Backbleche gleichzeitig im Backofen haben, sollten Sie in der Regel die Bleche nach der Hälfte der Backzeit vertauschen, so dass das untere nach oben kommt. Dadurch werden die Plätzchen gleichmäßig gebacken. Die Busserln enthalten allerdings viel Baisermasse, die sehr empfindlich ist und deshalb beim Bewegen der Bleche leicht in sich zusammenfallen kann. In diesem Fall sollten Sie also die

Bleche nicht vertauschen. Kontrollieren Sie den Backvorgang einfach etwas genauer, und lassen Sie das untere Blech wenn nötig etwas länger im Backofen. Gewöhnlich wird Gebäck auf dem oberen Backblech schneller fertig, weil die Hitze im Backofen aufsteigt.

KOKOSBUSSERLN
Für etwa 30 Stück

Auch in Österreich ist die Kokosmakrone eine der beliebtesten Varianten dieses Baisergebäcks. Durch die Baisermasse werden die Busserln locker und knusprig, und die Zitronenschale gibt ihnen zusätzliche Würze. Auch hier gilt derselbe Backtipp wie für die Schokoladenbusserln.

3 Eiweiße von großen Eiern, zimmerwarm
175 g Puderzucker
150 g Kokosflocken
2 EL Mehl
Abgeriebene Schale von 1 Zitrone

1. Backofen auf 160 °C vorheizen und zwei Backbleche mit Backpapier auslegen. Das Eiweiß mit dem Handrührgerät zu steifem Schnee schlagen, dabei nach und nach den Puderzucker einrieseln lassen. Kokosflocken, Mehl und Zitronenschale unterheben. Die Masse in einen Spritzbeutel mit Lochtülle füllen.

2. Im Abstand von etwa 2 Zentimeter walnussgroße Busserln auf die Backbleche spritzen. Die Busserln auf der oberen und mittleren Schiene des Backofens etwa 30 Minuten hellbraun backen, bis die Ränder fest sind und sie sich leicht vom Backpapier lösen lassen (siehe Backtipp Seite 161). Die Busserln aus dem Backofen nehmen und auf dem Blech völlig erkalten lassen.

Aida

Die Konditoreien der Aida-Kette sind eine feste Institution in Wien. Hier kauft man sich jeden Morgen auf dem Weg ins Büro sein Kipferl oder auch einmal eine große Kuchenauswahl für die Kaffeestunde am Nachmittag.

Zwar werden die Aida-Backwaren in Massenproduktion gefertigt – jedes Jahr werden pro Gebäcksorte, 200 an der Zahl, über 1200 Stück produziert –, aber bei den verwöhnten Wienern sind sie dennoch sehr beliebt; und das spricht eindeutig für die hohe Qualität der Produkte. Natürlich sind bei einer solchen Massenproduktion viele Maschinen im Einsatz, denn für die Handarbeit fehlt die Zeit. Als ich die Aida-Großbäckerei in einem Wiener Außenbezirk allerdings einmal besuchte, fand ich zu meiner Überraschung heraus, dass der Komplex von riesigen Obstplantagen umgeben ist. Die Äpfel, Aprikosen und Quitten, die auf diesen Bäumen wachsen, werden in der Bäckerei ganz frisch für die hauseigenen Kuchen und Torten verwendet. Kein Wunder, dass bei diesen Produkten die Qualität stimmt!

MARONENKARTOFFELN
- Kaštanové Bramburky -
Für etwa 24 Stück

Diese raffinierten Plätzchen tauchen besonders in der Weihnachtszeit in den Vitrinen der Kaffeehäuser auf. Ihren Namen verdanken sie zum einen natürlich den süßen Esskastanien, die reichlich im Teig verarbeitet werden, zum anderen ihrer runden Form und der hellbraunen Farbe, die an Kartoffeln erinnern sollen. Am besten gelingen die Plätzchen mit frischen Esskastanien. Vor dem Servieren lässt man sie bei Zimmertemperatur 3 Tage lang stehen, damit sie schön trocken und knusprig werden. Das Rezept hat mir der gebürtige Tscheche Michael Krondl verraten.

300 g frische Maronen
100 g Zucker
50 ml Weinbrand
30 g zartbittere Blockschokolade, grob gerieben
1 Prise frisch geriebene Muskatnuss
Mark von ¼ Vanilleschote
20 g Kakaopulver
35 g Puderzucker

1. Die Maronen mit einem kleinen spitzen Messer auf der runden Seite kreuzweise einritzen, in einen Topf geben und mit Wasser bedecken. Deckel auflegen und das Wasser bei großer Hitze zum Kochen bringen, die Temperatur reduzieren und die Maronen bei mittlerer Hitze etwa 10 Minuten köcheln lassen, damit sich die Schale vom Kern löst.
2. Die Maronen abgießen, in eine kleine Schüssel geben und diese zudecken, damit die Maronen so heiß wie möglich bleiben. Jede Marone mit Hilfe eines kleinen Schälmessers von Schale und Innenhaut befreien und fein hacken.
3. Zucker und Weinbrand in einem kleinen Topf bei mittlerer Hitze zum Kochen bringen, Temperatur reduzieren. Die gehackten Maronen zufügen und den Topf gut verschließen. Die Mischung bei geringer Hitze 10–15 Minuten köcheln lassen, bis die Maronen weich sind, dabei gelegentlich umrühren. Verdampft dabei zu viel Flüssigkeit, etwas Wasser zugeben.
4. Die Maronenmischung mit der geriebenen Schokolade in den Mixer geben und pürieren. Muskatnuss und Vanillemark zugeben und alles nochmals durchmixen. Die Masse in eine Schüssel geben und etwas abkühlen lassen.
5. Kakaopulver und Puderzucker in eine kleine Schüssel sieben. Aus der Maronenmasse kleine Kugeln formen und in der Kakaomischung wälzen. Die Maronenkartoffeln in einem luftdicht verschließbaren Behälter mindestens 3 Tage bei Zimmertemperatur aufbewahren, dann bis zum Servieren kühl stellen. Vor dem Servieren nochmals in der Kakao-Puderzucker-Mischung wälzen.

LINZER AUGEN
Für etwa 30 Stück

In vielen Wiener Bäckereien wird der würzige Linzerteig auch zu diesen typischen runden Plätzchen verarbeitet. Für die Herstellung brauchen Sie zwei runde Ausstechformen im Durchmesser von etwa 6 und 2 Zentimeter.

Linzerteig (Rezept Seite 68)
100 g Himbeer- oder schwarze Johannisbeerkonfitüre
Puderzucker zum Garnieren

1. Backofen auf 175 °C vorheizen und zwei Backbleche mit Backpapier auslegen.
2. Die Hälfte des Linzerteigs auf einer gut bemehlten Arbeitsfläche etwa 6 Millimeter dick ausrollen. Dabei darauf achten, dass der Teig nicht an der Arbeitsfläche klebt. Wenn nötig, ein langes, breites Kuchenmesser unter die Teigplatte schieben und die Arbeitsfläche und die Teigoberfläche zusätzlich mit Mehl bestäuben. Mit der größeren Ausstechform Teigkreise ausstechen und im Abstand von etwa 1 Zentimeter auf die Backbleche setzen. Die Teigreste kurz verkneten, nochmals ausrollen und weitere Kreise ausstechen, bis der Teig so weit wie möglich verbraucht ist. Die andere Teighälfte ebenso verarbeiten, dabei aber mit der kleineren Ausstechform aus den Teigkreisen mittig runde Löcher ausstechen. Wird der Teig zu weich, um ihn exakt zu bearbeiten, kurz kühl stellen.
3. Die Plätzchen auf der oberen und mittleren Schiene des Backofens etwa 12 Minuten backen, bis die Ränder leicht braun werden. Nach der Hälfte der Backzeit die Backbleche vertauschen, so dass das untere nach oben kommt. Außerdem die Vorderseite der Bleche nach hinten drehen. Die Plätzchen aus dem Backofen nehmen und auf den Backblechen völlig erkalten lassen.
4. Die Konfitüre verrühren, so dass eine homogene Masse entsteht. Auf die großen Plätzchentaler jeweils in die Mitte einen halben Teelöffel Konfitüre geben und einen Plätzchenring darauf setzen. Die Linzer Augen dick mit Puderzucker besieben.

VANILLEKIPFERLN
Für etwa 40 Stück

Sie sind das klassische Weihnachtsgebäck – nicht nur im österreichischen Raum –, und jede Bäckerei bereitet die Vanillekipferln nach eigenem Spezialrezept zu. Am besten schmecken die zartknusprigen Plätzchen natürlich, wenn man sie mit echtem Vanillemark macht und nach dem Backen in reichlich Vanillezucker wälzt. Vanillezucker kann man ganz einfach auch selbst herstellen: Dazu eine leere aufgeschlitzte Vanilleschote in ein Glas mit Zucker stecken, luftdicht verschließen und einige Wochen stehen lassen. Das feine Vanillearoma geht so nach und nach ganz auf den Zucker über. Die hier beschriebene Methode, Vanillezucker selbst herzustellen, eignet sich im Übrigen auch für Hobbybäcker, die nicht so weit im Voraus planen.

FÜR DEN TEIG
80 g Mandelblättchen
250 g Mehl
1 Prise Salz
200 g kühle Butter
100 g Puderzucker
1 Eigelb von einem großen Ei, je nach Bedarf etwas mehr
½ Vanilleschote, längs aufgeschlitzt

FÜR DEN VANILLEZUCKER
½ Vanilleschote
100 g Zucker

1. Die Mandelblättchen mit Mehl und Salz im Mixer zerkleinern, bis sie sehr fein – fast mehlartig – zermahlen sind. Die Butter in der Küchenmaschine oder mit dem Handrührgerät auf höchster Stufe etwa 1 Minute cremig rühren, auf kleinster Stufe den Puderzucker einrühren und auf höchster Stufe nochmals 2 Minuten rühren, bis die Butter hell und schaumig ist. Eigelb und Vanillemark einrühren. Die leere Vanilleschote aufbewahren. Mit einem breiten Kochlöffel die Mandelmischung unter den Teig rühren und alles vermengen, bis ein fester, glatter Teig entsteht. Ist der Teig zu grob und bröckelig, etwas mehr Eigelb zugeben. Aus dem Teig eine Scheibe formen, in Klarsichtfolie wickeln und mindestens 1 Stunde kühl stellen.

2. Für den Vanillezucker die halbe Vanilleschote mit dem Zucker und der aufbewahrten leeren Schote im Mixer fein zermahlen. Die Mischung durch ein Drahtsieb in eine mittelgroße Schüssel sieben, damit größere Vanillestückchen herausgefiltert werden.

3. Den Backofen auf 175 °C vorheizen und zwei Backbleche mit Backpapier auslegen.

4. Jeweils eine kleine Menge Teig, etwa zwei Teelöffel, kurz zwischen den Fingern kneten, dann zu einer Rolle formen und die zugespitzten Enden leicht nach unten biegen, so dass die typische Kipferlform entsteht. Die Kipferln auf die Backbleche setzen.

5. Die Plätzchen auf der oberen und mittleren Schiene des Backofens 15–17 Minuten goldgelb backen, aus dem Backofen nehmen und etwa 2 Minuten abkühlen lassen. Die noch warmen Kipferln vorsichtig im Vanillezucker wälzen und völlig erkalten lassen. Den restlichen Vanillezucker aufbewahren, und die Kipferln bei Bedarf vor dem Servieren nochmals kurz darin wälzen.

PRESSBURGER KIPFERLN
– Pozsony Kipfli –
Für etwa 48 Stück

Diese Plätzchen sind besonders in Ungarn und Tschechien ein beliebtes Weihnachtsgebäck. Die Stadt Pozsony, ursprünglich auf der ungarischen Seite der österreichischen Grenze gelegen, hieß im deutschsprachigen Raum lange Zeit Pressburg und trägt heute als Hauptstadt der Slowakei den slowakischen Namen »Bratislava«. Die Kipferln werden traditionell mit einer saftigen Walnussfüllung gemacht. Manche Bäckereien bieten sie in der Größe von Croissants an, aber diese kleinere Plätzchenvariante ist ebenso populär. Die Kipferln schmecken am besten frisch zubereitet und eignen sich weniger zum Aufbewahren (siehe Abb. Seite 156).

FÜR DEN TEIG
1/8 l Milch, erwärmt auf ca. 40 °C
1 TL Trockenhefe
200 g kühle Butter
2 große Eier, zimmerwarm
1 EL Zucker
Mark von 1 Vanilleschote
1/2 TL Salz
500 g Mehl, je nach Bedarf etwas mehr

FÜR DIE FÜLLUNG
250 g Walnüsse, grob gehackt
50 g Zucker
100 ml Bohnenkaffee

1 Eigelb von 1 großen Ei, mit 1 TL Wasser verschlagen, zum Glasieren
Puderzucker zum Bestäuben

1. Die warme Milch in eine kleine Schüssel gießen und die Trockenhefe hineinstreuen. 5 Minuten stehen lassen, dann umrühren, bis sich die Hefe aufgelöst hat. Die Butter in der Küchenmaschine oder mit dem Handrührgerät auf höchster Stufe etwa 3 Minuten cremig rühren. Nach und nach die Eier zugeben. Milch-Hefe-Mischung, Zucker, Vanillemark und Salz zugeben und alles auf kleinster Stufe vermengen, dabei nach und nach so viel Mehl zugeben, dass ein weicher, leicht klebriger Teig entsteht, der sich von der Schüsselwand löst. Aus dem Teig eine Kugel formen und mit den Knethaken auf mittlerer Stufe etwa 3 Minuten kneten, bis der Teig glatt und geschmeidig ist. Den Teig auf einer leicht bemehlten Arbeitsfläche kurz mit den Händen verkneten, zu einer Kugel formen, in Klarsichtfolie wickeln und 30–60 Minuten kühl stellen. Der Teig sollte dabei kaum aufgehen.

2. Für die Füllung die Walnüsse mit dem Zucker im Mixer zerkleinern, bis sie sehr fein zermahlen sind. Den Kaffee zugießen und alles zu einer gleichmäßigen Masse verrühren. Die Masse in eine kleine Schüssel geben.

3. Zwei Backbleche mit Backpapier auslegen. Den Teig in vier gleich große Portionen teilen und jede Portion zu einer flachen Scheibe formen. Jede Scheibe auf der leicht bemehlten Arbeitsfläche zu einem Kreis von etwa 35 Zentimeter Durchmesser ausrollen. Ein Viertel der Füllung auf dem Teigkreis verstreichen, dabei außen einen etwa 2 Zentimeter breiten Rand und innen einen Kreis mit etwa 5 Zentimeter Durchmesser freilassen. Mit einem scharfen Messer die Teigkreise zuerst vierteln, dann jedes Viertel in drei gleichmäßige Stücke schneiden, so dass insgesamt zwölf Stücke entstehen. Jedes Teigstück von der breiten Seite her einrollen und auf ein Backblech setzen. Die Backbleche mit Klarsichtfolie abdecken und an einem warmen Ort etwa 20 Minuten stehen lassen. Die Kipferln sollten dabei nur leicht aufgehen.

4. Backofen auf 175 °C vorheizen. Die Kipferln mit dem verschlagenen Ei bestreichen und auf der oberen und mittleren Schiene des Backofens etwa 20 Minuten goldbraun backen. Nach der Hälfte der Backzeit die Bleche vertauschen, so dass das untere nach oben kommt. Außerdem die Vorderseite der Bleche nach hinten drehen. Die Kipferln aus dem Backofen nehmen, auf ein Kuchengitter setzen und völlig erkalten lassen. Vor dem Servieren mit Puderzucker besieben.

HUSAREN
Für etwa 36 Stück

Diese Plätzchen sehen aus wie die blank geputzten Knöpfe an einer Husarenuniform – daher ihr ungewöhnlicher Name. Husaren können mit ganz verschiedenen Konfitüren gefüllt werden. Aprikose, Himbeere, Erdbeere und sogar Ananas eignen sich wunderbar. Viele Rezepte geben an, die Plätzchen erst nach dem Backen zu füllen, dadurch bleibt die Konfitüre aber sehr klebrig, und die fertigen Plätzchen lassen sich schlechter aufbewahren. Wenn man die Husaren etwa nach der Hälfte der Backzeit füllt und dann mit der Füllung fertig bäckt, wird die Konfitüre leicht fest, und das Problem der Aufbewahrung ist gelöst.

175 g kühle Butter
150 g Puderzucker
2 Eigelbe von großen Eiern, zimmerwarm
Mark von 1 Vanilleschote
175 g Walnüsse oder Haselnüsse, grob gehackt
200 g Mehl
1 Prise Salz
100 g Fruchtkonfitüre (siehe Vorschläge oben)
Puderzucker zum Besieben

1. Backofen auf 175 °C vorheizen und zwei Backbleche mit Backpapier auslegen. Die Butter mit dem Handrührgerät auf höchster Stufe cremig rühren. Auf kleinster Stufe den Puderzucker einrühren. Eigelbe und Vanillemark zugeben.

2. Die Nüsse mit einem Drittel Mehl im Mixer zerkleinern, bis sie fein zermahlen sind. Das restliche Mehl und das Salz zufügen und alles nochmals durchmixen. Die Nuss-Mehl-Mischung in die Buttermischung geben und verrühren, bis ein fester Teig entsteht.

3. Aus dem Teig walnussgroße Kugeln formen und im Abstand von etwa 2 Zentimeter auf die Backbleche setzen. Mit einem Kochlöffelstiel in jede Kugel eine kleine Vertiefung drücken.

4. Die Plätzchen auf der oberen und mittleren Schiene des Backofens etwa 12 Minuten backen, bis sie leicht fest sind. Die Plätzchen aus dem Ofen nehmen. Die Konfitüre in einen Gefrierbeutel füllen, mit der Schere eine Ecke des Beutels abschneiden und die Konfitüre in die Vertiefungen spritzen. Die Plätzchen wieder in den Backofen schieben – dabei die Bleche vertauschen, so dass das untere nach oben kommt – und nochmals 7–10 Minuten goldbraun backen.

5. Die Husaren aus dem Backofen nehmen und auf einem Kuchengitter völlig erkalten lassen. Vor dem Servieren mit Puderzucker besieben.

FASCHINGSKRAPFEN
Für zwölf Stück

Die beliebten Faschingskrapfen kann man mit vielerlei Füllungen zubereiten. Aprikosenkonfitüre oder Zwetschkenmus eignen sich genauso gut wie Schokolade oder Apfelmus. Die Krapfen werden meist in einem großen Topf, in heißem Fett schwimmend, beidseitig ausgebacken, so dass ein schmaler Streifen rund um die Mitte der Krapfen bleibt, der nicht direkt mit dem heißen Fett in Berührung kommt und eine hellere Farbe behält. Doch auch wenn dieser helle Ring nicht ganz perfekt gelingt, schmecken die Krapfen wunderbar. Zum Schluss werden die Krapfen mit reichlich Puderzucker besiebt.

Faschingskrapfen lassen sich auf zweierlei Art zubereiten. Man unterscheidet ausgestochene Krapfen und geschliffene Krapfen. Bei der geschliffenen Variante werden kleine Teigkugeln »geschliffen«, d. h. mit den Händen geformt und im heißen Fett ausgebacken. Die Füllung wird in die fertigen Krapfen eingespritzt.

Im nachfolgenden Rezept werden aber die ausgestochenen Faschingskrapfen beschrieben. Um den Teig auszustechen, brauchen Sie zwei runde Ausstechformen mit einem Durchmesser von etwa 7 Zentimeter. Dabei muss eine Form etwas kleiner sein als die andere. Mit der größeren Form wird der Teig zum ersten Mal ausgestochen, mit der kleineren werden die beiden Teighälften mit Füllung nochmals zu etwas kleineren Krapfen ausgestochen, damit die Teighälften fest aufeinander liegen. Das ist ein wichtiger Schritt, denn sonst dringt die Konfitüre beim Ausbacken nach außen.

FÜR DEN HEFEVORTEIG
1/8 l Milch (wird Trockenhefe verwendet, muss die Milch auf ca. 40 °C erwärmt werden)
20 g frische Hefe oder 1 Beutel Trockenhefe
75 g Mehl
1 TL Zucker

FÜR DEN GRUNDTEIG
50 g Butter, geschmolzen
1/8 l Milch, lauwarm
2 EL Zucker
1 EL brauner Rum
Abgeriebene Schale von 1 Zitrone
1/2 TL Salz
4 Eigelbe von großen Eiern, zimmerwarm
450 g Mehl, je nach Bedarf etwas mehr

50 g Aprikosenkonfitüre
1 Eiweiß von 1 großen Ei, schaumig geschlagen
Etwa 1 kg Pflanzenfett zum Ausbacken
Puderzucker zum Besieben

1. Die Milch in eine kleine Schüssel gießen und die frische Hefe hineinbröckeln. 3 Minuten stehen lassen, dann umrühren, damit sich die Hefe auflöst. Mehl und Zucker zufügen und alles zu einem weichen Teig verrühren. Die Schüssel mit Klarsichtfolie dicht verschließen und den Teig an einem warmen Ort 30 Minuten gehen lassen, bis sich sein Volumen verdoppelt hat.

2. Für den Grundteig die geschmolzene Butter mit Milch, Zucker, Rum, Zitronenschale und Salz

FASCHINGSKRAPFEN

in der Küchenmaschine oder mit dem Handrührgerät verrühren. Eigelbe und Vorteig zugeben. Alles auf kleinster Stufe vermengen, dabei nach und nach so viel Mehl zugeben, dass ein weicher, klebriger Teig entsteht. Den Teig auf mittlerer Stufe mit den Knethaken etwa 2 Minuten kneten.

3. Aus dem Teig eine Kugel formen und in einer großen ausgebutterten Schüssel so lange rollen, bis die Teigkugel ganz mit Butter überzogen ist, in Klarsichtfolie wickeln und 45–60 Minuten gehen lassen, bis sich ihr Volumen fast verdoppelt hat. Durch die warmen Zutaten geht der Teig etwas schneller als gewöhnlicher Hefeteig.

4. Den Teig auf einer leicht bemehlten Arbeitsfläche etwa 6 Millimeter dick ausrollen. Mit einer runden Ausstechform von etwa 7 Zentimeter Durchmesser Teigkreise ausstechen und auf ein leicht bemehltes Küchentuch legen. Bedeckt man jede Schicht mit etwas Klarsichtfolie, kann man die Teigkreise in mehreren Schichten übereinander legen. Teigreste nochmals kurz verkneten, ausrollen und weitere Kreise ausstechen, so dass insgesamt 24 Teigkreise entstehen.

5. Einen knappen Teelöffel Konfitüre in die Mitte eines Teigkreises setzen, die Ränder mit dem geschlagenen Eiweiß befeuchten, einen zweiten Kreis darauf setzen und die Ränder fest zusammendrücken. Eine etwas kleinere Ausstechform mit etwa 6 Zentimeter Durchmesser mittig auf den Teigkreis setzen und aus dem Krapfen einen etwas kleineren Krapfen ausstechen. Die Teigreste entfernen. Darauf achten, dass die Teigränder gut miteinander verbunden sind, damit die Konfitürefüllung nicht nach außen dringen kann. Die übrigen Teigkreise ebenso verarbeiten und die Krapfen auf ein leicht bemehltes Küchentuch setzen, mit Klarsichtfolie

DIE GESCHICHTE DER FASCHINGSKRAPFEN

In der Donauregion tauchen je nach Saison ganz verschiedene Süßspeisen auf dem Speiseplan auf. Das beste Beispiel dafür sind die Faschingskrapfen, die traditionell meist nur in der Faschingszeit, also zwischen dem Fest der Heiligen Drei Könige und Aschermittwoch gegessen werden, wobei der Höhepunkt der Faschingskrapfenzeit jedes Jahr ganz klar auf den Faschingsdienstag fällt. Allerdings bieten viele Bäckereien die Krapfen inzwischen das ganze Jahr über an.

Auch um dieses Wiener Rezept ranken sich viele Legenden und Geschichten. Einige Zeit lang nannte man in Wien die Faschingskrapfen nur Cillikrapfen, denn sie waren die Spezialität einer Bäckersfrau namens Cäcilia. Es hieß, Cäcilia habe dieses besondere Gebäck sogar erfunden, als sie einmal wutentbrannt einen Teigkloß nach ihrem Ehemann warf. Der Teigkloß traf allerdings nicht den Mann, sondern landete in einem Topf mit heißem Fett. Wie so oft ist dies zwar eine wunderschöne Geschichte, die aber leider nicht durch Fakten belegt werden kann.

Aber ganz gleichgültig wie sie nun entstanden sind – die Wiener haben ihre Faschingskrapfen schon immer heiß geliebt. Für die Feierlichkeiten am Rande des Wiener Kongresses, der zum Glück vor der Fastenzeit stattfand, mussten die Hofbäckereien sogar über 15 Millionen Faschingskrapfen backen, um alle Gäste zufrieden zu stellen.

Die besten Krapfen bekommt man am Faschingsdienstag auf dem Wiener Naschmarkt, denn dort bauen viele Bäckereien an diesem Tag ihre Stände auf, auf denen sich Berge der süßen Leckerei türmen. Die Verkäufer sind – genau wie die Besucher – bunt kostümiert und verkaufen das köstliche Gebäck, solange der Vorrat reicht. Bis zu einem Dutzend verschiedener Krapfen kann man dort probieren, und jede Variante hat ihren eigenen Reiz. Und da die Wiener ja wissen, dass die ganze Herrlichkeit schon am nächsten Tag, also mit dem Beginn der Fastenzeit, unweigerlich vorbei sein wird, stürzen sie sich lustig und ungeniert ins Vergnügen.

bedecken und an einem warmen Ort nochmals etwa 15 Minuten gehen lassen. Die Krapfen sollten nur leicht aufgehen, damit sie beim Ausbacken nicht zu groß werden.

6. Das Pflanzenfett in einem großen Topf bei großer Hitze auf ca. 175 °C erhitzen. Zum Abtropfen der Krapfen ein Kuchengitter auf ein Backblech setzen.

7. Drei bis vier Krapfen in das heiße Fett gleiten lassen und den Topfdeckel schließen. Ist der Topf zugedeckt, wird die Hitze besser gespeichert und die Oberseite der Krapfen bereits mitgegart. Die Krapfen etwa 1 1/2 Minuten ausbacken, bis die Unterseite goldbraun ist, mit Hilfe eines Kochlöffelstiels die Krapfen umdrehen und die andere Seite bei offenem Topf noch etwa 1 Minute goldbraun ausbacken. Die Krapfen sollten in der Mitte einen hellen Ring haben, wo der Teig nicht direkt mit dem heißen Fett in Berührung gekommen ist. Die Krapfen mit einem Schaumlöffel aus dem heißen Fett nehmen und auf dem Kuchengitter abtropfen und abkühlen lassen. Krapfen noch warm mit Puderzucker besieben. Bevor die nächste Portion Krapfen ausgebacken wird, das Pflanzenfett nochmals auf etwa 175 °C erhitzen.

APFELKRAPFEN

Die Krapfen werden statt mit Aprikosenkonfitüre mit Apfelmus gefüllt.

SCHOKOLADENKRAPFEN

Die Krapfen werden statt mit Aprikosenkonfitüre mit fertiger Nussnougatcreme gefüllt.

SPRITZKRAPFEN
Für 14 Stück

Diese Krapfen werden aus Brandteig gemacht, der in einen Spritzbeutel gefüllt und ringförmig auf ein Backblech gespritzt wird. Anstelle des Rums können Sie auch ein anderes alkoholisches Getränk, z.B. Apfelschnaps, verwenden. Wenn Sie eine nichtalkoholische Variante bevorzugen, nehmen Sie einfach Orangensaft.

Brandteig (siehe Seite 30)
Pflanzenfett zum Ausbacken

FÜR DIE RUMGLASUR
250 g Puderzucker
2 EL brauner Rum
1 EL Wasser

1. Aus Backpapier 14 Quadrate von 10 mal 10 Zentimeter Kantenlänge schneiden. Ein Kuchengitter auf ein Backblech setzen.

2. Den Brandteig in einen großen Spritzbeutel mit Sterntülle füllen. Auf jedes Stück Backpapier einen breiten Teigring mit etwa 7 Zentimeter Durchmesser spritzen. Das Pflanzenfett in einen großen Topf geben und auf 170 °C erhitzen.

3. Drei bis vier Stücke Backpapier mit den Teigringen nach unten schwimmend in das heiße Fett legen. Nach etwa 15 Sekunden das Backpapier vorsichtig abziehen. Die Ringe etwa 4 Minuten ausbacken, dabei einmal umdrehen, so dass sie von beiden Seiten goldbraun werden. Die Spritzkrapfen mit einem Schaumlöffel aus dem heißen Fett nehmen und auf dem bereitgestellten Kuchengitter abtropfen und auskühlen lassen. Bevor die nächste Portion Krapfen ausgebacken wird, das Fett wieder auf die vorgeschriebene Temperatur erhitzen.

4. Für die Glasur den Puderzucker in eine Schüssel sieben und mit Rum und Wasser zu einer dickflüssigen Masse verrühren. Die Spritzkrapfen mit der Oberseite in die Glasur tauchen und wieder auf das Kuchengitter setzen, bis die Glasur fest wird.

Palatschinken & süsse Omelette

Warme Mehlspeisen nahmen in der süßen Küche der Donaumonarchie immer schon einen besonderen Platz ein. Die Palatschinken, also Pfannkuchen, können hauchdünn oder dick, gefüllt oder pur serviert werden und sind fast so etwas wie ein österreichisches Nationalgericht. Man kann sie gleichermaßen zum Nachtisch oder aber als vollwertige Mahlzeit genießen.

Wiederaufstieg des Kaffeehauses

Nach dem Ersten Weltkrieg und dem Untergang der Donaumonarchie suchte die Wiener Künstlerszene verzweifelt nach einem neuen Stammkaffeehaus. Die Wahl fiel schließlich auf das Café Herrenhof, das ganz in der Nähe der beiden Cafés Central und Griensteidl lag. Bald gingen im Herrenhof Persönlichkeiten wie der Schriftsteller Elias Canetti, der 1981 den Literaturnobelpreis erhielt, der viel versprechende Filmschauspieler Peter Lorre und der Autor Franz Werfel, dessen Roman »Das Lied der Bernadette« zu einem internationalen Bestseller wurde, täglich ein und aus. Und doch war der große Erfolg des Kaffeehauses nur von kurzer Dauer. Als sich Österreich 1938 Hitlers deutschem Reich anschloss, war es damit vorbei. Zwar überlebte das Café die ersten Kriegsjahre, konnte aber langfristig der wirtschaftlich verheerenden Lage nicht standhalten und musste schließlich in den 1950er Jahren geschlossen werden. Heute befindet sich an derselben Stelle eine moderne Espressobar.

Espresso war auch ein weiterer Grund, warum es die traditionellen Kaffeehäuser im Wien der Nachkriegszeit schwer hatten. Anfang der 1950er Jahre kam der Espresso allmählich von Italien über die Alpen nach Österreich und rasch auch in die Hauptstadt. Die Wiener fanden schnell Gefallen an diesem neuen Getränk. Statt an ihrem Stammplatz im Kaffeehaus gemütlich eine Melange zu genießen, sah man sie immer häufiger mit einer kleinen Espressotasse in der Hand in einer der neuen Espressobars an der Theke stehen. Obwohl viele Kaffeehäuser ihren Kaffee weiterhin nach der traditionellen Filtermethode brauten, wurden neue Espressomaschinen, in denen der Kaffee mittels heißen Dampfs gefiltert wurde, immer populärer – ein Trend, der sich bis heute behauptet hat.

Vor dem Krieg hatte es in Wien eine Vielzahl verschiedener Zeitungen, Magazine und Fachzeitschriften gegeben, und entsprechend viele Autoren und Journalisten hatten die Kaffeehäuser bevölkert und sich stundenlang bei einer oder mehreren Tassen Kaffee dem Schreiben gewidmet. Die ruhige und dennoch angeregte Atmosphäre der Kaffeehäuser war für viele Schriftsteller der ideale Arbeitsraum gewesen. Nach dem Krieg lag die Medienlandschaft wie alles andere am Boden, und es gab so gut wie keine freien Schriftsteller mehr. Außerdem spiegelte die Atmosphäre der neuen Espressobars perfekt die rebellierende Einstellung der neuen jungen Generation wider. Man wollte seinen Kaffee nicht mehr zwischen Plüschsofas und Kristallüstern trinken. Stattdessen gab es schmale Barhocker an langen Theken. Wie so viele vor ihr lehnte auch diese junge dynamische Generation die überholten Wertvorstellungen der Eltern ab und strebte nach neuen Ausdrucksformen und neuen Lösungen für alte Probleme. Als die Gäste immer häufiger ausblieben, mussten viele traditionelle Kaffeehäuser schließen. Die geräumigen eleganten Cafés an der Wiener Ringstraße wurden kurzerhand zu Banken, Autohäusern oder Schnellrestaurants umfunktioniert. Viele Kaffeehausbesitzer sprechen noch heute vom großen »Kaffeehaussterben« der 1960er Jahre.

Doch als neben den katastrophalen Folgen des Zweiten Weltkriegs allmählich auch wieder andere Dinge ins Bewusstsein der Österreicher rückten und das Land wieder einen festen Platz im neu geordneten Europa einnahm, wurde das Kaffeehaus plötzlich von Österreichs Politikern wieder entdeckt. Sie glaubten nämlich, dass Kaffeehäuser als Symbole jahrhundertealter Wiener Tradition den am Boden liegenden Nationalstolz ihrer Landsleute wieder stärken könnten. So stellte die Wiener Stadtverwaltung 1983 gleich vier alte Kaffeehäuser unter Denkmalschutz. Darunter waren das Café Landtmann, Sigmund Freuds Stammcafé in der Nähe des Rathauses, das Café Goldegg in der Nähe von Schloss Belvedere, in dem hauptsächlich Handwerker und Arbeiter zusammensaßen, das Café Sperl, das die klassische L-Form hat, und das Café Prückel, in dem zur damaligen Zeit eine berühmte Kabarettbühne zu Hause war.

Die aufwändige Renovierung des Café Sperl zeigt beispielhaft, wie viel Liebe und Sorgfalt die Wiener nun in ihre Kaffeehäuser steckten. Leiter der Renovierungsarbeiten war der Wiener Architekt Jörg Nariz. Nach seiner Anleitung wurden die Motive der alten Möbelstoffe sorgfältig kopiert und neu gewebt. Der Parkettboden wurde ausgebessert und geschliffen, und jedes einzelne Stück der Innenausstattung, vom Marmortisch bis hin zum schmiedeeisernen Garderobenständer, wurde restauriert und wieder hergestellt. So etablierten sich die

Kaffeehäuser allmählich wieder zu beliebten Orten, an denen man sich gerne traf, um zu sehen und gesehen zu werden – und um das nostalgische Flair zu genießen.

Auch in Budapest und Prag erlitten viele Kaffeehäuser das gleiche Schicksal wie in Wien. In Budapest gab es ebenfalls ein Café Central, das hier – zusammen mit dem Café New York – ein Haupttreffpunkt großer ungarischer Literaten war. In kommunistischer Zeit wurden viele Kaffeehäuser geschlossen, oder sie erhielten kurzerhand einen neuen Namen, um unliebsame Assoziationen zu vermeiden. Das luxuriöse Café New York beispielsweise erhielt kurzerhand den neuen, staatstreuen Namen »Café Hungaria«.

Das Prager Café Slavia allerdings, im schlichten Art-déco-Stil ausgestattet, blieb auch unter kommunistischem Regime noch einige Jahre geöffnet. Prompt entwickelte es sich zum Stammcafé Václav Havels, der dort mit seinen treuen Mitstreitern der Samtenen Revolution den Weg ebnete. Als sich schließlich auch in der tschechischen Republik die Demokratie durchgesetzt hatte, wurden viele der alten, traditionsreichen Kaffeehäuser bald wieder eröffnet. Budapest hatte schnell sein Café Central wieder, und das Prager Stadthaus-Café (Kavárna Obecní dům) ist heute wieder eines der schönsten Kaffeehäuser der gesamten Region. Auch das Café Slavia wurde, nachdem einige langwierige Streitigkeiten über Besitzverhältnisse und Renovierungsarbeiten endlich beigelegt werden konnten, schließlich im alten Glanz wieder eröffnet.

Fast in jedem Restaurant in Ungarn kann man sich süße oder herzhafte *Palacsinta* bestellen. Historiker glauben, dass diese hauchdünnen Pfannkuchen bis auf die Römerzeit zurückgehen. Römische Soldaten, die im heutigen Rumänien stationiert waren, kreierten und perfektionierten die dünnen Pfannkuchen und nannten sie *placenta*, das lateinische Wort für Kuchen. Tatsächlich kann man leicht feststellen, dass viele Bezeichnungen für diese Süßspeise, sei es der österreichische Palatschinken, der ungarische *Palacsinta* oder der tschechische *Palačinky*, auf dieses lateinische Wort zurückgehen. Ursprünglich wurden die dünnen Pfannkuchen mit Maismehl gemacht; erst einige Jahrhunderte später wurde es durch Weizenmehl ersetzt.

Als es Anfang des 18. Jahrhunderts zum ersten aktiven Austausch zwischen der österreichisch-ungarischen und der französischen Küche kam, wurden die süßen Pfannkuchen auch in Österreich allmählich immer beliebter. In Wien sah man sie nämlich eigentlich als französische Erfindung an, in einigen alten Kochbüchern werden Pfannkuchenrezepte auch entsprechend als »französische Strudelflecken« bezeichnet. Als dann 1815 auch viele französische Diplomaten mitsamt ihren Leibköchen zum Wiener Kongress anreisten und natürlich ihre Lieblingsrezepte mitbrachten, wurden die dünnen, lockeren Pfannkuchen in Wien endgültig heimisch, und die farbenfrohe Wiener Sprache hatte auch bald einen eigenen Namen für die Köstlichkeit gefunden, Palatschinken. Vielen berühmten Persönlichkeiten ist ein besonderer Palatschinken gewidmet. Der Johann-Strauß-Palatschinken wird mit herber Orangensauce, der George-Sand-Palatschinken mit Maronenpüree und Vanillesauce serviert. Und für die österreichische Kronprinzessin Stephanie kreierte man eine Variation mit Aprikosenkonfitüre (siehe Seite 183).

Am besten lassen sich der dünne Palatschinken und auch der etwas grobere Kaiserschmarren in einer großen, beschichteten Pfanne backen. Wenn Sie besonders dünne Crêpes backen möchten, können Sie auch eine französische Crêpespfanne verwenden. Diese sollten Sie aber niemals mit Spülmittel reinigen, da sonst die Beschichtung leidet und der Teig leicht an der Pfanne festklebt. Wischen Sie die Pfanne lediglich mit etwas feuchtem Küchenpapier gründlich ab, um alte Teigreste zu entfernen.

PALATSCHINKEN
Für 16 bis 18 Stück

Traditionelle Palatschinkenrezepte enthalten in der Regel keine Butter, denn durch die jeweils dazu servierten Saucen und Füllungen sind sie auch so reichhaltig genug. Damit sich das Mehl optimal mit der Flüssigkeit verbindet, sollten Sie den Teig mindestens 1 Stunde vor dem Ausbacken der Palatschinken vorbereiten. Gibt man etwas Mineralwasser in den Teig, werden die Palatschinken noch lockerer und luftiger. Die hier angegebene Teigmenge ergibt mehr Palatschinken, als sie wahrscheinlich brauchen. Übrige Palatschinken lassen sich gut, stapelweise in Klarsichtfolie gewickelt, einfrieren.

350 ml Milch
3 große Eier
1 ½ TL Zucker
1 Prise Salz
200 g Mehl
⅛ l Mineralwasser
Pflanzenöl zum Ausbacken

1. Milch, Eier, Zucker und Salz in einer mittelgroßen Schüssel verschlagen. Mehl zufügen, und alles mit dem Handrührgerät zu einem homogenen Teig verrühren. 1–2 Stunden bei Zimmertemperatur stehen lassen. Kurz vor dem Ausbacken das Mineralwasser einrühren.
2. In einer schweren Pfanne etwa einen Teelöffel Öl erhitzen. Eine knappe Schöpfkelle Teig in die Pfanne gießen, die Pfanne leicht schwenken, damit der Teig gleichmäßig verläuft und den ganzen Pfannenboden ausfüllt. Dabei darauf achten, dass keine Löcher im Teig entstehen. Etwa 1 Minute backen, bis die Teigränder hellbraun werden und der Teig an der Oberfläche nicht mehr flüssig ist. Den Palatschinken mit einer breiten Backschaufel wenden und die andere Seite nochmals etwa 30 Sekunden backen, bis der Palatschinken beidseitig goldbraun ist. Den Palatschinken aus der Pfanne nehmen, auf einen großen Teller legen und warm stellen. Den restlichen Teig ebenso verarbeiten, dabei für jeden neuen Palatschinken etwa einen Teelöffel Öl in die heiße Pfanne geben. Zwischen die fertigen Pfannkuchen jeweils eine Schicht Backpapier legen.

GUNDELER PALATSCHINKEN
- Palacsinta Gundel Módra -
Für sechs Stück

Das Restaurant Gundel, direkt am Budapester Stadtpark gelegen, ist eine der luxuriösesten Adressen der Stadt. Zwar gibt es dort kein wirkliches Café oder gar eine Bäckerei, viele der gundelschen Süßspeisen sind jedoch in der Stadt so bekannt und beliebt, dass sie kurzerhand von anderen Kaffeehäusern übernommen wurden. Diese Kreation ist dafür ein gutes Beispiel: Hauchdünne Palatschinken werden mit einer zarten Walnussmasse gefüllt und mit köstlicher Schokoladensauce serviert.

FÜR DIE FÜLLUNG
80 ml brauner Rum
75 g Rosinen
200 g Walnüsse, grob gehackt
100 g Zucker
175 g Sahne
Abgeriebene Schale von ½ Orange
1 Prise gemahlener Zimt

FÜR DIE SCHOKOLADENSAUCE
¼ l Milch
35 g Puderzucker
100 g zartbittere Blockschokolade, fein gerieben
2 EL Kakaopulver
2 EL brauner Rum
2 Eigelbe von großen Eiern
1 EL Butter, zimmerwarm
Mark von ¼ Vanilleschote

12 Palatschinken (siehe nebenstehendes Rezept)
2 EL Butter, geschmolzen, zum Bestreichen
Puderzucker zum Besieben

1. Für die Füllung den Rum in eine kleine Schüssel gießen, die Rosinen hineingeben und etwa 1 Stunde einweichen lassen.

2. Die Walnüsse mit dem Zucker im Mixer zerkleinern, bis sie fein zermahlen sind. Die Walnussmischung mit Sahne, Orangenschale, Zimt und Rum-Rosinen-Mischung in einem Topf bei mittlerer Hitze unter ständigem Rühren aufkochen lassen. Die Mischung 5 Minuten köcheln lassen, dabei weiterrühren, bis eine gleichmäßige, dickflüssige Masse entstanden ist. Die Walnussmasse in eine Schüssel geben.

3. Für die Schokoladensauce die Milch mit dem Zucker bei mittlerer Hitze aufkochen lassen. Die geriebene Schokolade in eine hitzebeständige Schüssel geben und die heiße Milch darüber gießen. Die Mischung 3 Minuten stehen lassen, dann umrühren, damit die Schokolade ganz schmilzt und eine gleichmäßige Sauce entsteht.

4. Das Kakaopulver mit dem Rum kurz in einer mittelgroßen Schüssel verrühren, damit sich das Kakaopulver auflöst. Eigelbe zugeben und verrühren. Nach und nach die heiße Schokoladensauce einrühren. Die Mischung wieder in den Topf gießen und bei mittlerer Hitze nochmals 3 Minuten erwärmen, dabei häufig umrühren, so dass die Sauce leicht dickflüssig wird. Butter und Vanillemark zugeben und gut verrühren. Die Schokoladensauce in eine mittelgroße Schüssel gießen und zum Warmhalten in einen großen Topf mit heißem Wasser stellen.

5. Den Backofen auf 190 °C vorheizen und ein Backblech leicht einfetten. Einen Palatschinken auf die Arbeitsfläche legen. Auf das untere rechte Viertel des Palatschinkens einen gehäuften Esslöffel Walnussfüllung setzen, den Palatschinken einmal längs und einmal quer zusammenklappen und auf das Backblech setzen. Die restlichen Palatschinken mit der übrigen Walnussfüllung wie oben beschrieben verarbeiten und überlappend auf das Backblech legen. Die Palatschinken mit der geschmolzenen Butter bestreichen und auf der mittleren Schiene des Backofens etwa 10 Minuten backen.

6. Auf jedem Teller zwei Palatschinken so anrichten, dass die spitzen Enden nach oben zeigen. Eine Seite der Palatschinken mit Backpapier abdecken, Puderzucker darüber sieben und das Backpapier entfernen, so dass die Palatschinken zur Hälfte mit Puderzucker besiebt sind. Die andere Hälfte mit etwas warmer Schokoladensauce übergießen und sofort servieren.

OBSTPALATSCHINKEN
Für zwölf Stück

Es gibt unendlich viele Möglichkeiten, Palatschinken köstlich zu füllen. Besonders beliebt sind Aprikosenkonfitüre und natürlich Zwetschkenmus, aber auch Kirschkonfitüre oder eine Nussnougatcreme eignen sich hervorragend. Genauso gut können Sie die Mohnfüllung aus dem Kolatschenrezept (siehe Seite 116) oder die Walnussfüllung (siehe nebenstehendes Rezept »Gundeler Palatschinken«) verwenden. Besieben Sie die Palatschinken mit geriebenen Walnüssen oder Puderzucker, oder servieren Sie eine feine Schokoladensauce dazu.

12 Palatschinken (siehe Seite 176)
150 g Aprikosenkonfitüre (siehe auch Vorschläge oben)
2 EL Butter, geschmolzen, zum Bestreichen
Walnussbelag (siehe Seite 178)
oder Puderzucker zum Besieben

1. Den Backofen auf 190 °C vorheizen und ein Backblech leicht einfetten. Einen Palatschinken auf die Arbeitsfläche legen. Auf das untere rechte Viertel des Palatschinkens einen gehäuften Esslöffel der jeweils gewünschten Füllung setzen, den Palatschinken einmal längs und einmal quer zusammenklappen und auf das Backblech setzen. Die restlichen Palatschinken ebenso verarbeiten und überlappend auf das Backblech legen. Die Palatschinken mit der geschmolzenen Butter bestreichen und auf der mittleren Schiene des Backofens etwa 10 Minuten backen.

2. Zum Servieren auf jedem Teller zwei Palatschinken anrichten, mit dem Walnussbelag bestreuen oder mit Puderzucker besieben. Noch warm servieren.

WALNUSSBELAG

75 g gehackte Walnüsse mit 2 EL Puderzucker im Mixer zerkleinern, bis die Nüsse sehr fein – fast mehlartig – zermahlen sind.

BACKTIPP

Die Walnussfüllung und die Schokoladensauce können bereits einen Tag im Voraus zubereitet und zugedeckt im Kühlschrank aufbewahrt werden. Vor ihrer Verwendung sollte die Walnussfüllung allerdings bei Zimmertemperatur erwärmt und eventuell etwas verdünnt werden. Die Schokoladensauce dagegen sollte im Wasserbad erwärmt werden. Achten Sie aber darauf, dass die Schokoladensauce nicht zu heiß wird, weil die enthaltenen Eigelbe sonst gerinnen.

KAISERSCHMARREN
Für zwei bis vier Portionen

Der Kaiserschmarren ist vermutlich die berühmteste aller Wiener Mehlspeisen und weit über Österreich hinaus bekannt. Dieser große, dickere Palatschinken, der in der Pfanne in grobe Stücke gerissen und goldbraun ausgebacken wird (siehe Abb. Seite 172), lässt sich schnell und leicht aus einfachen Grundzutaten zubereiten und ist doch eine vollwertige Mahlzeit. Meist wird traditionell Zwetschkenröster, das sind in allerlei Gewürzen gekochte Zwetschken, dazu serviert. Ist der Kaiserschmarren als Hauptmahlzeit gedacht, reicht die angegebene Menge für zwei Personen. Wenn Sie ihn aber als Nachtisch oder als Beilage etwa zum Brunch servieren möchten, ist diese Menge ausreichend für vier Personen. Wenn Sie Kaiserschmarren zubereiten, denken Sie daran,

DIE GESCHICHTE DES KAISERSCHMARREN

Im österreichischen und süddeutschen Dialekt bedeutet »Schmarren« bekanntlich so viel wie Unsinn oder Unfug, etwas also, das man gewöhnlich mit einem Schulterzucken abtut. Wie kam aber ausgerechnet eine so illustre Persönlichkeit wie der österreichische Kaiser persönlich dazu, für ein solch »gewöhnliches«, wenn auch köstliches Gericht Pate zu stehen?

Franz Joseph wollte von seinem Volk geachtet und als einer der ihren geliebt werden. Zwar war sein Regierungsstil durchaus autokratisch, in seiner Freizeit aber zog er sich gerne Lederhosen an und erwanderte die Berge rund um Bad Ischl oder ging in den weitläufigen Wäldern auf die Jagd. Er liebte einfaches Essen. Sein Lieblingsgericht soll der Tafelspitz gewesen sein, gekochtes Rindfleisch, mit einfachen Kartoffeln und Gemüse serviert. Es heißt, der Kaiserschmarren wurde ursprünglich zu Ehren der Kaiserin Elisabeth kreiert und hätte also eigentlich den Namen »Kaiserinnenschmarren« bekommen sollen. Da Franz Joseph aber dieser einfachen Mehlspeise sehr viel mehr abgewinnen konnte als seine Frau Elisabeth, strich man kurzerhand einige Buchstaben aus, und der Kaiserschmarren war erfunden.

Wieder einmal ist dies eine wunderbare Geschichte, aber wie so viele Wiener Küchengeschichten lässt auch sie sich kaum mit Fakten belegen. Tatsächlich waren die einfachen Pfannengerichte aus Mehl und Milch schon seit Jahrhunderten ein beliebtes Alltagsgericht der bäuerlichen Bevölkerung Österreichs. Möglicherweise leitet sich also das Wort »Schmarren« auch vom althochdeutschen »Schmer« (Schmalz) ab, denn früher wurden die süßen Mehlfladen meist in heißem Schweine- oder Gänsefett ausgebacken. Erst in jüngster Zeit setzten sich Butter oder Öl zum Ausbacken durch. Ein österreichisches Kochbuch aus dem frühen 18. Jahrhundert enthält vielseitige Schmarrenrezepte, die anstatt mit Mehl mit Reis, Gries oder Semmelbröseln gemacht werden. Auch dies zeigt, dass der Schmarren schon früh seinen festen Platz in der österreichischen Küche hatte.

dass er keineswegs gleichmäßig und »ordentlich« aussehen soll, sondern in der Pfanne einfach in kleinere, unregelmäßige Stücke gerissen wird.

FÜR DEN ZWETSCHKENRÖSTER
500 g Zwetschken, entsteint und längs geviertelt
50 g Zucker
1 EL frisch gepresster Zitronensaft
Abgeriebene Schale von ½ Zitrone
1 Prise Zimt
1 Prise Nelkenpulver

FÜR DEN TEIG
50 g Rosinen
2 EL brauner Rum, Apfelsaft oder Wasser
4 große Eier, getrennt, zimmerwarm
3 EL Zucker
¼ l Milch
50 g Butter (25 g geschmolzen, 25 g zimmerwarm)
150 g Mehl
1 Prise Salz
Puderzucker zum Besieben

1. Für den Zwetschkenröster die geviertelten Zwetschken mit Zucker, Zitronensaft und -schale, Zimt und Nelkenpulver in einen mittelgroßen Topf geben. Deckel aufsetzen und die Mischung bei mittlerer Hitze zum Kochen bringen. 10 Minuten köcheln lassen, dabei gelegentlich umrühren, bis die Zwetschken weich und saftig sind, aber immer noch ihre Form behalten. Den Topf vom Herd ziehen und den Zwetschkenröster warm halten.
2. Die Rosinen mit dem Rum in einem Topf erhitzen. Vom Herd ziehen und beiseite stellen. Vor dem Weiterverarbeiten den Rum abgießen.
3. Für den Teig Eigelbe und Zucker mit dem Handrührgerät auf höchster Stufe schaumig schlagen. Die Milch und die geschmolzene Butter zugeben und verrühren. Zum Schluss Mehl und Salz zufügen. Die Mischung nicht zu stark schlagen.
4. Das Eiweiß in einer mittelgroßen Schüssel auf höchster Stufe zu steifem Schnee schlagen. Etwa ein Viertel des Eischnees unter den Teig rühren, den Rest unterheben.

5. Die Hälfte der zimmerwarmen Butter in einer großen, schweren Pfanne erhitzen. Die Hälfte des Teigs in die Pfanne gießen und mit der Hälfte der Rumrosinen bestreuen. Die Temperatur etwas reduzieren und den Teig unbedeckt ca. 3 Minuten backen, bis die Unterseite goldbraun ist. Den Teig mit Hilfe von zwei Gabeln oder einer Backschaufel in grobe Stücke reißen. Die Teigstücke mehrmals wenden und weitere 3 Minuten backen, bis sie von beiden Seiten goldbraun sind.
6. Den fertigen Kaiserschmarren mit Puderzucker besieben und direkt aus der Pfanne noch heiß mit dem warmen Zwetschkenröster servieren. Den restlichen Teig mit den übrigen Rumrosinen wie oben beschrieben verarbeiten.

TOPFENPALATSCHINKEN
Für sechs Portionen

Die Topfenpalatschinken sind ein echter Klassiker, und fast jedes Kaffeehaus bietet sie an – natürlich nach dem jeweils eigenen Spezialrezept zubereitet. Die Palatschinken werden meist mit einer leichten Quarkmasse gefüllt, zusammengerollt, anschließend mit einer feinen Sauce aus Sauerrahm übergossen und im Backofen knusprig gebacken. Etwas Speisestärke in der Sauce verhindert, dass der Sauerrahm beim Backen gerinnt.

FÜR DIE FÜLLUNG
50 g Rosinen
2 EL brauner Rum
450 g Quark
50 g Puderzucker
3 große Eier, getrennt, zimmerwarm
Abgeriebene Schale von 1 Zitrone

12 Palatschinken (siehe Seite 176)
⅛ l Milch
1 TL Speisestärke
350 ml Sauerrahm
Puderzucker zum Besieben

1. Für die Füllung den Rum in eine kleine Schüssel gießen, die Rosinen hineingeben und etwa 1 Stunde einweichen lassen.
2. Quark und Puderzucker in einer mittelgroßen Schüssel verrühren. Eigelbe, Zitronenschale und Rosinen mit Rum zugeben. Das Eiweiß mit dem Handrührgerät auf höchster Stufe in einer mittelgroßen Schüssel zu steifem Schnee schlagen. Den Eischnee unter die Quarkmasse heben.
3. Den Backofen auf 175 °C vorheizen und ein Backblech leicht einfetten. Einen Palatschinken auf die Arbeitsfläche legen und zwei Esslöffel der Quarkfüllung darauf verstreichen. Den Palatschinken einrollen und auf das Backblech legen. Die restlichen Palatschinken mit der übrigen Füllung ebenso verarbeiten und nebeneinander auf das Backblech legen.
4. Die Milch in eine mittelgroße Schüssel gießen, die Speisestärke hineinstreuen und verrühren, bis sie sich ganz aufgelöst hat. Den Sauerrahm einrühren und die Mischung über die Palatschinken gießen. Die Palatschinken auf der mittleren Schiene des Backofens 25–30 Minuten backen, aus dem Backofen nehmen, mit etwas Puderzucker besieben und noch warm servieren.

BÖHMISCHE DALKERL
Für etwa 28 Stück

Böhmische Einwanderer, die Ende des 19. Jahrhunderts scharenweise nach Wien kamen, brachten diese süße Köstlichkeit aus ihrer Heimat mit. Dalkerl sind kleine runde Pfannkuchen, die mit Konfitüre oder Kompott gefüllt werden. Am leichtesten lassen sie sich in einer speziellen Dalkerlpfanne ausbacken, die kleine runde Vertiefungen hat, denn so bekommen die Dalkerl automatisch ihre perfekte runde Form. Wenn Sie keine Dalkerlpfanne haben, können Sie den Teig auch in Eierringen oder löffelweise in einer normalen beschichteten Pfanne ausbacken. Dalkerlteig kann man mit Hefe oder Backpulver auflockern, bei dem nachfolgenden Rezept ist allerdings kein zusätzliches Treibmittel nötig.

FÜR DIE FRUCHTFÜLLUNG
250 g frische Himbeeren, Heidelbeeren, Brombeeren oder entstielte und in Scheiben geschnittene Erdbeeren
1 EL frisch gepresster Zitronensaft
1–2 EL Zucker

FÜR DIE DALKERL
4 große Eier, getrennt, zimmerwarm
100 g Mehl
125 g Sauerrahm
Mark von ½ Vanilleschote
1 Prise Salz
50 g Zucker
Butter, geschmolzen, für die Pfanne
Puderzucker zum Besieben

1. Für die Fruchtfüllung die Beeren mit dem Zitronensaft und je nach Geschmack einem oder zwei Esslöffeln Zucker in einer mittelgroßen Schüssel mischen. Dabei einige Beeren zerdrücken, so dass sie Saft abgeben. Die Schüssel mit Klarsichtfolie bedecken und die Mischung 30–60 Minuten bei Zimmertemperatur stehen lassen.
2. Den Backofen auf 200 °C vorheizen und ein Backblech mit einem sauberen Küchentuch auslegen. Das Küchentuch muss ganz frisch sein, sonst nehmen die Dalkerl schnell eventuell vorhandene Gerüche auf.
3. Für die Dalkerl die Eigelbe mit Mehl, Sauerrahm, Vanillemark und Salz in einer mittelgroßen Schüssel verschlagen. In einer anderen Schüssel das Eiweiß mit dem Handrührgerät auf höchster Stufe zu steifem Schnee schlagen, dabei nach und nach den Zucker einrieseln lassen. Etwa ein Viertel des Eischnees unter den Teig rühren, den Rest unterheben.
4. Etwas Küchenpapier in die geschmolzene Butter tauchen und die Vertiefungen der Dalkerlpfanne damit einfetten. Die Pfanne bei mittlerer Hitze auf die Herdplatte setzen und leicht erhitzen. Die Vertiefungen mit je einem Esslöffel Teig füllen und die Dalkerl etwa 2 Minuten backen, bis die Unterseite goldbraun ist und der Teig oben kleine Blasen wirft. Die Dalkerl mit

einem kleinen Gummispatel wenden und von der anderen Seite weitere 1 1/2 Minuten goldbraun backen. Die fertigen Dalkerl auf das vorbereitete Backblech setzen und zudecken, damit sie warm bleiben. Den restlichen Teig ebenso ausbacken.
5. Zum Servieren zwei Dalkerl mit einem Teelöffel der Fruchtfüllung dazwischen zusammensetzen und auf einem Teller anrichten. Die Dalkerl mit Puderzucker besieben und noch warm servieren.

SALZBURGER NOCKERLN
Für vier Portionen

In vielen österreichischen Spitzenrestaurants gehören Salzburger Nockerln zu den besonderen Spezialitäten. Diese außerordentlich süße und üppige Köstlichkeit aus reichlich Eiern und Zucker stammt – wie der Name schon sagt – aus Salzburg. Das alte Originalrezept hat mit den Nockerln, die heute üblicherweise serviert werden und mehr einem leichten Soufflé oder Auflauf gleichen, allerdings fast nichts gemeinsam. Ursprünglich wurden runde Kugeln aus Brandteig geformt und in Milch gekocht. Irgendwann begann man damit, die Nockerln im Backofen auszubacken, damit sie eine goldbraune Kruste bekamen. Und als dann der französische Einfluss auch in der österreichischen Küche immer spürbarer wurde und man die Gerichte leichter und gediegener machen wollte, wurde aus den Brandteignockerln allmählich das noch heute übliche zarte Soufflé. Salzburger Nockerln werden üblicherweise ohne Sauce serviert. Wenn Sie möchten, können Sie sie aber gut mit etwas Vanille- oder Himbeersauce kombinieren.

2 EL weiche Butter für die Form
75 g Zucker
6 große Eier, getrennt, zimmerwarm
4 Eiweiße von großen Eiern, zimmerwarm
150 ml Milch
35 g Mehl
Mark von 1 Vanilleschote

1. Den Backofen auf 220 °C vorheizen. Eine feuerfeste, möglichst ovale Auflaufform mit der weichen Butter einfetten und mit zwei Esslöffeln Zucker ausstreuen.
2. Die zehn Eiweiße in einer großen Schüssel mit dem Handrührgerät auf höchster Stufe zu steifem Schnee schlagen, dabei nach und nach den restlichen Zucker einrieseln lassen.
3. Die Milch in die Auflaufform gießen und die Form 2–3 Minuten in den heißen Backofen stellen. Die Milch und die Auflaufform müssen heiß sein, wenn im nächsten Schritt die Eimischung zugefügt wird.
4. Die sechs Eigelbe mit Mehl und Vanillemark in einer anderen großen Schüssel mit dem Handrührgerät auf höchster Stufe etwa 3 Minuten schaumig schlagen. Etwa ein Viertel des Eischnees unter die Eigelbmasse rühren, den Rest unterheben. Die Auflaufform aus dem Backofen nehmen und mit Hilfe eines großen Servierlöffels oder einer Teigkarte den Teig in großen Nockerln bergartig in die heiße Milch geben. Es sollten etwa vier große Hügel erkennbar sein.
5. Die Auflaufform wieder in den Backofen setzen und die Nockerln auf der mittleren Schiene 12 Minuten goldbraun backen. Sofort servieren.

OMELETT STEPHANIE
Für zwei bis vier Portionen

Im österreichischen Sprachgebrauch verbindet man mit einem Omelett eher ein süßes Soufflé als ein herzhaftes Gericht mit Tomaten, Speck oder Pilzen. Gibt man etwas Mehl zum Teig, wird er besonders leicht und locker und lässt sich gut ausbacken. Typischerweise wird das Omelett Stephanie immer mit Aprikosen in unterschiedlicher Form gefüllt. Am einfachsten ist natürlich Aprikosenkonfitüre, dieses Rezept verwendet allerdings frische Aprikosen.

FÜR DIE APRIKOSENFÜLLUNG
3 reife Aprikosen, gewürfelt
2 EL Zucker, nach Belieben etwas mehr
1 EL frisch gepresster Zitronensaft
Nach Belieben 1 EL Aprikosenlikör

FÜR DAS OMELETT
4 große Eier, getrennt, zimmerwarm
75 g Zucker
2 EL Butter, geschmolzen
2 EL Mehl
Abgeriebene Schale von ½ Orange
1 Prise Salz

1 EL Butter für die Pfanne
Puderzucker zum Besieben

1. Für die Füllung die Aprikosen mit Zucker und Zitronensaft in einer mittelgroßen Schüssel mischen. Nach Belieben den Aprikosenlikör zugeben. Die Schüssel zudecken und die Mischung 30–60 Minuten stehen lassen.

2. Den Backofen auf 175 °C vorheizen. Für das Omelett das Eiweiß mit dem Handrührgerät auf höchster Stufe zu steifem Schnee schlagen, dabei nach und nach den Zucker einrieseln lassen. In einer anderen Schüssel die Eigelbe mit der geschmolzenen Butter, Mehl, Orangenschale und Salz schaumig schlagen. Ein Viertel des Eischnees unter die Mischung rühren, den Rest unterheben.

3. Einen Esslöffel Butter in einer großen Pfanne erhitzen, aber nicht braun werden lassen. Die Pfanne leicht schwenken, damit die Butter den ganzen Boden überzieht. Die Eimischung einfüllen und die Pfanne sofort in den Backofen stellen. Das Omelett auf der mittleren Schiene etwa 12 Minuten goldbraun backen.

4. Die Aprikosenmischung auf der Hälfte des Omeletts verteilen und die andere Hälfte darüber klappen. Das Omelett aus der Pfanne auf eine Servierplatte gleiten lassen, mit Puderzucker besieben und sofort servieren.

DIE GESCHICHTE DES OMELETT STEPHANIE

Kronprinzessin Stephanie ist eine der tragischsten Figuren der österreichischen Geschichte. Als ihr Ehemann Kronprinz Rudolf 1889 mit seiner jungen Geliebten im Landschloss Mayerling Selbstmord beging, löste das einen Skandal aus, der ganz Österreich, vor allem aber die alte k. u. k. Monarchie in ihren Grundfesten erschütterte. Natürlich empfand das ganze Volk sofort tiefes Mitgefühl für die betrogene Ehefrau und Witwe Stephanie. Doch sie machte es den Wienern nicht gerade leicht, sie zu mögen. Am häufigsten beschwerte sich die Kronprinzessin darüber, dass das Essen in Wien »gewöhnlich« oder gar »unappetitlich« sei – ein Affront gegen jeden guten Wiener Bürger. Die Köche und Konditoren der Stadt kreierten daraufhin unermüdlich immer neue Köstlichkeiten, darunter auch das Omelett Stephanie, in der Hoffnung, die Kronprinzessin doch noch von den Qualitäten der Wiener Küche überzeugen zu können. Zu diesen Kreationen zählt auch die Stefaniatorte, die ebenso aufwändig herzustellen ist wie die in diesem Buch beschriebene Dobostorte – nur wird sie ohne Karamellglasur gemacht.

SÜSSE KNÖDEL & NUDELN

Unter den in diesem Buch vorgestellten süßen Köstlichkeiten sind süße Knödel und Nudeln besonders typisch für die österreichisch-ungarisch-tschechische Küche. Man bekommt sie in fast jedem Kaffeehaus serviert, aber auch zu Hause werden sie oft und gerne zubereitet – und noch lieber gegessen. Die Kombination von frischen Früchten, einem lockeren Teig, der meist mit viel Quark gemacht wird, und dem Duft von Zucker und Zimt ist verführerisch. Auch diese Gerichte können sowohl als Dessert wie auch als Hauptgericht serviert werden.

Süße Knödel und Nudeln werden in der Hauptsache aus drei Grundteigen hergestellt: Kartoffelteig, Quarkteig und Hefeteig. Obwohl man sie heute als nicht mehr wegzudenkenden Bestandteil der österreichisch-ungarischen Küche empfindet, sind süße Knödel und Nudeln für die Region doch eine vergleichsweise neue Errungenschaft, denn sie wurden dort erst Ende des 17. Jahrhunderts populär.

Dann dauerte es allerdings nicht lange, bis sie sich einen festen Platz auf dem Speiseplan erobert hatten. Einige Jahrzehnte lang nannte man sogar alle Gebäcke, die mit Mehl gemacht wurden, Knödel. Kartoffeln und Quark waren preiswert und reichlich vorhanden, deshalb verwendete man sie für den Teig. Die Knödel wurden in den verschiedensten Variationen gebacken, als der Zucker aber nach und nach billiger wurde und leichter erhältlich war, setzten sich allmählich die süßen Rezepte gegenüber den herzhaften durch. In früherer Zeit spielten Obst und Gemüse der jeweiligen Saison eine viel größere Rolle bei der Zusammenstellung des Speiseplans als heute. Wenn man nur eine kleine Menge dieser Früchte mit reichlich billig herzustellendem Quark- oder Hefeteig umhüllte, erhielt man eine reichhaltige Mahlzeit und konnte sich gleichzeitig ein kleines Stück süßen Luxus gönnen.

Im Gegensatz zu den raffinierten und aufwändigen Torten, für die Wiens Kaffeehäuser so berühmt sind, stehen süße Knödel und Nudeln für die schlichte, einfache Küche. Zugegebenermaßen sind sie recht üppig und schwer, aber genau so wollte man sie ursprünglich auch haben. Denn in früherer Zeit wurden die Nudeln und Knödel meist nicht als kleiner süßer Nachtisch, sondern als vollwertige Mahlzeit serviert, mussten also auch wirklich satt machen. Süße Knödel

Mehl oder Zucker? Heiß oder kalt?

Sämtliche süße Köstlichkeiten lassen sich in zwei grundlegende Kategorien einteilen: die Mehlspeisen und die Süßspeisen. Wie der Name schon sagt, ist die Hauptzutat bei den Mehlspeisen eben das Mehl, während bei den Süßspeisen der Schwerpunkt auf dem Zucker liegt. Natürlich gibt es hier jede Menge Überschneidungen, und eine ganz genaue Einteilung ist wohl auch wenig sinnvoll. Grundsätzlich kann man aber alles Gebackene, das Mehl enthält – gleichgültig, ob warm oder kalt serviert –, als Mehlspeise bezeichnen. Anderseits sind alle Desserts, die kein Mehl enthalten, wie beispielsweise Eis, Pudding oder Sahnecreme, eben reine Süßspeisen.

Die Mehlspeisen lassen sich nochmals in zwei Kategorien unterteilen. Es gibt nämlich kalte und warme Mehlspeisen. Kalte Mehlspeisen sind vor allem Kuchen, Torten, Hefegebäck, Schnitten, Plätzchen und sonstiges Kleingebäck. Die warmen Mehlspeisen werden – ihrem Namen entsprechend – warm serviert. Dazu gehören Strudel, Knödel und Nudeln, warme Puddings, Aufläufe, Pfannkuchen und auch in heißem Fett ausgebackene Krapfen. Fruchtdesserts, wie Obstsalate, Kompotte oder flambierte Früchte, bekommen in österreichischen Koch- und Backbüchern in der Regel ein eigenes Kapitel.

In Österreich gehören üppige Mehl- und Süßspeisen zum täglichen Leben, und dies nicht nur, weil sie ausgezeichnet schmecken und schlechte Laune vertreiben können, sondern auch, weil sie ganz einfach satt machen. Die lange fleischlose Fastenzeit vor dem Osterfest wurde und wird von vielen Katholiken sehr ernst genommen und streng befolgt, und so entwickelte sich im Laufe der Jahrhunderte eine unglaubliche Vielfalt an reichhaltigen, fleischlosen Gerichten, die in der Fastenzeit auf den Tisch kamen. Heute werden die süßen Köstlichkeiten, wie Käsekuchen, Apfelstrudel oder Zwetschkenknödel, gemeinhin als reichhaltiger Nachtisch serviert, ursprünglich waren sie aber vollwertige Fastenspeisen. Die große Popularität dieser süßen Gerichte hat aber noch einen anderen Grund. In den Nachkriegsjahren, als sich die Bevölkerung mit Lebensmittelmarken durchschlagen musste, kamen zwangsläufig oft Mehlspeisen auf den Tisch, denn die nötigen Zutaten, wie Quark, frisches Obst und Nüsse, waren billig und reichlich zu haben.

werden auch heute noch von den Kaffeehausbesuchern als Mittag- oder Abendessen bestellt, oder aber unter Freunden am Kaffeehaustisch geteilt und so als kleine Köstlichkeit zwischendurch genossen. Üblicherweise werden sie ohne viel Beiwerk, nur mit etwas Puderzucker, gemahlenen Nüssen oder gerösteten Semmelbröseln bestreut, serviert. Wer es aber etwas aufwändiger und üppiger haben möchte, kann die Knödel mit Erdbeer- oder Himbeersauce oder einem Löffel Schlagobers anrichten.

ERDBEERKNÖDEL
Für vier bis sechs Portionen

Diese goldgelb gebackenen Knödel sehen nicht nur lecker aus, sie schmecken auch einfach himmlisch. Am besten genießt man sie pur oder mit etwas Erdbeersauce.

FÜR DEN QUARKTEIG
250 g Quark
100 g Mehl, zusätzlich etwas mehr zum Kneten des Teigs
1 großes Ei, zimmerwarm
2 EL Zucker
2 EL Butter, zimmerwarm
Mark von 1 Vanilleschote
Abgeriebene Schale von 1 Zitrone
1 Prise Salz

500 g frische Erdbeeren, entstielt
3 EL Zucker
1 EL frisch gepresster Zitronensaft
12 Stück Würfelzucker
50 g Butter
100 g frische Semmelbrösel
Puderzucker zum Besieben

1. Für den Teig den Quark mit Hilfe eines Gummispatels durch ein Drahtsieb in eine mittelgroße Schüssel streichen. Mehl, Ei, Zucker, Butter, Vanillemark, Zitronenschale und Salz zufügen und mit dem Handrührgerät auf mittlerer Stufe alles zu einem weichen Teig verrühren. Die Schüssel zudecken und den Teig 30 Minuten stehen lassen.

2. Sechs Erdbeeren längs vierteln und beiseite legen. Die restlichen Erdbeeren mit drei Esslöffeln Zucker und dem Zitronensaft im Mixer pürieren. Die Erdbeersauce in eine Schüssel gießen, zudecken und beiseite stellen.

3. Den Teig auf einer leicht bemehlten Arbeitsfläche mit den Händen kneten, bis er glatt und geschmeidig ist und nicht mehr an der Arbeitsfläche klebt, dabei je nach Bedarf etwas mehr Mehl zugeben. Aus dem Teig eine breite Rolle formen und in zwölf Stücke schneiden. Jedes Stück zu einer Scheibe von etwa 9 Zentimeter Durchmesser ausrollen, zwei der vorher geschnittenen Erdbeerstücke und ein Stück Würfelzucker in die Mitte jeder Scheibe legen. Den Teig über der Füllung zusammendrücken und zwischen den Handflächen zu einer Kugel rollen. Die Teigkugeln auf ein bemehltes Küchentuch setzen.

4. Reichlich Wasser mit etwas Salz in einem großen Topf zum Kochen bringen. Einen Knödel nach dem anderen hineingleiten lassen. Die Knödel bei mittlerer Hitze etwa 8–10 Minuten köcheln lassen, mit dem Schaumlöffel aus dem Wasser nehmen und auf einem Küchentuch kurz abtropfen lassen.

5. Während die Knödel kochen, die Butter in einer großen Pfanne schmelzen. Die Semmelbrösel zugeben und unter ständigem Rühren etwa 5 Minuten goldbraun rösten. Bis zum Servieren beiseite stellen.

6. Die Knödel kurz vor dem Servieren in die Pfanne mit den gerösteten Semmelbröseln geben und mit der Gabel wenden, so dass sie ganz von Semmelbröseln umhüllt sind. Die Knödel nochmals 3–5 Minuten erhitzen, damit die Semmelbrösel wieder schön knusprig werden. Zwei bis drei Knödel in einer Dessertschale anrichten, etwas Erdbeersauce dazugießen und mit Puderzucker besieben.

TOPFENKNÖDEL MIT ZWETSCHKENRÖSTER
Für vier bis sechs Portionen

Süße Zwetschken schmecken zu diesen einfachen, aber köstlichen Knödeln am besten. Sie können dazu aber auch jedes andere warme Kompott servieren.

Quarkteig (siehe Seite 188)
3 EL Butter, geschmolzen
75 g Walnüsse oder Haselnüsse, gemahlen
Puderzucker zum Besieben
Zwetschkenröster (siehe Seite 179)

1. Aus dem Teig eine breite Rolle formen und in zwölf Stücke schneiden. Die Hände mit Mehl bestäuben und aus jedem Stück eine Kugel rollen. Die Teigkugeln auf ein leicht bemehltes Küchentuch setzen.
2. Reichlich Wasser mit etwas Salz in einem großen Topf zum Kochen bringen. Einen Knödel nach dem anderen hineingleiten lassen, Deckel aufsetzen und das Knödelwasser nochmals aufkochen lassen. Die Temperatur etwas reduzieren und die Knödel bei offenem Topf etwa 10 Minuten köcheln lassen. Knödel mit dem Schaumlöffel aus dem Wasser nehmen und auf einem Küchentuch abtropfen lassen.
3. Zwei bis drei Knödel in einer Dessertschale anrichten, mit etwas geschmolzener Butter übergießen und mit den gemahlenen Nüssen bestreuen. Die Knödel mit Puderzucker besieben und mit reichlich Zwetschkenröster servieren.

MOHNNUDELN
Für vier bis sechs Portionen

Ob in Wien, Budapest oder Prag, überall zählt dieses besondere Rezept zu den erklärten Favoriten der Einheimischen. Natürlich haben diese Nudeln nichts mit gekauften, abgepackten Eiernudeln zu tun, sondern werden aus einem würzigen Kartoffelteig hergestellt. Während man zu Hause wohl eher selten Kartoffelteig verwendet, gehört er in vielen Bäckereien zum Standard, denn er ist Grundlage für viele Nudeln und Knödel. Die benötigte Mehlmenge hängt vom Stärkegehalt der Kartoffeln ab, am besten eignen sich für dieses Rezept mehlige Sorten.

Auch die Mohnnudeln werden meist ganz ohne Beigaben serviert und lediglich mit etwas Puderzucker besiebt.

FÜR DEN KARTOFFELTEIG
500 g mehlige Kartoffeln, geschält und in große Stücke geschnitten
2 EL kühle Butter
100 g Mehl, zusätzlich etwas mehr zum Kneten des Teigs
3 EL Gries
1 Prise Salz
2 Eigelbe von großen Eiern, verschlagen

3 EL Butter
3 EL Mohn, gemahlen (siehe Seite 225)
2 EL Puderzucker

1. Die Kartoffeln in reichlich Salzwasser zum Kochen bringen und in 20 Minuten weich kochen. Kartoffeln gut abgießen, erneut in den Topf geben und bei mittlerer Hitze etwa 2 Minuten weiterkochen, dabei ständig umrühren. Dieser Schritt entzieht den Kartoffeln zusätzliches Wasser, wodurch der Teig später leichter zu kneten ist.
2. Die gekochten Kartoffeln durch ein grobes Sieb in eine Schüssel drücken, Butter zugeben und verrühren, so dass sie schnell schmilzt. Mehl, Gries, Salz und Eigelbe zugeben und alles zu einem homogenen Teig vermengen. Den Teig auf

einer bemehlten Arbeitsfläche mit den Händen verkneten, dabei zusätzlich Mehl zugeben, bis ein geschmeidiger Teig entsteht, der nicht mehr an den Händen klebt.

3. Ein etwa kirschgroßes Stück Teig aufnehmen und zwischen den Fingern zu einer etwa 10 Zentimeter langen Nudel mit spitz zulaufenden Enden formen. Die Nudel auf ein bemehltes Küchentuch legen. Den restlichen Teig ebenso verarbeiten.

4. Reichlich Wasser mit etwas Salz in einem großen Topf zum Kochen bringen. Portionsweise die Kartoffelnudeln hineingleiten lassen, dabei leicht umrühren, damit sie nicht zusammenkleben. Deckel aufsetzen und das Wasser nochmals aufkochen lassen. Temperatur etwas reduzieren und die Nudeln bei offenem Topf etwa 4 Minuten köcheln lassen. Abgießen und gut abtropfen lassen.

5. Drei Esslöffel Butter in einem großen Topf schmelzen, Mohn und Puderzucker zugeben und verrühren. Die Kartoffelnudeln zufügen und die Pfanne leicht schwenken, bis die Nudeln ganz mit der Mohnmischung überzogen sind. Die Mohnnudeln in Dessertschalen anrichten und noch heiß servieren.

POWIDLTASCHERLN
Für vier bis sechs Portionen

Diese Zwetschkenknödel sind wohl die berühmtesten Vertreter aus der Kategorie der süßen Knödel und Nudeln. Statt mit Zwetschkenmus kann man sie auch gut mit Aprikosenkonfitüre füllen.

Kartoffelteig (siehe nebenstehendes Rezept für Mohnnudeln)
50 g Zwetschkenmus, je nach Bedarf etwas mehr
3 EL Butter
35 g frische Semmelbrösel
Puderzucker zum Besieben

1. Den Kartoffelteig auf einer bemehlten Arbeitsfläche etwa 6 Millimeter dick ausrollen. Mit einer runden Ausstechform von etwa 7 Zentimeter Durchmesser Teigkreise ausstechen. Teigreste nochmals kurz durchkneten, ausrollen und weitere Kreise ausstechen, bis insgesamt 30 Teigkreise entstanden sind.

2. In die Mitte jedes Kreises etwa einen halben Teelöffel Zwetschkenmus setzen, die Teigränder mit etwas Wasser bestreichen und die Kreise halbmondförmig zusammenschlagen. Die Teigenden fest zusammendrücken und die Naht mit einer Gabel mehrmals eindrücken. Die Teigtaschen auf ein leicht bemehltes Küchentuch setzen.

3. Reichlich Wasser mit etwas Salz in einem großen Topf zum Kochen bringen, portionsweise die Powidltascherln hineingeben, Deckel aufsetzen und das Wasser nochmals aufkochen lassen. Temperatur etwas reduzieren und die Tascherln etwa 4 Minuten köcheln lassen. Abgießen und gut abtropfen lassen.

4. In der Zwischenzeit die Butter in einer Pfanne schmelzen. Semmelbrösel zugeben und 3–5 Minuten unter ständigem Rühren goldbraun anrösten.

5. Zum Servieren drei bis vier Powidltascherln in einer Dessertschale anrichten, mit den gerösteten Semmelbröseln bestreuen und mit etwas Puderzucker besieben. Noch heiß servieren.

AUFLÄUFE & PUDDINGS

Viele große Kaffeehäuser servieren eine große Auswahl an warmen und kalten Aufläufen und Puddings. Der so genannte Koch, eine echte Wiener Spezialität, wird meist auf der Basis von Semmelbröseln, Knödelbrot oder gemahlenen Nüssen zubereitet, mit Eicreme gebunden und im Backofen gebacken. Er ist so charakteristisch für die Wiener Küche, dass er oft auch Wiener Koch genannt wird. Die hier beschriebenen Aufläufe dagegen werden meist mit Reis und viel leichtem Eischnee gemacht. Der wohl bekannteste Pudding ist der Mohr im Hemd.

KIPFERLKOCH
Für vier bis sechs Portionen

Warum sollte man für einen feinen Wiener Koch nur einfache Semmelbrösel nehmen, wo es doch die wunderbaren Wiener Kipferln gibt? Wenn in den Kaffeehäusern also einmal viele Kipferln übrig bleiben, wird daraus am nächsten Tag ein feiner Kipferlkoch gemacht, der den Gästen dann genauso gut schmeckt wie die frischen Kipferln am Tag zuvor. Natürlich brauchen Sie keine selbst gemachten Kipferln zu verwenden, gekaufte eignen sich ebenso gut für dieses Rezept.

¾ l Milch
6 Eigelbe
100 g Zucker
5 oder 6 Kipferln, in große Stücke gerissen
2 Golden-Delicious-Äpfel, geschält, entkernt und dünn geschnitten
50 g Rosinen
¼ TL gemahlener Zimt
Puderzucker zum Besieben

1. Backofen auf 175 °C vorheizen. Eine große quadratische Auflaufform leicht einfetten.
2. Milch, Eigelbe und Zucker in einer mittelgroßen Schüssel cremig rühren, einen Esslöffel Zucker zurückbehalten. Die Kipferln in eine andere große Schüssel geben und die Hälfte der Eicreme darüber gießen. Die Mischung etwa 15 Minuten durchziehen lassen, dabei die Kipferln häufig umrühren, damit die Creme möglichst ganz aufgesogen wird.
3. Die Hälfte der Kipferlmasse in die Auflaufform füllen. Die geschnittenen Äpfel und die Rosinen darauf verteilen und den Zimt sowie den zurückbehaltenen Zucker darüber streuen. Die restliche Kipferlmasse einfüllen und mit der übrigen Eicreme übergießen.
4. Den Kipferlkoch auf der mittleren Schiene des Backofens etwa 60–70 Minuten goldbraun backen. Die Form aus dem Backofen nehmen, 5 Minuten abkühlen lassen und den Kipferlkoch mit Puderzucker besieben. Noch warm servieren.

Kaffee Wiener Art

Wer in einem Wiener Kaffeehaus genüsslich an einer heißen Tasse Kaffee nippt, tut das meist nicht nur, weil er seine tägliche Koffeinration braucht. Dazu könnte man sich auch einfach in der nächsten Espressobar einen schnellen Schluck genehmigen. Im Kaffeehaus werden Sie dagegen schon beim ersten Schluck merken, dass es sich lohnt, den Kaffee richtig zu genießen. Denn gleichgültig, ob Sie bei Demel, Sacher oder Oberlaa sitzen, überall bekommen Sie Kaffee von der gleichen hervorragenden Qualität serviert.

Will man herausfinden, was den Kaffee in Wien so besonders macht, fragt man am besten die Experten bei Julius Meinl. Der Name Meinl ist in Österreich, Polen, Ungarn und der Tschechischen Republik als große Feinkostkette bekannt.

Ursprünglich war Julius Meinl ein kleiner Kaffeeimporteur, der allerdings schon sehr bald den Kaffeegeschmack ganz Wiens maßgeblich beeinflusste. Sein erstes Geschäft eröffnete er 1862. Zu dieser Zeit wurden die Kaffeebohnen normalerweise in rohem, noch grünem Zustand verkauft und erst zu Hause geröstet: eine zeitraubende Arbeit, die obendrein viel Gefühl und Genauigkeit erforderte. Julius Meinl war der Erste, der beschloss, seinen Kunden frisch geröstete Kaffeebohnen anzubieten, und sie nahmen sein Angebot, das ihnen so viel Mühe ersparte, mit solcher Begeisterung an, dass Meinl sein Geschäft bald landesweit ausbauen konnte.

Schon seit die Türken den ersten Kaffee mit nach Wien gebracht hatten, zogen es die Wiener vor, den allzu bitteren Kaffeegeschmack mit reichlich Milch oder Sahne zu verfeinern. Um dies optimal zu ermöglichen, werden die Kaffeebohnen für die spezielle Wiener Röstung nur bis zu einem Grad geröstet, wo sich der kräftige Kaffeegeschmack noch optimal mit den jeweils gewünschten Milchprodukten verbinden kann. Ein wichtiger Faktor ist dabei die Rösttemperatur, denn die Wiener Röstung ist etwas leichter als die italienische oder die Espressoröstung. Noch entscheidender aber ist die Röstdauer. Bei der Wiener Röstung verlieren die Kaffeebohnen nur 18 Prozent ihres Gewichts, bei der Espressoröstung dagegen 20 Prozent. Dadurch entsteht der intensive, würzige Geschmack ohne die leichte Bitterkeit des Espressos. Natürlich verrät man bei Meinl die genaue Mischung der Kaffeebohnen nicht, es wird nur so viel preisgegeben: Kaffee aus Guatemala eignet sich im Geschmack besonders gut für die Wiener Röstung, während für den italienischen Espresso bevorzugt brasilianische Kaffeebohnen verwendet werden.

Gert Gerersdorfer, Besitzer des Café Dommayer, einem der traditionsreichsten Wiener Kaffeehäuser, hat zu der besonderen Qualität des Wiener Kaffees seine ganz eigene Meinung. Er glaubt, dass neben der speziellen Röstung vor allem das gute Wiener Wasser, das aus den Bergquellen von Raxmassiv, Hochschwab und Schneeberg kommt, dem Kaffee seinen besonders guten Geschmack verleiht. Beim ersten Schluck Kaffee im Haus Dommayer merkt man allerdings sofort, dass für dieses besondere Aroma nicht allein das gute Wasser verantwortlich sein kann. Gert Gerersdorfer verrät, dass sein Kaffee mit winzigen Mengen Feigenkaffee und Malzkaffee verfeinert wird. Wien hatte in seiner turbulenten Geschichte viele lange Kriegsjahre zu durchleben, in denen guter Kaffee schwer zu haben war. Um den wenigen Bohnenkaffee zu strecken oder auch um Kaffee komplett zu ersetzen, zermahlte man häufig getrocknete Feigen oder geröstetes Malz und braute daraus ein heißes, würziges Getränk. Viele Wiener fanden sogar großen Gefallen an dem würzigen Ersatzkaffee, und so erfreut sich die spezielle Dommayermischung auch heute noch, vor allem bei den älteren Kaffeehausbesuchern, großer Beliebtheit.

Natürlich bietet auch Julius Meinl frischen Feigen- und Malzkaffee an. Gibt man von beiden eine kleine Menge zum heimischen Bohnenkaffee, kann man sich auch zu Hause jede Tasse Kaffee ganz nach Belieben verfeinern. Die Feigen geben dem Kaffee mehr Süße, während das Malz den Geschmack etwas cremiger und milder macht. Mit dem Wiener Kaffee ist es allerdings genauso wie mit jeder anderen Köstlichkeit, die man im Urlaub kennen lernt. Man sollte besser nicht versuchen, ihn zu Hause nachzuahmen, denn im Kaffeehaus in Wien frisch serviert schmeckte er doch noch hundertmal besser.

SCHOKOLADENKNÖDEL MIT SCHLAGOBERS
- Somlói Galuska -
Für zwölf Portionen

Diese Schokoladenknödel sind eine echte ungarische Spezialität, die man in jedem Budapester Kaffeehaus findet. Benannt ist sie nach der ungarischen Weinstadt Somlói in der Nähe des Plattensees. Kreiert wurde die Spezialität im berühmten Budapester Restaurant Gundel. Es ist jedoch nicht ganz einfach, sie zu Hause herzustellen, denn idealerweise wären drei Backbleche nötig, um die verschiedenen Biskuitteigschichten gleichzeitig zu backen. Natürlich kann man die Teigplatten auch separat backen, dadurch verlängert sich aber die Zubereitungszeit erheblich. Die Teigschichten brauchen allerdings keine allzu lange Backzeit, und auch die übrigen Zutaten lassen sich sehr schnell verarbeiten. Sie sollten den Kuchen mindestens 8 Stunden im Voraus zubereiten und backen, damit die verschiedenen Füllungen und Flüssigkeiten gut einziehen können.

FÜR DEN EINFACHEN BISKUITTEIG
3 große Eier, zimmerwarm
75 g Zucker
75 g Mehl
1 Prise Salz

FÜR DEN WALNUSSBISKUITTEIG
40 g Walnüsse, gehackt
50 g Mehl
1 Prise Salz
3 große Eier, zimmerwarm
75 g Zucker

FÜR DEN SCHOKOLADENBISKUITTEIG
50 g Mehl
2 EL Kakaopulver
1 Prise Salz
3 große Eier, zimmerwarm
75 g Zucker

FÜR DEN RUMSIRUP
150 g Zucker
1 Orangenschalenstreifen, ca. 7 cm lang
1 Zitronenschalenstreifen, ca. 7 cm lang
75 ml brauner Rum

FÜR DIE CREMEFÜLLUNG
1 l Milch
50 g Speisestärke
6 Eigelbe von großen Eiern
150 g Zucker
Mark von 1 ½ Vanilleschoten

75 g Rosinen
50 g Walnüsse, gehackt
100 g Aprikosenkonfitüre
1 EL Kakaopulver zum Garnieren
Schlagobers (siehe Seite 35) zum Servieren
Schokoladensauce mit Rum
(siehe Seite 34) zum Servieren

1. Backofen auf 175 °C vorheizen und ein Backblech mit Backpapier auslegen. Für den einfachen Biskuitteig die Eier mit dem Zucker in eine hitzebeständige Schüssel geben und in einen hohen Topf mit heißem Wasser stellen (das Wasser sollte den Boden der Schüssel nicht berühren). Die Mischung mit einem großen Schneebesen ca. 1 Minute schlagen, bis sie sich erwärmt und der Zucker sich aufgelöst hat. Die Schüssel aus dem Topf nehmen und die Mischung mit dem Handrührgerät auf höchster Stufe etwa 3 Minuten schlagen, bis sich ihr Volumen verdreifacht hat. Mehl und Salz mischen, in zwei Portionen über die Eimischung sieben und unterheben. Den Teig mit Hilfe eines Metallspatels gleichmäßig auf das Backblech streichen.
2. Den Biskuitteig auf der mittleren Schiene des Backofens etwa 12 Minuten goldgelb backen, aus dem Backofen nehmen und 3 Minuten abkühlen lassen. Mit einem Messer an den Seiten der Biskuitplatte entlangfahren, damit sie sich leicht vom Blech löst. Backpapier über den Teig legen und ein zweites Backblech darauf stülpen. Den Biskuit auf das zweite Backblech stürzen, vorsichtig das Backpapier abziehen und den Biskuit auskühlen lassen. Das erste Backblech mit kaltem Wasser abspülen, abtrocknen, dann erneut mit Backpapier auslegen.
3. Für den Walnussteig die Walnüsse mit Mehl und Salz im Mixer zerkleinern, bis sie sehr fein – fast mehlartig – zermahlen sind. Den Walnussbiskuitteig wie den oben beschriebenen einfachen Biskuitteig zubereiten und backen, dabei anstelle des Mehls die Walnussmischung unter die Eimischung heben.
4. Für den Schokoladenbiskuitteig das Mehl mit Kakaopulver und Salz sieben. Den Schokoladenbiskuitteig wie den oben beschriebenen einfachen Biskuitteig zubereiten und backen, dabei anstelle des Mehls die Kakaomischung unter die Eimischung heben.
5. Für den Rumsirup Zucker, 200 Milliliter Wasser, Orangen- und Zitronenstreifen in einem kleinen Topf bei mittlerer Hitze verrühren und aufkochen lassen. Den Sirup ohne umzurühren etwa 5 Minuten köcheln lassen, bis er etwas reduziert ist. Den Topf vom Herd ziehen und den Sirup völlig erkalten lassen. Zum Schluss den Rum einrühren und die Schalenstreifen entfernen.
6. Für die Cremefüllung drei viertel Liter Milch aufkochen lassen. Die restliche Milch in einen anderen, großen Topf gießen, die Speisestärke hineinstreuen und verrühren, bis sie sich aufgelöst hat. Eigelbe, Zucker und nach und nach die heiße Milch einrühren. Die Mischung bei mittlerer Hitze zum Kochen bringen, dabei häufig umrühren. Den Topf vom Herd ziehen und das Vanillemark einrühren. Die Mischung in eine mittelgroße Schüssel gießen, diese in eine größere Schüssel mit Eiswasser stellen und die Mischung unter gelegentlichem Rühren etwas abkühlen lassen.
7. Rosinen und Walnüsse in einer Schüssel mischen. Die Konfitüre bei mittlerer Hitze in einem kleinen Topf zum Kochen bringen, dabei häufig umrühren. Warm halten.
8. Den Walnussbiskuitteig auf ein Backblech setzen, mit einem Backpinsel ein Drittel des Rumsirups darauf verteilen, dann die warme Aprikosenkonfitüre und ein Drittel der Cremefüllung darüber streichen. Die Hälfte der Rosinen-Nuss-Mischung darauf streuen. Den Schokoladenbiskuit aufsetzen, die Hälfte des restlichen Sirups und der Cremefüllung darauf verstreichen. Die übrige Rosinen-Nuss-Mischung darüber streuen. Die einfache Biskuitschicht aufsetzen und mit dem verbleibenden Sirup bestreichen. Die restliche Creme darauf verstreichen und zum Schluss das Kakaopulver darüber sieben. Den Kuchen mit

Klarsichtfolie bedecken und 8–12 Stunden kühl stellen.

9. Zum Servieren mit einem großen Servierlöffel oder einem Eislöffel jeweils zwei bis drei »Knödel« ausstechen und in Dessertschalen anrichten. Den Schlagobers in einen großen Spritzbeutel mit Sterntülle füllen und auf jede Portion eine Sahnerosette spritzen. Zum Schluss die »Knödel« mit etwas Rum-Schokoladen-Sauce übergießen. Gekühlt servieren.

REIS TRAUTTMANNSDORFF
Für acht Portionen

Die Franzosen haben einen geradezu kaiserlichen Reispudding, den typischen *riz à l'impératrice* oder Kaiserinnenreis. Doch auch in Österreich gibt es einen traditionellen Reisauflauf, der zwar keinen kaiserlich-königlichen Namen trägt, aber sicher ebenso köstlich schmeckt. Außerdem hat der Reis Trauttmannsdorff (siehe Abb. Seite 192), eine extravagante Kreation aus zartem Reis und viel frischen Früchten – am besten eignen sich Himbeeren, Heidelbeeren oder auch Walderdbeeren –, ganz bestimmt auch dem Kaiser und der Kaiserin vorzüglich gemundet, denn die Köche der Hofburg brachten ihn oft auf den kaiserlichen Tisch.

Es gibt einige Tricks, damit der Reis auch wirklich gut gelingt. Zunächst sollten Sie auf alle Fälle Risotto- oder Milchreis verwenden, da durch seinen hohen Stärkeanteil die Sauce zusätzlich eingedickt wird. Langkornreis erfüllt diesen Zweck nicht so optimal. Gießen Sie das Wasser vom Reis aber nicht ab, sonst geht die Stärkeschicht an der Oberfläche verloren. Achten Sie außerdem darauf, den Reis sehr weich zu kochen; für die meisten anderen Gerichte sollte er fast schon zu weich sein. Andernfalls wird der Reis zu schnell fest, wenn man ihn kühl stellt, und es bilden sich kleine Klümpchen. Traditionell macht man Reis Trauttmannsdorff mit Maraschinolikör, Sie können aber auch jeden anderen Fruchtlikör, wie z.B. Kirsch- oder Himbeerlikör bzw. Triple Sec, verwenden.

---

175 g frische Himbeeren
2 EL Maraschinolikör, Kirsch- oder Himbeerlikör oder Triple Sec
150 g Zucker
1 TL frisch gepresster Zitronensaft
150 g Milch- oder Risottoreis
¾ l Milch, je nach Bedarf etwas mehr
Abgeriebene Schale von ½ Zitrone
75 ml kaltes Wasser
1 Päckchen gemahlene Gelatine
Mark von ½ Vanilleschote
250 g Sahne, gekühlt

Himbeersauce (siehe Seite 199) zum Servieren

---

1. In einer kleinen Schüssel die Himbeeren vorsichtig mit einem Esslöffel Maraschinolikör, einem Esslöffel Zucker und dem Zitronensaft vermischen und beiseite stellen, während der Auflauf vorbereitet wird.

2. Reis mit Milch und Zitronenschale bei mittlerer Hitze zum Kochen bringen, dabei häufig umrühren, damit sich nichts anlegt. Die Temperatur reduzieren und den Reis 25–30 Minuten köcheln lassen, bis er sehr weich ist und die Milch fast ganz aufgenommen hat. Ist die ganze Milch aufgesogen, bevor der Reis weich genug ist, noch etwas Milch zugießen. Der fertige Reis sollte locker und sehr weich sein.

3. Währenddessen das Wasser in eine kleine Schüssel gießen und die Gelatine einstreuen. 5 Minuten stehen lassen, dann umrühren, bis sich die Gelatine ganz aufgelöst hat. Die aufgeweichte Gelatine mit sieben Esslöffeln Zucker unter den Reis rühren und alles ca. 1 Minute gleichmäßig verrühren.

4. Den Reis in eine Schüssel füllen und diese in eine größere Schüssel mit Eiswasser setzen. Den restlichen Maraschinolikör und das Vanillemark einrühren und den Reis unter häufigem Rühren etwa 20 Minuten abkühlen lassen. Der Reis darf dabei nicht fest werden.

5. Die Sahne mit dem verbleibenden Zucker in einer mittelgroßen, gekühlten Schüssel steif schlagen und unter den Reis heben.

DIE GESCHICHTE DES REIS TRAUTTMANNSDORFF

Die Trauttmannsdorffs sind ein sehr altes Wiener Adelsgeschlecht, das sich bis ins 14. Jahrhundert zurückverfolgen lässt. Besonders hervorgetan hat sich Graf Ferdinand Trauttmannsdorff (1749-1827), der als Diplomat schnell Karriere machte und schließlich als Gouverneur der Niederlande eingesetzt wurde, das zu dieser Zeit in Habsburger Besitz stand.

Als Trauttmannsdorff nach Wien zurückkehrte, berief ihn Kaiser Franz I. zu seinem persönlichen Berater für den Wiener Kongress 1815. Zwar ist es nicht eindeutig bewiesen, es liegt aber nahe, dass Reispudding eines von Graf Ferdinands Lieblingsgerichten gewesen sein muss, sonst hätte man diesem typischen Gericht wohl kaum seinen Namen gegeben.

6. Die Himbeeren abgießen. Nach Belieben den abgegossenen Sirup aufbewahren und später unter die Himbeersauce rühren. Etwa 75 Gramm Reismischung unter die Himbeeren mischen.

7. Eine mittelgroße Puddingform mit etwas Öl auspinseln. Die Hälfte der Reismischung in die Form füllen und glatt streichen. Darauf gleichmäßig den Himbeerreis verteilen und die restliche Reismischung darüber geben. Die Form mit Klarsichtfolie fest verschließen und den Reispudding 2–12 Stunden kühl stellen, damit er sehr fest wird.

8. Zum Servieren mit einem scharfen Messer an der Innenseite der Form entlangfahren. Die Form kurz in eine große Schüssel mit warmem Wasser setzen, dann den Reispudding auf einen großen Teller stürzen. In Scheiben schneiden und gekühlt mit etwas Himbeersauce servieren.

HIMBEERSAUCE
ERGIBT ETWA 250 G SAUCE

500 g frische Himbeeren mit 35 g Puderzucker und 1 TL frisch gepresstem Zitronensaft im Mixer pürieren. Nach Belieben den abgegossenen Himbeersirup zufügen. Die Sauce durch ein Drahtsieb streichen und mit etwas Zucker oder Zitronensaft abschmecken.

MOHR IM HEMD
Für acht Portionen

Dieser köstliche, warm servierte Schokoladenpudding wird mit hellem Schaumobers übergossen. Sie können den Mohr im Hemd natürlich auch mit einfacher Schlagsahne servieren. Deutlich besser eignet sich aber Schaumobers, denn der enthaltene Eischnee verhindert, dass die Sahne auf dem warmen Pudding zu schnell schmilzt. Traditionell wird der Mohr in einer Puddingform mit Deckel gemacht, Sie können aber auch eine kleine Guglhupfform verwenden und diese mit ausgebutterter Alufolie abdecken. Der Pudding muss etwa 45 Minuten kochen. Achten Sie darauf, zimmerwarme Eier zu verwenden. Sind sie zu kalt, kann die Puddingmasse schnell zu fest werden, und man kann sie dann nicht mehr so leicht verarbeiten.

FÜR DEN PUDDING
100 g zartbittere Blockschokolade, fein gerieben
100 g Mandelblättchen
125 g Zucker
100 g Butter, zimmerwarm
5 große Eier, getrennt, zimmerwarm
Puderzucker zum Besieben
Schaumobers (siehe Seite 35)
Schokoladensauce (siehe Seite 34) nach Belieben

1. Eine mittelgroße Puddingform mit Deckel einfetten und mit Semmelbröseln ausstreuen. Überschüssige Semmelbrösel abklopfen.

2. Die Schokolade im Wasserbad schmelzen, vom Herd ziehen und etwas abkühlen lassen, dabei häufig umrühren.

3. Die Mandelblättchen mit zwei Esslöffel Zucker im Mixer zerkleinern, bis sie fein gemahlen, aber nicht ölig sind. Beiseite stellen.

4. Die Butter in einer mittelgroßen Schüssel mit dem Handrührgerät auf höchster Stufe etwa 1 Minute cremig rühren. Nach und nach die Eigelbe zugeben. Die geschmolzene Schokolade und die Mandelmischung unterrühren.

5. In einer anderen Schüssel das Eiweiß zu steifem Schnee schlagen, dabei nach und nach den restlichen Zucker einrieseln lassen. Etwa ein Viertel des Eischnees unter die Eigelbmasse rühren, den Rest unterheben.

6. Die Puddingmasse löffelweise in die Form füllen, die Oberfläche glatt streichen und den Deckel auf die Form setzen. Die Form in einen großen Topf setzen und diesen mit heißem Wasser füllen, so dass die Puddingform etwa zur Hälfte im Wasser steht. Das Wasser bei großer Hitze zum Kochen bringen. Den Topf zudecken und die Temperatur etwas reduzieren. Den Pudding etwa 1 Stunde kochen, dabei je nach Bedarf etwas mehr heißes Wasser nachfüllen. Garprobe machen. Die Form aus dem Wasserbad nehmen und den Pudding 5 Minuten abkühlen lassen.

7. Zum Servieren den Pudding auf einen vorgewärmten Teller stürzen und mit etwas Puderzucker besieben. Den Pudding in Stücke schneiden, auf kleinen Tellern anrichten und jedes Stück mit einem kräftigen Löffel Schaumobers und etwas warmer Schokoladensauce garnieren.

REISAUFLAUF MIT KIRSCHEN
Für vier bis sechs Portionen

Dieser Auflauf ist viel raffinierter als gewöhnlicher Reispudding. Er ist sehr leicht, fast souffléartig und wird warm serviert. Die Kirschen geben ihm einen leicht säuerlichen Geschmack, ein reizvoller Kontrast zum süßen Milchreis. Natürlich können Sie stattdessen auch andere Früchte verwenden. Besonders beliebt sind auch Äpfel oder jede Beerensorte. Der Pudding kann pur oder mit etwas Vanillesauce serviert werden.

Die Nähe Österreichs zu Italien spürt man auch in der Küche, denn hier wird sehr oft mit italienischem Rundkornreis gekocht, der mehr Stärke enthält als normaler Langkornreis und sich für alle Reisaufläufe bestens eignet, denn durch die Stärke werden sie noch cremiger. Italienischer Arborio-Reis lässt sich ebenso gut verwenden wie Vialone Nano, Carnaroli oder Baldo. Sie können aber auch jeden Risottoreis aus dem Supermarkt verwenden.

¾ l Milch, je nach Bedarf etwas mehr
150 g Milch- oder Risottoreis
(siehe Vorschläge oben)
1 Prise Salz
50 g Butter, zimmerwarm
Mark von 1 Vanilleschote
Abgeriebene Schale von 1 Zitrone
3 große Eier, getrennt, zimmerwarm
150 g Zucker
250 g frische Kirschen, entsteint und halbiert
Puderzucker zum Besieben

1. Milch, Reis und Salz in einen mittelgroßen Topf geben. Bei mittlerer Hitze zum Kochen bringen, dabei häufig umrühren, damit die Milch nicht überkocht. Temperatur reduzieren und den Reis unbedeckt etwa 25 Minuten sehr weich kochen, dabei häufig umrühren, damit er sich nicht am Topfboden anlegt. Den Reis nicht zu schnell kochen, sonst nimmt er die gesamte Milch auf, bevor er weich genug ist. Je nach Bedarf etwas mehr Milch zugeben. Der fertige Reis sollte locker und sehr weich sein. Topf vom Herd ziehen und Butter, Vanillemark und Zitronenschale zum Reis zugeben. Umrühren, damit die Butter schmilzt.

2. Backofen auf 175 °C vorheizen. Eine große, quadratische Auflaufform leicht einfetten und mit Semmelbröseln ausstreuen. Überschüssige Semmelbrösel abklopfen.

3. Das Eiweiß in einer mittelgroßen Schüssel mit dem Handrührgerät auf höchster Stufe zu steifem Schnee schlagen, dabei nach und nach die Hälfte des Zuckers einrieseln lassen.

4. In einer anderen Schüssel die Eigelbe mit dem restlichen Zucker etwa 2 Minuten schlagen, bis sie hell und schaumig sind. Die warme Reismischung nach und nach in die Eigelbmischung rühren. Ein Viertel des Eischnees unter die Reismischung rühren, den Rest unterheben.

5. Die Hälfte der Reismischung in die Auflaufform füllen. Die Kirschen darüber streuen und den restlichen Reis darüber streichen. Den Auflauf auf der mittleren Schiene des Backofens etwa 30 Minuten goldgelb backen. Den Auflauf aus dem Backofen nehmen, mit Puderzucker besieben und noch warm servieren.

WEINCHAUDEAU
Für vier bis sechs Dessertportionen oder acht Saucenportionen

Zwar ist diese typische Wiener Creme ganz eindeutig mit der italienischen Zabaione verwandt, trotzdem gibt es zwischen beiden einige entscheidende Unterschiede. Anstelle von Marsalawein wird für Weinchaudeau immer ein fruchtiger Weißwein verwendet. Und während man Zabaione grundsätzlich nur mit Eigelben zubereitet, nimmt man für ihre Wiener Verwandte zusätzlich ein ganzes Ei, um die Creme noch leichter und luftiger zu machen. Ansonsten werden beide Desserts ganz ähnlich zubereitet: Beide müssen mit dem Schneebesen über heißem Wasser geschlagen und sofort ganz frisch serviert werden. Wichtig ist außerdem, dass alle Zutaten bei der Zubereitung zimmerwarm sind. In Österreich wird Weinchaudeau gerne zum Strudel serviert, besonders gut passt es zum Weintraubenstrudel (siehe Seite 98).

500 g frische Himbeeren, Brombeeren oder entstielte, in Scheiben geschnittene Erdbeeren
5 Eigelbe von großen Eiern, zimmerwarm
1 großes Ei, zimmerwarm
⅛ l halbtrockener, fruchtiger Weißwein, z. B. Riesling, zimmerwarm
75 g Zucker

1. Die Beeren verlesen und gemäß der gewünschten Portionenanzahl auf einige Weingläser verteilen.

2. Die Eigelbe mit dem ganzen Ei, dem Weißwein und dem Zucker in einer mittelgroßen, hitzebeständigen Schüssel verrühren. Die Schüssel in einen hohen Topf mit leicht köchelndem Wasser stellen. Das Wasser sollte den Boden der Schüssel nicht berühren. Die Weincreme etwa 5 Minuten erhitzen, dabei mit einem großen Schneebesen ständig rühren, bis sie sehr leicht und schaumig ist und sich ihr Volumen verdreifacht hat. Die fertige Creme löffelweise über die Beeren geben und sofort servieren.

NUSSPUDDINGS
Für sechs Puddings

Dies ist ein weiteres köstliches Rezept der Besitzerin des Berghotels Tulbingerkogel im Wienerwald, Frau Bleuel. Ihr verdankt dieses Buch auch den wunderbaren Milchrahmstrudel (siehe Seite 100) und die Mohnnudeln (siehe Seite 190). Die kleinen, warm servierten Nusspuddings eignen sich hervorragend als besonderes Dessert zum Ausklang eines schönen Essens, denn sie können im Voraus vorbereitet und dann kurz aufgewärmt werden. Wenn Sie möchten, können Sie anstelle der Walnüsse auch Mandelblättchen oder gehackte Haselnüsse verwenden oder alle drei Nusssorten kombinieren. Wenn Sie den Pudding im Voraus zubereiten, stellen Sie ihn kurz vor dem Servieren einfach ins Wasserbad und erhitzen ihn bei 175 °C 15 Minuten im Backofen.

⅛ l Milch
75 g frische Semmelbrösel
100 g Butter, zimmerwarm
4 große Eier, getrennt, zimmerwarm
2 Eiweiße von großen Eiern, zimmerwarm
100 g Zucker
100 g Walnüsse, grob gehackt

Schokoladensauce (siehe Seite 34) zum Servieren

1. Backofen auf 175 °C vorheizen. Sechs kleine Puddingformen leicht einfetten und mit Semmelbröseln ausstreuen. Überschüssige Semmelbrösel abklopfen.
2. Die Milch in eine kleine Schüssel gießen, die Semmelbrösel hineingeben und 5 Minuten einweichen lassen. Die Semmelbrösel in ein Drahtsieb abgießen und zusätzlich überschüssige Milch ausdrücken. Sie sollten eine homogene, aber nicht zu trockene Masse bilden.
3. Die Butter mit dem Handrührgerät auf höchster Stufe etwa 1 Minute cremig rühren. Die Eigelbe mit der Hälfte des Zuckers in einer anderen Schüssel 2–3 Minuten schlagen, bis sie hell und schaumig sind. Die Eimischung unter die Butter rühren. Semmelbrösel und gehackte Walnüsse zugeben und alles gut vermengen.
4. In einer dritten Schüssel das Eiweiß zu steifem Schnee schlagen, dabei nach und nach den restlichen Zucker einrieseln lassen. Etwa ein Viertel des Eischnees zur Auflockerung in den Walnussteig rühren, den Rest unterheben.
5. Den Teig löffelweise in die Puddingformen füllen und die Formen in eine große Auflaufform stellen. Diese so weit mit Wasser füllen, dass die Puddingformen zur Hälfte im Wasser stehen. Die Nusspuddings auf der mittleren Stufe des Backofens etwa 30 Minuten backen. Garprobe machen.
6. Die Auflaufform aus dem Backofen nehmen, die Puddingformen herausnehmen und bei Zimmertemperatur 5–10 Minuten abkühlen lassen. Zum Servieren mit einem scharfen Messer an der Innenseite der Förmchen entlangfahren und die Puddings auf Dessertteller stürzen. Jeden Pudding mit etwas warmer Schokoladensauce übergießen und noch warm servieren.

HEISSE & KALTE GETRÄNKE

Im Kaffeehaus bestellt man gewöhnlich nicht einfach nur eine Tasse Kaffee. Soll er groß oder klein sein? Espresso oder normal? Schwarz oder mit Milch? Und welche Farbe soll der Milchkaffee haben? Eine Melange aus halb Milch und halb Kaffee? Oder darf es vielleicht ein Franziskaner sein, bei dem so viel Milch im Kaffee ist, dass er farblich an die Kutten der Franziskanermönche erinnert? Die Palette der Möglichkeiten ist riesig.

Natürlich gibt es im Kaffeehaus auch noch andere Getränke zur Auswahl. Auch Freunde des feinen Teegenusses kommen dort auf ihre Kosten. Alkoholische Getränke kann man ebenfalls bestellen. Sie können sich also auch einen Schuss Rum im Kaffee oder Tee gönnen. Fruchtsäfte, Limonaden, Bier oder Wein – je größer das Kaffeehaus, desto größer die Getränkeauswahl.

Allerdings wird viel Wert darauf gelegt, zur jeweiligen Saison auch das passende Getränk zu servieren. Im Winter, wo es empfindlich kalt werden kann, tut ein heißer Punsch oder eine heiße Schokolade besonders gut. Wenn Sie solche Köstlichkeiten zu Hause servieren möchten, sollten Sie die Tassen allerdings vorher anwärmen. Dann bleibt Ihr Getränk viel länger schön heiß.

In der warmen Jahreszeit dagegen sind eisgekühlte Getränke wichtig – der Eiskaffee beispielsweise ist ein echter Klassiker. In guten Kaffeehäusern wird niemals heißer Kaffee einfach über ein paar Eiswürfel gekippt. Für den echten Eiskaffee wird der Kaffee vorher kühl gestellt.

Wien ist eine Weinstadt – innerhalb des Wiener Stadtgebiets gibt es sogar mehr bewirtschaftete Weinberge als in jeder anderen Stadt der Welt. Und natürlich möchten die Wiener ihren geliebten einheimischen Wein sooft wie möglich servieren. Natürlich sollten Sie die edlen Tropfen pur genießen, aber auch Glühwein und Bowle sind da zwei beliebte Möglichkeiten. Während der heiße Glühwein meist auf Rotweinbasis gemacht und bevorzugt in der Weihnachtszeit zum Aufwärmen serviert wird, ist die Bowle ein klassisches Sommergetränk und verwendet meist Weißwein als Grundlage. Frische Früchte und Beeren der Saison machen die Bowle besonders fruchtig und erfrischend. Wenn Sie heißen Glühwein oder Punsch zubereiten, achten Sie darauf, ihn sehr langsam zu erhitzen – er darf keinesfalls kochen. Die Bowle dagegen sollten Sie zum Kühlen nie über Eiswürfel gießen, denn dadurch verwässert sie leicht. Stellen Sie die Bowle einfach in eine große Schüssel mit zerstoßenem Eis – das hält sie wunderbar kühl.

MARIA THERESIA

Kaiserin Maria Theresia regierte die Donaumonarchie über 40 Jahre lang – und doch hätte sie den Sprung auf den Thron beinahe nicht geschafft. Denn in der Habsburger Linie durften bis zu diesem Zeitpunkt nur männliche Nachkommen die Thronfolge antreten. Maria Theresias Vater Karl VI. hatte allerdings keine Söhne, und so erließ er 1740 die so genannte Pragmatische Sanktion, die seiner Tochter den Thron sicherte. Prompt lehnten einige konservative, linientreue Aristokraten diese radikale Neuerung ab und weigerten sich, die neue Kaiserin anzuerkennen. Der österreichische Erbfolgekrieg wütete daraufhin acht lange Jahre. Am Ende dieser Zerreißprobe war Maria Theresia immer noch Kaiserin und hatte außerdem Kaiser Franz Stephan I. als Ehemann und Mitregenten an ihrer Seite.

Maria Theresia war eine sehr mütterliche Regentin, sie wurde von Beginn an von ihrem Volk als Landesmutter verehrt. Mütterlich war Maria Theresia aber auch in ganz anderer Hinsicht. Sie hatte 16 Kinder, wodurch der Fortbestand der Habsburger Linie mehr als gesichert war. Eine ihrer Töchter war Marie-Antoinette, die als spätere Königin von Frankreich traurige Berühmtheit erlangte. Maria Theresias Sohn Joseph II. folgte ihr 1780 auf den Thron und war als liberaler und weitsichtiger Regent bei seinem Volk auch sehr beliebt. Gutes Essen spielte am kaiserlichen Hof seit jeher eine große Rolle. Am liebsten verwöhnte die Kaiserin ihre Familie – und sich selbst – natürlich mit allerlei süßen Leckereien, die sie bei den besten Bäckern der Stadt reichlich bestellte. Ein Treppenhaus in der weitläufigen Hofburg soll von den Lieferanten, die täglich im Palast aus und ein gingen, sogar so oft benutzt worden sein, dass es heute noch im Volksmund die Zuckerbäckerstiege heißt.

KAFFEE »MARIA THERESIA«
Für eine Tasse

Gerichte, die den Namen der Kaiserin Maria Theresia tragen, sind meist ganz besondere Köstlichkeiten, denn die Regentin wusste die raffinierte Wiener Küche sehr zu schätzen.

Den Kaffee »Maria Theresia« serviert auch heute noch jedes gute Kaffeehaus. Häufig wird dazu klarer Orangenlikör, wie etwa Cointreau oder auch Triple Sec, verwendet. Der etwas kräftigere Grand Marnier, der auf Cognac-Basis hergestellt wird, verbindet sich aber noch besser mit dem intensiven Kaffeearoma. Wenn Sie anstelle des Orangenlikörs Rum in den Kaffee geben, erhalten Sie einen Fiaker, die Bezeichnung für die typischen einspännigen Pferdekutschen, die man überall in Wien antrifft. Die Kutscher brauchten schließlich in den Wintermonaten etwas Gehaltvolles zum Aufwärmen, das möglichst lange vorhielt. Traditionell wird der Fiaker in einem kleinen Glas mit Henkel serviert, denn die Fiakerkutscher müssen immer eine Hand für die Zügel frei haben.

3 EL Orangenlikör, z. B. Grand Marnier
1 TL extrafeiner Zucker
1 Tasse heißer, frisch gebrühter Kaffee, am besten Wiener Röstung
1 EL Schlagobers (siehe Seite 35)
Frisch geriebene Orangenschale zum Garnieren

Eine Kaffeetasse mit heißem Wasser vorwärmen. Den Likör in die Tasse geben und den Zucker einrühren. Den heißen Kaffee darauf gießen. Die Schlagsahnehaube auf den Kaffee setzen und etwas Orangenschale frisch darüber reiben. Sofort servieren.

FIAKER
Anstelle des Orangenlikörs 3 EL braunen Rum in die Tasse geben. Orangenschale weglassen.

Kaffee, Tee und Schokolade

Europäische Forscher brachten von ihren Entdeckungsreisen durch den amerikanischen Kontinent immer eine bunte Auswahl neuartiger und köstlicher Lebensmittel mit nach Hause. Tomaten, Süßkartoffeln, Truthahn, Mais, Bohnen und andere Lebensmittel, die heute ganz selbstverständlich auf unserem Speiseplan stehen, galten zu damaliger Zeit als exotisch oder sogar lebensgefährlich. Den größten Einfluss auf die Gewohnheiten der Menschen hatten aber keineswegs essbare Lebensmittel, sondern kleine harte Bohnen und Blätter, die geröstet oder gekocht zu Getränken verarbeitet wurden.

Kaffee, Tee und Schokolade veränderten die Ess- und Trinkgewohnheiten der Menschen auf radikale Weise. Ursprünglich kam man in Wien durch die häufigen – eher unliebsamen – Begegnungen mit den Türken auf den Geschmack des Kaffees. Erst als die ersten Kaffeeplantagen in den tropischen Zonen Mittel- und Südamerikas und in anderen neu entdeckten Regionen, wie den niederländischen Kolonien in Indonesien, angepflanzt und bewirtschaftet wurden, war das türkische Kaffeemonopol gebrochen und eine zuverlässige und dauerhafte Versorgung Europas mit Kaffee sichergestellt.

In den Wiener Kaffeehäusern war der Zutritt anfangs nur Männern gestattet, und es dauerte einige Zeit, bis man auch weibliche Gäste akzeptierte. Von Anfang an aber ließen es sich die Frauen nicht nehmen, Bekannte und Freunde zu Hause zum Kaffee einzuladen. Und so gab es in Deutschland und Österreich im 17. Jahrhundert bereits die ersten Kaffeekränzchen und Kaffeeklatschrunden, bei denen die Frauen regelmäßig bei einer Tasse Kaffee Neuigkeiten austauschten. In Österreich entwickelte sich daraus im Laufe der Zeit auch die Jause.

Verbesserte Handelswege sorgten für eine zuverlässige Versorgung Europas mit Tee aus asiatischen Ländern. Obwohl Kaffee im deutschsprachigen Europa weiterhin am beliebtesten war, wurde er in Großbritannien bald vom Tee überholt.

Ein weiterer Klassiker in den Kaffeehäusern Österreichs, Ungarns und Tschechiens ist die heiße Schokolade. Schon die Azteken schätzten die süße Köstlichkeit wegen ihrer aphrodisischen Wirkung. Als spanische Eroberer später die Schokolade nach Hause zu ihren Königen brachten, wurde sie prompt als Medizin und Allheilmittel angepriesen. Über hundert Jahre lang waren die Spanier die einzigen Europäer, die um die vielen Vorzüge der Schokolade wussten, die sie mit Honig und Gewürzen verfeinerten. Es heißt, die Schokolade habe ihren Siegeszug durch den Rest Europas etwa um das Jahr 1613 angetreten, als Prinzessin Anna von Österreich, die in Spanien aufgewachsen war, den französischen König Ludwig XIII. heiratete. Wahrscheinlich brachte sie die Schokolade ursprünglich als Medizin mit nach Frankreich. Am französischen Hof erkannte man aber bald, dass heiße Schokolade jederzeit ein wahrhaft königlicher Genuss ist, und so erfreute sich die Schokolade bald auch in den übrigen Königshäusern Europas größter Beliebtheit.

Schokolade wird aus gemahlenen Kakaobohnen gewonnen und meist mit Zucker und anderen Geschmacksstoffen verfeinert. Bis ins frühe 19. Jahrhundert hinein kannte man sie hauptsächlich als Getränk. Sie wurde in heißem Wasser aufgelöst und oft mit etwas Wein angereichert. Es war schwierig, Schokolade zum Kochen zu verwenden, denn der hohe Fettgehalt der Kakaobohnen führte dazu, dass sich die Kakaobutter beim Erhitzen löste und abgeschöpft werden musste. Außerdem waren die Kakaobohnen sehr säurehaltig und ließen sich nur schwer mit anderen Zutaten kombinieren. Im Jahr 1828 entwickelte der Niederländer Coenraad Van Houten, ein Chemiker, schließlich eine neuartige Methode zur Trennung von Kakaobutter und Feststoffen der Kakaobohnen. Die Feststoffe konnten so zu Kakaopulver – wie wir es auch heute noch kennen – zermahlen und aufbereitet werden. Er behandelte die Feststoffe außerdem mit einer Alkalilösung, um ihren Säuregehalt zu reduzieren. Zur großen Freude von Bäckern und Konditoren konnte man Kakaopulver und Schokolade nun sehr viel einfacher zum Kochen und Backen verwenden, was völlig neue köstliche Schokoladendesserts hervorbrachte; die wunderbare Sachertorte ist nur ein Beispiel von vielen. Noch heute gibt es für die Behandlung der Schokolade mit Alkalilösung – dem Niederländer Van Houten zu Ehren – den Fachausdruck »Dutching«, denn »dutch« ist die englische Bezeichnung für Niederländer.

RUMPUNSCH
Für eine Tasse

Mit einer Tasse Rumpunsch lässt es sich an kalten Winternachmittagen wunderbar in einer gemütlichen Kaffeehausnische mit einem Stapel Lieblingszeitungen aushalten. Oder machen Sie es sich damit zu Hause in Ihrem Lieblingssessel mit einem guten Buch bequem! Dieser Punsch wird auf Teebasis gemacht, und die Zutaten lassen sich leicht beliebig oft multiplizieren, so dass Sie auch eine große Gästeschar gut damit bewirten können.

150 ml Wasser
85 ml Orangensaft
1 EL frisch gepresster Zitronensaft
2 EL Zucker
1 EL schwarzer Tee
2–3 EL brauner Rum

Wasser mit Orangensaft, Zitronensaft und Zucker bei mittlerer Hitze zum Kochen bringen. Den Topf vom Herd ziehen, Teeblätter zugeben und zudecken. Den Rum zufügen. Den Punsch 3 Minuten ziehen lassen, dann durch ein Teesieb in eine vorgewärmte Tasse abgießen und sofort servieren.

zu trockenen Rotwein wählen. Verwenden Sie außerdem immer einen Topf aus Edelstahl oder emailliertem Stahl. In einem Aluminiumtopf reagiert der Wein mit dem Metall, und der Glühwein bekommt einen metallischen Beigeschmack. Achten Sie außerdem darauf, den Glühwein niemals aufkochen zu lassen. Am besten erwärmen Sie ihn bei schwacher bis mittlerer Hitze, so können sie die Herdplatte immer rechtzeitig ausschalten, und der Glühwein bleibt trotzdem lange heiß.

2 Flaschen fruchtiger Rotwein (0,75 l),
z. B. Merlot
150 ml Orangensaft
2 Orangenschalenstreifen, ca. 10 cm lang
150 g Honig
2 Zimtstangen
1 Vanilleschote, längs aufgeschlitzt

Alle Zutaten bei schwacher Hitze erwärmen, aber nicht aufkochen lassen. Den Glühwein abseien, heiß servieren und bei schwacher bis mittlerer Hitze warm halten.

GLÜHWEIN
Für 10 bis 14 Tassen

Bitterkalte Temperaturen in den Wintermonaten sorgen in Österreich, Ungarn und Tschechien dafür, dass Glühwein in den Kaffeehäusern den ganzen Winter hoch im Kurs steht. Traditionell wird Glühwein natürlich auch auf den vielen Wiener Weihnachtsmärkten angeboten – wo er zum Aufwärmen meist auch dringend notwendig ist. Ein Hauch Vanille macht dieses Rezept zu etwas ganz Besonderem.

Um einen wirklich guten Glühwein selbst zu machen, gibt es einige Dinge zu beachten. Zunächst sollten Sie immer einen fruchtigen, nicht

GEWÜRZTEE
Für eine Tasse

Kaffeeliebhaber können in Wien, Budapest und Prag ihrer Leidenschaft in unzähligen Kaffeehäusern nachgehen, aber auch für Teeliebhaber gibt es dort viele Teestuben und -bars. Die meisten dieser Teestuben servieren den verwöhnten Gästen als Spezialität des Hauses eine ganz eigene Teemischung, die oft vielerlei Gewürze, wie Sternanis, Gewürznelken und Zitronenzesten, enthält. Und jede Mischung hat ihre ganz eigene Wirkung – von belebend bis beruhigend und entspannend. Lassen Sie das Wasser sehr langsam aufkochen, damit die Gewürze ihr volles Aroma entfalten können.

ᕙᓍᓴᓍᓴᓍᓴᓍᕗ
¼ l Wasser
2 Zitronenschalenstreifen, ca. 7 cm lang
1 Sternanis, zerbrochen
6 Gewürznelken
2 TL schwarzer Tee
1 TL Honig
ᕙᓍᓴᓍᓴᓍᓴᓍᕗ

Das Wasser mit Zitronenschale, Sternanis und Gewürznelken in einem kleinen Topf bei mittlerer Hitze langsam zum Kochen bringen. Den Topf vom Herd ziehen und die Teeblätter und den Honig zugeben. Den Topf zudecken, den Tee 3 Minuten ziehen lassen, durch ein Teesieb in eine vorgewärmte Tasse gießen und sofort servieren.

HEISSE SCHOKOLADE MIT SCHLAGOBERS
Für eine Tasse

Für eine echte, zartcremige heiße Schokolade eignet sich am besten Zartbitterschokolade, die in heißem Wasser geschmolzen wird, denn dadurch kann sich ihr Geschmack noch besser entfalten. Ein Löffel Schlagobers gehört außerdem unbedingt dazu.

ᕙᓍᓴᓍᓴᓍᓴᓍᕗ
50 g zartbittere Blockschokolade
60 ml heißes Wasser
2 TL Zucker
¼ l Milch
1 EL Schlagobers (siehe Seite 35) zum Garnieren
ᕙᓍᓴᓍᓴᓍᓴᓍᕗ

Die Schokolade mit dem heißen Wasser im Wasserbad schmelzen. Die geschmolzene Schokolade und den Zucker in den Mixer geben und kurz durchmixen. Nach und nach die heiße Milch zugeben. Die heiße Schokolade in eine vorgewärmte Tasse gießen, darauf eine Sahnehaube setzen und heiß servieren.

BOWLE
Für 10 bis 14 Tassen

Bowle ist das perfekte Getränk für lange, laue Sommerabende oder rauschende Gartenfeste. Am besten eignen sich Pfirsiche oder Erdbeeren – Sie können aber auch beide Früchte mischen. Wenn Sie die Bowle etwas weniger gehaltvoll mögen, lassen Sie einfach den Weinbrand weg und mischen die Früchte nur mit Zucker. Halbtrockener Weißwein, z. B. Riesling, ist die perfekte Grundlage für diese Fruchtbowle. Sie können die Fruchtmischung gut einen Tag im Voraus ansetzen, die fertige Bowle sollte jedoch frisch noch am selben Tag aufgegossen und serviert werden.

ᕙᓍᓴᓍᓴᓍᓴᓍᕗ
500 g Erdbeeren, entstielt und in große Würfel geschnitten
2 reife Pfirsiche, entsteint und in große Würfel geschnitten
100 g Zucker
2 EL frisch gepresster Zitronensaft
¼ l Weinbrand
2 Flaschen halbtrockener Weißwein (0,75 l), z. B. Riesling, gekühlt
Nach Belieben frische Pfefferminzeblätter zum Garnieren
ᕙᓍᓴᓍᓴᓍᓴᓍᕗ

1. Erdbeeren und Pfirsiche mit Zucker und Zitronensaft in einer mittelgroßen Schüssel mischen. Den Weinbrand einrühren. Die Schüssel mit Klarsichtfolie dicht verschließen und die Mischung 4–12 Stunden kühl stellen.

2. Die Fruchtmischung und den Weißwein in einer großen Glasschale vermischen. Die Bowle gekühlt servieren, dabei mit der Schöpfkelle auch immer ein paar Früchte in jedes Glas geben und mit einigen Pfefferminzeblättern garnieren.

Kleine Kaffeeauswahl

Im Laufe der Jahre und Jahrzehnte hat sich in der österreichisch-ungarischen Kaffeehauskultur eine große Auswahl verschiedenster Kaffeegetränke entwickelt, die alle ihrer jeweiligen Besonderheit entsprechend sehr treffende und oft ausgefallene Namen tragen. Anfang der 1990er Jahre gab es in Wien sogar einen übereifrigen Kaffeehauskellner, der ständig 20 verschiedene Farbkärtchen mit sich herumtrug, um den Gästen zu zeigen, in welchen Schattierungen sie ihren Milchkaffee bestellen konnten. Zur Auswahl stand alles von Pechschwarz – ganz ohne Milch – bis Hellbeige.

Nachfolgend finden Sie eine kleine Zusammenstellung aller Kaffeegetränke, die in einem klassischen Wiener Kaffeehaus serviert werden. Denken Sie aber daran, dass viele Kaffeehäuser zusätzlich noch ihre ganz eigene Spezialität anbieten, die es sich unbedingt zu probieren lohnt. Die Kaffeeauswahl ist in Budapest und Prag nicht ganz so reichhaltig; bei Kaffeegetränken, die es in den beiden Städten auch gibt, ist jeweils der ungarische (H) und der tschechische (C) Name beigefügt.

Kleiner Schwarzer / Káva espresso (C) / Eszpresszó (H)	Einfacher Espresso
Kleiner Brauner	Einfacher Espresso mit einem Schuss Milch
Großer Schwarzer / Dupla Eszpresszó (H)	Doppelter Espresso
Großer Brauner	Doppelter Espresso mit einem Schuss Milch
Verlängerter Schwarzer / Hosszú kávé (H)	Espresso mit etwas heißem Wasser »gestreckt«
Mokka / Káva Mocca (C)	Sehr starker schwarzer Filterkaffee
Franziskaner	Kaffee mit so viel Milch, dass er farblich an die Kutten der Franziskanermönche erinnert
Kapuziner / Kapucíner (H)	Kaffee mit etwas weniger Milch, so dass er farblich an die Kutten der Kapuzinermönche erinnert
Nussbraun	Kaffee mit Milch; heller als Kapuziner, aber dunkler als Franziskaner

Nussgold	Kaffee mit Milch; noch etwas heller als Kapuziner
Gold	Sehr heller Kaffee mit viel Milch
Eidotter	Kaffee im Glas mit einem Eidotter vermischt – das bewährte Hausmittel gegen einen Kater nach exzessivem Alkoholgenuss
Portion oder Kännchen Kaffee	Kleine Kanne Kaffee (meist für zwei Personen), mit einem Kännchen Milch separat serviert
Melange **Vídeňská káva (C)** **Melange (H)**	Der typische Wiener Kaffee; halb Kaffee (Wiener Röstung), halb heiße Milch, oft mit Milchschaumhaube oder etwas Schlagobers serviert
Milchkaffee **Tejes kávé (H)**	Halb Kaffee, halb Milch
Cappuccino **Kapučíno (C)** **Cappuccino (H)**	Espresso mit heißem Milchschaum
Einspänner	Großer Espresso mit Milch und viel Schlagobers serviert
Fiaker	Heißer Kaffee mit Rum oder Weinbrand, oft mit Schlagobers serviert, manchmal Pharisäer genannt
Türkischer **Káva turecká (C)** **Török kávé (H)**	Kaffee, mehrmals in Wasser aufgekocht und in kleinen Kupfertassen serviert; ist in Budapest aber merkwürdigerweise nicht leicht zu finden
Eiskaffee **Švycarská káva (C)** **Jeges kávé (H)**	Eisgekühlter Kaffee mit Vanilleeis und Schlagobers
Maria Theresia	Heißer Kaffee mit Orangenlikör und Schlagobers
Mazagran	Eisgekühlter Kaffee mit Maraschinolikör
Koffeinfrei/Hag **Káva bez kofeinu (C)** **Koffeinmentes (H)**	Kaffee ohne Koffein; nicht leicht zu finden, meist nur als löslicher Pulverkaffee (z. B. Kaffee Hag) erhältlich

GLOSSAR ÜBER BACKZUTATEN, HILFSMITTEL UND TECHNIKEN

besser speichern können und der Kuchen so schneller fertig und auch gleichmäßiger braun wird. Antihaftbeschichtete Backformen sind in jedem Fall sinnvoll, da sie aufgrund ihrer Beschichtung mit Teflon oder Silikon ein Ankleben von Kuchenresten zuverlässig verhindern. Im Folgenden werden die am häufigsten verwendeten Backformen kurz beschrieben.

Backblech
Ein Backblech gehört zur Standardausrüstung jedes Backofens. Wenn Sie allerdings viel Kleingebäck und besonders zur Weihnachtszeit viele Plätzchen backen, sollten Sie sich in jedem Fall ein zweites Backblech kaufen. Das erspart lästige Wartezeiten, und Sie können außerdem die Hitze des Backofens optimal ausnutzen, denn während ein Blech im Backofen ist, können Sie das zweite bereits neu belegen.

Springform
Sie ist die gebräuchlichste runde Backform und besteht meist aus einem Bodenblech und einem Formrand, der mittels eines Klappverschlusses abgenommen werden kann. Die Springform ist in der Regel in fünf verschiedenen Größen, von 22 bis 30 Zentimeter Durchmesser erhältlich.

Auch wenn der Formrand dicht mit dem Bodenblech abschließt, besteht bei manchen Rezepten die Gefahr, dass flüssige Butter aus der Form laufen und im Backofen verbrennen kann. Um dies zu verhindern, können Sie Boden und unteren Rand der Form von außen mit Alufolie umwickeln, um austretende Butter aufzufangen.

Tortenring
Dies ist ein Metallring von vier, fünf oder sechs Zentimeter Höhe. Er kann ebenso wie die Springform einen Durchmesser von 22 bis 30 Zentimeter haben und hat zwei Funktionen. Zum einen kann man ihn auf ein mit Backpapier ausgelegtes Backblech setzen und darin einen Kuchenboden backen. So kann er als Ersatz für eine Springform eingesetzt werden. Zum anderen werden darin Torten gefüllt und zusammengesetzt. Mit Hilfe des Rings gelingt dies sehr sauber und gleichmäßig.

Ausstechformen
Runde Ausstechformen gibt es mit glattem oder gewelltem Rand und in verschiedenen Größen von etwa zwei bis zehn Zentimeter Durchmesser. Für Weihnachtsplätzchen gibt es natürlich auch noch eine Reihe anderer Motive, wie Sterne, Herzen, Bäume etc. Zum Backen ist eine kleine Grundausstattung verschiedener Ausstechformen unentbehrlich. In der klassischen Variante sind die Förmchen meist aus Blech, neuere Förmchen werden oft aus Plastik hergestellt. Blechförmchen sind allerdings vorzuziehen, denn sie haben schärfere Kanten, die den Teig beim Ausstechen exakt schneiden und nicht unnötig zusammendrücken, wodurch er weniger gut aufgeht. Von Zeit zu Zeit sollten Sie sich neue Ausstechformen kaufen, denn die Kanten nutzen sich allmählich ab und verlieren an Schärfe.

Backformen
Backformen sind in verschiedenen Materialien erhältlich. Schwarzblechformen sind in der Regel geeigneter als Weißblechformen, da sie die Hitze

Guglhupfform

Alle Guglhupfformen haben in der Mitte eine Öffnung, die fast wie ein offener Kamin aussieht und auch so funktioniert, denn dadurch kann der Kuchen auch von innen her Hitze aufnehmen. Der Formrand erweitert sich nach oben, ist meist gewellt und etwas um die eigene Achse gedreht. Nach dem Stürzen trägt der Kuchen dann die typische Guglhupfform. Da diese Form wenig ebene Flächen hat, ist es besonders wichtig, sie gut einzufetten und mit Mehl oder Semmelbröseln auszustreuen, damit der Teig nicht anklebt.

Viele alte Guglhupfformen, die man meist nur noch auf Trödel- oder Antiquitätenmärkten findet, tragen zusätzlich zu dem typischen geschwungenen Muster noch wunderschöne, filigrane Verzierungen und Motive, die in mühevoller Handarbeit hergestellt wurden.

Rehrückenform

Dies ist eine lange Halbrundform, die oben eine breite gerade Mittellinie und zu beiden Seiten einen gewellten Rand hat. Ihre Form ist einem gebratenen Rehrücken nachempfunden.

Puddingform

Puddings werden meist im Wasserbad gekocht. Dazu ist eine besondere Form nötig. Puddingformen gibt es in verschiedenen Größen von etwa 5 bis 15 Zentimeter Durchmesser. Viele Puddingformen haben einen fest schließenden Deckel, um den Wasserdampf vom Pudding fernzuhalten. Ersatzweise können Sie auch eine kleine Guglhupfform verwenden und diese mit Alufolie bedecken.

Krapfenform

Normalerweise werden Krapfen, wie etwa die Faschingskrapfen (siehe Seite 168), aus Hefeteig gemacht und in Fett schwimmend ausgebacken. Es gibt aber auch Krapfen, die aus Rührteig und ohne Hefe gemacht werden, z.B. die Indianerkrapfen (siehe Seite 143). Hier funktioniert die Ausbackmethode natürlich nicht. Um diese Krapfen im Backofen gleichmäßig rund backen zu können, braucht man eine Krapfenform. Sie ist meist rund und hat mehrere kleine Vertiefungen. Füllen Sie diese bis zur Oberkante mit dem fertigen Teig, und backen Sie ihn im vorgeheizten Backofen bei etwa 175 °C. Die Krapfen gehen beim Backen auf und werden so von beiden Seiten gleichmäßig rund. Benutzen Sie ein Messer oder einen kleinen Metallspatel, um die Krapfen vorsichtig aus der Form zu lösen.

Dalkerlpfanne

Auch sie ist ein Hilfsmittel, um kleine, möglichst perfekte runde Pfannkuchen – die Dalkerl - zu backen, die dann gefüllt werden. Die Dalkerlpfanne wird allerdings auf die Herdplatte gestellt. Sie hat kleine Vertiefungen, in die der Teig gefüllt wird. Die Dalkerlpfanne sollten Sie wie jede andere Backform vor Gebrauch gut einfetten. Dazu tauchen Sie am besten ein Stück Küchenpapier in etwas geschmacksneutrales Pflanzenöl und wischen damit jede Vertiefung gründlich aus. So kann der Teig nicht ankleben.

Schaumrollenformen

Um die typischen Schaumrollen, gefüllt mit Creme oder Schlagsahne, herzustellen, braucht man leicht konisch zulaufende Schaumrollenröhrchen aus Metall, um die der dünne Teig gewickelt werden kann. Er wird mit den Röhrchen gebacken; erst die fertigen Schaumrollen werden vorsichtig abgezogen und können dann gefüllt werden.

Backpapier

Backpapier macht das Backen sehr viel unkomplizierter und erspart lästiges Einfetten und Abspülen. Außerdem verhindert es effektiv, dass Plätzchen und Kleingebäck nach dem Backen am Backblech festkleben. Meist ist Backpapier als Rolle erhältlich und kann entsprechend der Größe des Backblechs zugeschnitten werden. Beachten Sie aber die Packungsanweisungen, damit die richtige Seite des Backpapiers mit dem Teig in Berührung kommt.

Backpinsel

Backpinsel erfüllen in der Küche verschiedenste Aufgaben. Zum Glasieren von Kleingebäck und Teigen brauchen Sie flache Backpinsel in verschiedenen Größen. Zum Einfetten von Backformen eignet sich am besten ein runder Pinsel, mit dem sich auch die Ecken gleichmäßig einfetten lassen. Wenn Sie zarten Blätterteig etwa mit geschmolzener Butter bestreichen wollen, nehmen Sie dazu am besten einen sehr weichen, feinen Backpinsel, der den Teig nicht beschädigt. Pinsel mit Naturborsten sind denen mit synthetischen Borsten vorzuziehen, da sie in der Regel länger halten und außerdem leichter zu reinigen sind. Am besten reinigen Sie die Pinsel nach dem Gebrauch mit etwas Spülmittel, spülen sie in heißem Wasser gut aus und lassen sie an der Luft trocknen.

Backtriebmittel

Künstliche Backtriebmittel werden meist eher schweren Teigen zugesetzt und bewirken, dass der Teig aufgeht und lockerer wird. Im Folgenden sind drei der häufigsten Treibmittel beschrieben.

Backpulver

Backpulver ist eine feine, weiße Substanz, die in Verbindung mit Flüssigkeit, Säure und Wärme Kohlensäure freisetzt, wodurch der Teig aufgeht. Hauptbestandteil ist meist Natriumhydrogenkarbonat, das während des Backens Kohlendioxid abspaltet und den Lockerungsprozess in Gang setzt. Backpulver wird meist in Tütchen angeboten, deren Inhalt für etwa 500 Gramm Mehl ausreicht und die kühl und trocken gelagert werden sollten. Sinnvoll ist es, das Backpulver mit Mehl zu sieben und erst kurz vor dem Backen unter den Teig zu rühren.

Natron

Auch Natron ist ein feines, weißes Pulver, das hauptsächlich aus einer Mischung basischer Salze besteht. Diese zerfallen bei großer Hitzeeinwirkung und bewirken so die Lockerung des Teigs. Natron wird bereits seit etwa 150 Jahren als Backtriebmittel eingesetzt, ist aber in der Wirkung weit weniger effektiv als Backpulver, da es sehr viel höhere Temperaturen braucht, um zu reagieren, und außerdem einen bitteren Nachgeschmack hinterlassen kann.

Weinstein

Dieses feine Pulver ist ein Nebenprodukt der Weinherstellung. Es lagert sich an der Innenseite der Weinfässer in Form von Kristallen ab, die hauptsächlich saure Salze enthalten. Diese Salze können isoliert, getrocknet und schließlich zu Pulver, dem eigentlichen Weinstein, zermahlen werden. Weinstein wird meist mit Natron vermischt als Backtriebmittel eingesetzt. Er reagiert sehr schnell, so dass der Teig rasch aufgeht. Wird der Teig allerdings nicht sofort gebacken, lässt die Triebkraft nach und der Teig wird später nicht mehr locker. Heute sind Natron und Weinstein als Treibmittel weitgehend von Backpulver abgelöst worden.

Brösel

Semmelbrösel eignen sich nicht nur zum Präparieren von Backformen. Frische Semmel- oder Kuchenbrösel werden auch oft in Kuchenteigen als Mehlersatz oder -ergänzung verwendet. Nebenbei war und ist dies auch eine gute Methode, um übrig gebliebenes Brot oder Kuchenreste sinnvoll zu verwerten. Brot, Semmeln oder Kuchenreste lassen sich am besten im Mixer zu Bröseln zermahlen. Getrocknete Semmelbrösel gibt es in jedem Supermarkt zu kaufen.

Für Semmelbrösel eignet sich am besten Weißbrot, das ruhig auch mit der Rinde verarbeitet werden kann. Sie können übrig gebliebenes Brot oder Semmeln ohne viel Aufwand zu Bröseln zermahlen und in einem Frischhaltebeutel in der Tiefkühltruhe bis zu drei Monate aufbewahren. Bei Bedarf haben Sie so immer frische Semmelbrösel zur Hand.

Die feinen getrockneten Semmelbrösel, die in jedem Supermarkt zu haben sind, werden meist nur zum Präparieren der Backformen verwendet. Wenn Sie ihre Backformen, besonders Guglhupfformen oder andere geschwungene Formen, mit Butter und Semmelbröseln präparieren, können Sie wirklich sicher sein, dass nach dem Backen nichts in der Form hängen bleibt. Gekaufte Semmelbrösel lassen sich im Kühlschrank oder bei Zimmertemperatur problemlos mehrere Monate aufbewahren.

In einer Bäckerei fallen bei der täglichen Arbeit automatisch viele Kuchenreste an, die dann zu Kuchenbröseln verarbeitet werden können. Zu Hause ist das allerdings nicht der Fall, obwohl Sie natürlich anfallende Kuchenreste auch gut in der Gefriertruhe aufbewahren können, was aber meist zu viel Aufwand bedeutet. Wenn Sie nur eine kleine Menge Kuchenbrösel zum Garnieren brauchen, schneiden Sie einfach vor dem Garnieren oder Füllen eine dünne Schicht vom Kuchen ab und verarbeiten diese zu Bröseln. Für eine größere Menge Brösel kaufen Sie einen fertigen Kuchen und zerbröseln ihn. Sie können auch einen fertigen Kuchen eingefroren aufbewahren und bei Bedarf jeweils einige Scheiben abschneiden und zu Bröseln verarbeiten. Für die Burgtheatertorte (siehe Seite 47) sollten Sie allerdings einen kleinen Schokoladenkuchen backen, da sie eine große Menge Schokobrösel für den Teig brauchen. Für diese köstliche Torte lohnt sich der Aufwand in jedem Fall.

Butter

Während man in der Nachkriegszeit in Wien und in den kommunistischen Städten Prag und Budapest lange Zeit gezwungen war, mit Margarine zu kochen und zu backen, ist die Butter in der heutigen Zeit längst in den Speiseplan und somit auch in die Rezepte zurückgekehrt. Butter ist Margarine nicht nur wegen ihres besseren Geschmacks vorzuziehen. Auch ihrer festeren Konsistenz wegen eignet sich Butter besser zum Backen. Mit Margarine gebackenes Gebäck wirkt viel fettiger. Natürlich sollte Butter nur ganz frisch verwendet werden.

Will man die Butter mit dem Handrührgerät cremig rühren, sollte sie leicht gekühlt und formbar, aber nicht zu weich und glänzend sein. Wenn Sie Butter in der Küchenmaschine rühren wollen, kann auch kalte Butter direkt aus dem Kühlschrank verwendet werden. Schneiden Sie die Butter in dünne Scheiben, und rühren Sie sie etwa 1 Minute. Um die Butter auf Zimmertemperatur zu erwärmen, schneiden Sie sie in Scheiben oder Würfel und lassen sie 15 Minuten stehen. Währenddessen können Sie z. B. die anderen Zutaten abwiegen und vorbereiten.

Es gibt noch einen kleinen Trick, damit die Butter beim Rühren besonders cremig wird. Reiben Sie einfach ein Stück kalte Butter durch eine grobe Käsereibe. Die Butterflocken lassen sich problemlos cremig rühren. Wenn die Butter hell und cremig ist, Zucker zufügen und weiterrühren. Sie können Butter natürlich auch schneller in der Mikrowelle erwärmen, dann besteht allerdings die Gefahr, dass sie zu weich wird oder schmilzt.

Eier

Beachten Sie beim Backen immer die im Rezept angegebene Größe der Eier. Auch wenn der Größenunterschied nicht wirklich erheblich erscheint, so ergeben doch sechs kleine Eier in der Summe eine sehr viel geringere Menge als sechs große Eier, so dass sich das Verhältnis zu den übrigen Mengenangaben der Zutaten leicht verschieben kann.

Zimmerwarme Eier lassen sich am leichtesten im Ganzen schlagen, denn sie nehmen die Luft am besten auf und werden schnell schaumig. Kühle Eier, direkt aus dem Kühlschrank, dagegen lassen sich leichter trennen. Bei Teigen, für die die Eier über heißem Wasser erwärmt werden müssen, wie etwa beim Biskuit, spielt die Temperatur allerdings keine Rolle. Soll das Eiweiß zimmerwarm sein, trennen Sie die Eier über einer hitzebeständigen Schüssel und lassen das Eiweiß hineinfließen. Setzen Sie die Schüssel in eine größere Schüssel mit heißem Wasser, und lassen Sie das Eiweiß unter gelegentlichem Rühren etwa 2 Minuten stehen, bis es leicht erwärmt ist.

Fett verhindert, dass Eiweiß beim Schlagen genug Luft aufnehmen kann, um zu steifem Schnee zu werden. Achten Sie deshalb darauf, das Eiweiß immer in einer völlig fettfreien Schüssel zu schlagen. Auch Schneebesen oder Quirle müssen absolut sauber und fettfrei sein. Vor dem Gebrauch sollten Sie diese also immer kurz mit Spülmittel reinigen und gut abtrocknen. Eiweiß sollte außerdem nie in einer Plastikschüssel geschlagen werden, denn darin können auch nach dem Spülen noch winzige Fettpartikel zurückbleiben. Um ganz sicher zu gehen, geben Sie einige Tropfen Essig in die Schüssel und wischen sie mit Küchenpapier gründlich aus. Dadurch werden auch die letzten Fettreste beseitigt, und durch den Restessig in der Schüssel wird der Eischnee noch schneller steif, denn Essig ist eine gute Ergänzung oder auch Ersatz für säurehaltigen Weinstein oder Zitronensaft, der in manchen Rezepten verlangt wird.

Um Eiweiß zu sehr steifem Schnee zu schlagen, muss man es langsam und gleichmäßig schlagen. Am besten eignet sich dafür ein elektrisches Handrührgerät, denn damit kann man den Eischnee genau beobachten. In der Küchenmaschine passiert es leicht, dass der Eischnee zu stark geschlagen wird. Schlagen Sie das Eiweiß zunächst auf der kleinsten Stufe, bis es schaumig ist. Schreibt das Rezept Weinstein vor, fügen Sie ihn jetzt zu. Schlagen Sie das Eiweiß nun auf der höchsten Stufe weiter, bis ein relativ weicher Eischnee entsteht. Lassen Sie ab jetzt nach und nach den Zucker einrieseln, und schlagen Sie den Eischnee weiter, bis er steif ist. Achten Sie aber darauf, den Eischnee nicht zu stark zu schlagen, denn dann wird er klumpig und kann nicht mehr verwendet werden.

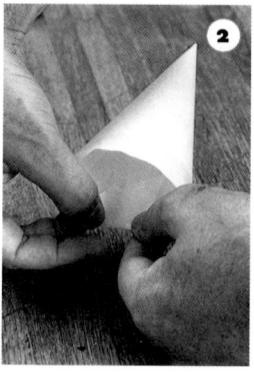 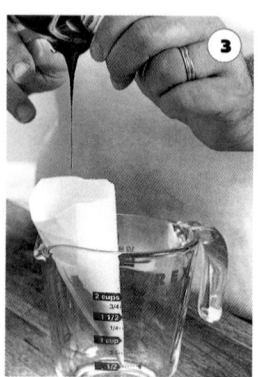

Übrig gebliebenes Eiweiß können Sie bis zu drei Monate, in einem luftdicht verschlossenen Behälter eingefroren, aufbewahren. Eigelbe dagegen lassen sich schlecht einfrieren. Ein großes Eiweiß entspricht etwa zwei Esslöffeln. Eingefrorenes Eiweiß sollten Sie über Nacht im Kühlschrank auftauen lassen und vor dem Schlagen auf Zimmertemperatur erwärmen.

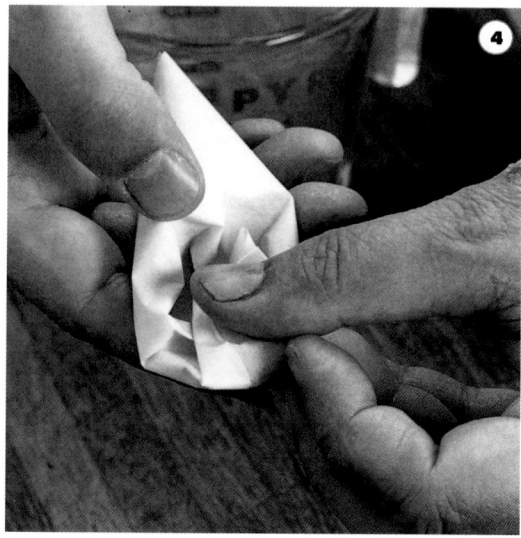

Einige klassische Rezepte enthalten rohe Eier. Da diese wegen der möglicherweise enthaltenen Bakterien und Keime nicht ganz gefahrlos zu verwenden sind, folgen hier einige Tipps zum Umgang mit rohen Eiern:

Achten Sie immer auf das Verfallsdatum der Eier, und kaufen Sie sie so frisch wie möglich. Bewahren Sie die Eier im Karton im Kühlschrank auf. Benutzen Sie möglichst nicht die Eierhalter in der Kühlschranktür, da sie eigentlich der wärmste Platz im Kühlschrank und somit für die Eier absolut ungeeignet sind. Außerdem hilft der Karton, unerwünschte fremde Aromen von Eiern fern zu halten. Spülen Sie alle Schüsseln und Geräte und auch die Arbeitsfläche, die mit den rohen Eiern in Berührung gekommen ist, gründlich mit heißem Wasser und Spülmittel ab. Kleinkinder und ältere Menschen sowie Menschen mit geschwächtem Immunsystem sollten prinzipiell keine rohen Eier essen.

Einfetten von Backformen

Das Einfetten der Backform ist außerordentlich wichtig, damit sich der Kuchen leicht aus der Form stürzen lässt. Zum Einfetten eignet sich am besten weiche oder geschmolzene Butter. Zusätzlich kann man die Backform noch mit Semmelbröseln ausstreuen oder mit Mehl ausstäuben. Diese Zusatzbehandlung ist speziell für stark geschwungene Formen, wie die Guglhupfform, sehr zu empfehlen.

Verwenden Sie am besten einen runden Backpinsel, und achten Sie darauf, dass die Form überall gleichmäßig eingefettet wird. Zusätzlich sind etwa drei Esslöffel Mehl oder Semmelbrösel nötig, um die Form, auszustreuen. Geben Sie Mehl oder Brösel in die Form, und drehen Sie sie so, dass sie überall gleichmäßig überzogen ist. Um überschüssige Brösel oder Mehl zu beseitigen, klopfen Sie die Form einfach über einem Abfalleimer kräftig ab. Lassen Sie den Kuchen nach dem Backen etwa 5–10 Minuten auf einem Kuchengitter abkühlen, dadurch zieht sich der Kuchen etwas zusammen und lässt sich leichter aus der Form stürzen.

Elektrische Rührgeräte

Eine gut ausgestattete Küche verfügt normalerweise über zwei elektrische Rührgeräte – eine Küchenmaschine und ein Handrührgerät.

Die Küchenmaschine kann größere Mengen in weniger Zeit verarbeiten als der Handrührer. Zur Ausstattung gehören meist mehrere Rührschüsseln, Quirle, Knethaken und Schneideeinsätze. Oft sind auch ein Mixbecher und eine Zitruspresse dabei. Achten Sie darauf, die Maschine von Zeit zu Zeit anzuhalten und den Teig von den Rändern der Schüssel nach unten zu schaben, damit alle Zutaten gleichmäßig vermischt werden.

Das Handrührgerät eignet sich am besten für kleinere Teigmengen oder leichtere Teige. Damit lässt sich aber auch Eischnee oder Schlagsahne gut schlagen. Achten Sie beim Kauf auf die Größe der Quirle. Große Quirle sorgen dafür, dass die zu schlagende Masse mehr Luft aufnehmen kann. Mit kleineren Quirlen braucht man für das gleiche Ergebnis sehr viel mehr Zeit.

Früchte, getrocknet und kandiert

Rosinen, Sultaninen und Korinthen sind aus der österreichischen Küche nicht wegzudenken. Alle Trockenfrüchte sollten voll und weich sein. Hartes, dürres Trockenobst hat wenig Geschmack, und dies lässt sich auch nicht beheben, wenn man die Früchte einige Zeit in Flüssigkeit einweicht, wie es die meisten Rezepte vorschreiben. Weicht man Rosinen etwa in Rum ein, so soll das bewirken, dass die Früchte den Rumgeschmack annehmen. Getrocknete Früchte gibt es in jedem Supermarkt fertig abgepackt zu kaufen, Sie können sie sich aber auch in vielen Naturkostläden oder auch Obst- und Gemüseläden frisch abwiegen lassen. Das hat auch den Vorteil, dass Sie sich die Früchte genauer ansehen und feststellen können, ob sie zu hart und trocken sind. Bewahren Sie Trockenfrüchte am besten in einem luftdicht verschlossenen Behälter dunkel und kühl auf.

Rosinen und Sultaninen werden gewöhnlich aus großen, hellen Weintrauben gemacht; erst während des Trocknungsprozesses nehmen sie eine dunklere Farbe an. Beide Früchte können geschwefelt werden, was auf der Verpackung ausgewiesen sein muss. Außerdem dürfen Rosinen und Sultaninen mit dafür zugelassenen Ölen behandelt werden, die das Zusammenkleben der Früchte verhindern. Korinthen werden aus kleineren, blauen Trauben gemacht. Sie haben ein intensiveres Aroma als die beiden anderen Sorten und dürfen nur ungeschwefelt verkauft werden.

Auch kandierte Früchte werden gerne zum Backen verwendet. Am häufigsten sind Orangeat und Zitronat oder kandierte Kirschen. Orangeat und Zitronat sind eigentlich kandierte Fruchtschalen. Hierfür werden besonders geeignete, dickschalige Früchte verwendet, etwa die Pomeranze, eine Bitterorange, oder die spezielle Zitronatzitrone. Kandierte Früchte kann man entweder direkt dem Teig zusetzen oder als Dekoration verwenden.

Garnierkamm

Diese meist dreieckige Plastikscheibe ist ein nützliches Hilfsmittel, um Buttercreme oder andere festere Cremes und Glasuren mit gleichmäßigen Linien zu verzieren. An jeder Seite des Dekorierkamms befinden sich Zacken in verschiedenen Größen und Abständen. Je breiter die Zacken, desto breiter werden die Linien in der Creme. Um mit dem Garnierkamm richtig arbeiten zu können, setzen Sie die Torte am besten auf einen Tortenständer. Die Creme sollte etwa 3 Millimeter dick aufgetragen sein. Setzen Sie den Garnierkamm nun leicht in die Buttercreme, und drehen Sie den Tortenständer, bis die Linien den ganzen Kuchenrand überziehen.

Garprobe machen

Dies ist eine einfache Methode, um herauszufinden, ob ein Kuchen fertig gebacken ist, ohne ihn aus dem Backofen oder gar aus der Backform nehmen zu müssen. Ist die vorgeschriebene Backzeit abgelaufen, stechen Sie einfach mit einem dünnen Holzstäbchen, z. B. mit einem Schaschlikstäbchen, an der dicksten Stelle des Kuchens ein. Bleiben beim Herausziehen des Stäbchens keine Teigreste am Holz hängen, ist der Kuchen durchgebacken und Sie können ihn aus dem Backofen nehmen.

Gelatine

Speisegelatine ist ein geschmacksneutrales Geliermittel tierischen Ursprungs, das meist aus Knochen oder Häuten gewonnen wird. Sie wird in Blattform oder gemahlen, farblos oder rot angeboten.

Vor ihrer weiteren Verwendung muss die Gelatine in Wasser aufgelöst werden. Gießen Sie dazu eine kleine Menge Wasser in eine hitzebeständige Schüssel, und geben Sie die Gelatine hinein. Lassen Sie die Gelatine etwa 5 Minuten einweichen. Stellen Sie die Schüssel dann ins heiße Wasserbad, und rühren Sie die Gelatine mit einem Gummispatel um, bis sie sich völlig aufgelöst hat. Dazu müssen Sie sie etwa 1–2 Minuten rühren. Sie können das Wasser mit der Gelatine auch in der Mikrowelle erhitzen. Schalten Sie dazu die Mikrowelle mehrmals für 10 Sekunden an, und rühren Sie die Gelatine immer wieder um, bis sie ganz aufgelöst ist. Die Gelatine sollte aber auf keinen Fall kochen.

Glukosesirup

Dies ist ein aus Stärke hergestellter, eingedickter Saft, der hauptsächlich aus Traubenzucker (Glukose) besteht und zum Süßen von Säften, Cremes oder Gebäck verwendet wird. Erhältlich ist Glukosesirup im Reformhaus oder vereinzelt in Apotheken.

Hagelzucker

Hagelzucker sind große, runde Zuckerkristalle, die aus Zuckerraffinade hergestellt werden. Beim Backen schmelzen sie nicht und werden deshalb oft zur Dekoration von Gebäck verwendet.

Hefe

Sie wird in der österreichischen Küche auch Germ genannt. Hefe ist eine lebende Substanz, die in einem Gärungsprozess in Verbindung mit Flüssigkeit, Zucker, Wärme und Sauerstoff Kohlendioxid und Alkohol freisetzt. Dieser Gärungsprozess bewirkt die Lockerung, das Aufgehen des Teigs und gibt der Hefe ihren typischen Geschmack und Geruch. Hefe gibt es in frischer und getrockneter Form gemahlen zu kaufen. Frische Hefe ist in jedem Fall vorzuziehen, denn sie löst sich in kaltem Wasser schnell auf, hat wesentlich mehr Triebkraft als Trockenhefe und ist außerdem besser im Geschmack. Frische Hefe sollte hellgrau bis hellgelb sein und sich sehr geschmeidig anfühlen. Außerdem sollte sie ganz glatt sein, keine Risse oder bräunlichen Flecken haben. Ausgetrocknete Hefe ist hart, rissig und stellenweise dunkel verfärbt. Sie hat ihre Triebkraft weitgehend verloren. Frische Hefe ist gewöhnlich in Päckchen von 40 Gramm im Handel erhältlich.

Ein Beutel Trockenhefe entspricht etwa 25 Gramm frischer Hefe. Sie hat weniger Triebkraft, hält sich aber länger als frische Hefe. Auch hier sollten Sie allerdings das Verfallsdatum genau beachten. Trockenhefe muss in warmer Flüssigkeit – am besten Milch - aufgelöst werden, da sich dadurch erst der Schutzfilm löst, der die winzigen Hefepartikel umschließt. Dazu muss die Flüssigkeit auf etwa 40 °C erwärmt werden.

Um die Triebkraft von Hefe zu testen, lösen Sie eine kleine Menge davon mit einer Prise

Zucker in etwas warmer Flüssigkeit auf und lassen das Gemisch 5 Minuten stehen. Wenn die Mischung dann leicht blubbert und sich Schaum gebildet hat, ist die Triebkraft der Hefe in Ordnung. Sie können diese Testmischung dann problemlos im Rezept verwenden. Wenn Sie die Hefe jedoch immer frisch kaufen, richtig aufbewahren und das Verfallsdatum beachten, können Sie sicher sein, dass sie genug Triebkraft hat, und diese Testphase weglassen.

Frische Hefe lässt sich – am besten zweimal in Alufolie gewickelt – im Butterfach im Kühlschrank 3–4 Tage aufbewahren. Im Gefrierfach hält sich frische Hefe etwa 4 Monate. Nach dem Auftauen ist die Hefe zwar breiig, besitzt jedoch dieselbe Triebkraft wie vorher.

Kirschen und Kirschentsteiner

Leider ist die Kirschensaison nur sehr kurz, etwa von Mitte Juli bis Anfang August, denn Süß- und Sauerkirschen eignen sich gleichermaßen gut zum Backen. Wenn Sie für ein Rezept süße Kirschen verwenden, nehmen Sie etwas weniger Zucker als bei Sauerkirschen.

Wenn Sie viel mit Kirschen backen, sollten Sie sich in jedem Fall einen Kirschentsteiner zulegen. In dieses Gerät, meist aus Edelstahl, werden die Kirschen einzeln gesteckt und mittels eines kleinen, gebogenen Entkernstößels schnell und zuverlässig entsteint. Zwar muss man die Kirschen immer noch einzeln bearbeiten, spart aber durch den Entsteiner viel Zeit. Manche Entsteiner haben eine praktische Klemmzwinge und lassen sich so direkt an der Arbeitsfläche festmachen.

Konfitüre

Aprikosen- und Johannisbeerkonfitüre werden in der österreichischen Küche am häufigsten verwendet. Aprikosen haben in Österreich wie so viele Lebensmittel sogar einen eigenen Namen; hier heißen sie Marillen. Sie sollten immer darauf achten, Konfitüren mit möglichst wenig Zucker und mit ganzen Früchten oder Fruchtstücken zu verwenden, denn sie sind intensiver im Geschmack. Meist wird die Konfitüre kurz aufgekocht, damit etwas Flüssigkeit verdampfen kann und die Konfitüre gleichmäßiger und fester wird.

Streichen Sie sie vor dem Gebrauch durch ein Drahtsieb, um die Fruchtstücke zu entfernen.

Kuchen glasieren

Glasuren jeder Art sollten so aufgetragen werden, dass sie eine glatte, gleichmäßige Oberfläche bilden. Am besten eignet sich dafür ein breiter Metallspatel, da man damit breite Flächen gut glatt streichen kann.

Um Kuchen oder Torten gut von allen Seiten glasieren zu können, stellen Sie sie auf einen Tortenständer. Beginnen Sie beim Glasieren immer mit der Oberseite des Kuchens. Verstreichen Sie die Glasur mit dem Metallspatel gleichmäßig auf der gesamten Oberfläche. Bearbeiten Sie dann den Kuchenrand, indem Sie die Glasur löffelweise auftragen und mit dem Metallspatel verstreichen. Drehen Sie dabei den Tortenständer immer etwas weiter, bis der ganze Rand gleichmäßig glasiert ist. Zum Schluss fahren Sie mit dem Spatel an der Schnittstelle zwischen Oberseite und Rand entlang, um einen gleichmäßigen Übergang herzustellen, und streichen Sie auch die Oberfläche nochmals glatt.

Kuchen in Schichten schneiden

Um einen Kuchen oder Biskuitboden in gleichmäßige Schichten zu schneiden, eignet sich am besten ein langes Zackenmesser. Es sollte mindestens 30 Zentimeter lang sein. Am besten beginnen Sie mit einigen tiefen horizontalen Schnitten am Kuchenrand entlang. Schneiden Sie so lange, bis der Kuchen ganz durchgeschnitten ist und Sie die obere Hälfte abnehmen können.

Dafür halten Sie das Zackenmesser so gerade wie möglich außen am Kuchen auf der Höhe, in der Sie den Kuchen durchschneiden möchten. Wenn Sie ganz perfekte, gleichmäßige Schichten haben möchten, können Sie die Abstände auch genau abmessen, aber normalerweise genügt das Augenmaß.

Schneiden Sie mit dem Messer möglichst gerade etwa 7–10 Zentimeter tief in den Kuchen ein. Lassen Sie das Messer an dieser Stelle stecken, und drehen Sie den Kuchen langsam um 90 Grad. Schneiden Sie mit dem Messer weiter auf gleicher Höhe entlang des Randes ein, und drehen Sie den Kuchen dann weiter. Wiederholen Sie diese Schritte, bis um den gesamten Kuchenrand ein tiefer Einschnitt entstanden ist. Schneiden Sie nun mit dem Zackenmesser tiefer in die Mitte des Kuchens ein, und drehen Sie den Kuchen erneut langsam immer weiter, bis er ganz durchgeschnitten ist. Schieben Sie eine Tortenunterlage oder den Boden einer Springform zwischen die Schichten, und heben Sie die obere Schicht vorsichtig ab. Auf diese Weise können Sie einen Kuchen natürlich auch in drei oder vier Schichten teilen.

Allerdings gibt es noch eine andere Methode, um Kuchen gleichmäßig zu schneiden. Legen Sie ein langes Stück Zahnseide oder Küchengarn außen um den Kuchen, und halten Sie die beiden Enden überkreuzt. Ziehen Sie nun die Enden in entgegengesetzter Richtung auseinander, so dass der Faden den Kuchen gleichmäßig durchschneidet.

Kuchengitter

Zum Abkühlen sollten Kuchen immer auf ein Kuchengitter gestürzt werden. Denn so kann die Backhitze auch von unten entweichen, und der Kuchen kühlt rasch und gleichmäßig aus. Kühlt der Kuchen in der Form aus, wird er meist feucht und matschig. Ein rechteckiges Kuchengitter gehört in den meisten Fällen zur Grundausstattung des Backofens, im Handel sind aber auch runde Gitter erhältlich. Auf ein Backblech gestellt, sind Kuchengitter auch eine geeignete Unterlage zum Glasieren von Torten und Gebäck, weil die Glasur ablaufen kann.

Küchenwaage

Zum Backen sollten Sie eine Küchenwaage mit einer Skala bis ein Kilogramm verwenden, denn damit lassen sich auch kleinere Mengen sehr genau abwiegen. Elektronische Waagen gelten als besonders genau. Es ist sinnvoll, vor dem Backen alle nötigen Zutaten abzuwiegen und bereitzustellen.

Liköre und andere alkoholische Getränke

Alkoholische Getränke jeder Art werden nicht nur in der österreichischen Küche gerne ihres besonderen Geschmacks wegen verwendet. Klare Schnäpse werden aus Korn oder verschiedenen Fruchtsäften destilliert. Dabei verbleibt nur eine geringe Restmenge Fruchtzucker als Süße im Schnaps. Oft werden ihnen künstliche oder natürliche Aromastoffe zugesetzt. Liköre sind süße alkoholische Getränke, die auf kaltem oder warmem Weg hergestellt werden können. Dabei werden den jeweiligen Fruchtsäften oder Kräutern neben Alkohol, meist Weinbrand, auch Zucker, ätherische Öle und andere Aromastoffe zugesetzt. Verwenden Sie auch beim Kochen und Backen immer qualitativ hochwertige Produkte, denn Billigprodukte verderben hier oft den Geschmack. Achten Sie außerdem darauf, nie zu viel Alkohol zuzugeben, da er sonst den Geschmack zu sehr dominiert.

Wenn Sie lieber ohne Alkohol backen möchten, können Sie stattdessen Fruchtsäfte oder Sirups verwenden. Cognac, Rum und Weinbrand lassen sich gut durch Apfelsaft oder auch Kaffee ersetzen. In Cremes für Füllungen oder Glasuren können Sie gut jeden beliebigen Fruchtsaft oder auch einfach etwas mehr Sahne verwenden. In der folgenden Aufstellung finden Sie eine kurze Beschreibung derjenigen alkoholischen Getränke, die in der süßen österreichischen Küche am häufigsten auftauchen:

Cognac und Weinbrand

Beide werden aus Wein destilliert. Cognac kommt aus der gleichnamigen Region in Frankreich und gilt als der feinste, hochwertigste aller Weinbrände. Beim Backen können Sie aber auch andere Weinbrandsorten verwenden.

Brauner Rum

Der braune Rum wird aus fermentiertem Zuckerrohrsaft oder aus Molasse destilliert und verleiht jedem Kuchen oder Gebäck seinen charakteristischen Geschmack. Ein brauner oder goldfarbener Rum, wie etwa Bacardi, eignet sich am besten zum Backen, denn noch dunklerer Rum hat meist einen sehr ausgeprägten karamellartigen Geschmack, der zu vielen Rezepten nicht recht passt. Der hellere, braune Rum dagegen hat einen zwar vollen, aber weniger aggressiven Geschmack.

Kirschliköre

Der Maraschinolikör ist mildsüß und wird aus den wilden Marascakirschen gewonnen. Ursprünglich kommt er aus dem heutigen Kroatien, ist aber inzwischen auch in Italien beheimatet. Kirschwasser ist ein klarer, hochprozentiger Schnaps, der sich auch gut zum Backen eignet. Hier sollten Sie allerdings besonders darauf achten, qualitativ hochwertige Ware zu kaufen, denn zu viele künstliche Aromastoffe lassen auch in Kuchen und Gebäcken einen unangenehmen, künstlichen Beigeschmack zurück.

Orangenliköre

Grand Marnier, hergestellt aus Bitterorangen und Cognac, ist der klassische Orangenlikör. Genauso gut eignen sich zum Backen Curacao oder Triple Sec.

Mandelextrakt

Dies ist eine Aromaessenz in Öl, die in kleinen Gläschen im Handel angeboten wird. Mandelextrakt kann aus naturidentischen oder künstlichen Aromastoffen hergestellt werden, ist weitgehend hitzestabil, sollte aber wegen des konzentrierten Aromas nur sehr sparsam eingesetzt werden. Wer sich lieber auf natürliche Aromen verlassen möchte, kann stattdessen einige Tropfen Bittermandelöl verwenden. Bittermandelöl darf allerdings, wegen der in der Bittermandel enthaltenen Blausäure, nur in sehr geringen Mengen eingesetzt werden.

Maronen und Maronenpüree

Maronen haben einen sehr typischen, süßen Geschmack und sind in ganz Europa als Grundlage für viele Süßspeisen sehr beliebt. So gibt es auch in jedem Kaffeehaus in der Maronensaison im Spätherbst viele süße Köstlichkeiten aus Maronen. Achten Sie darauf, nur feste Maronen zu kaufen. Maronen sollten ganz glatt sein, kleine Löcher in der Schale weisen auf Insektenbefall hin. Kaufen Sie immer ein paar Maronen mehr, als es das Rezept vorschreibt, denn meist lassen sich einzelne Früchte nicht von der Schale lösen oder sind verdorben. Maronen werden häufig geröstet, seltener gekocht. Zu Anfang der Saison sind Maronen auf dem Markt am frischesten – das ist die beste Zeit, um sie zum Backen zu verwenden. Fertiges Maronenpüree gibt es in kleinen Dosen meist im Reformhaus zu kaufen.

Mehl

Für die Zubereitung von Kuchen und Torten wird in der Regel Weizenmehl verwendet. Hier unterscheidet man je nach Ausmahlungsgrad verschiedene Mehltypen. Bei Weizenvollkornmehl wird das ganze Korn zermahlen, der Ausmahlungsgrad beträgt also 100 Prozent. Je höher der Ausmahlungsgrad, desto mehr Schalenteile (Kleie) und damit auch Nährstoffe werden vermahlen, und desto dunkler ist das Mehl. Am häufigsten wird helles, feines Weizenmehl mit der Typenbezeichnung »405« verwendet. Es hat einen niedrigen Ausmahlungsgrad, enthält viel Stärke, dafür aber relativ wenig Eiweiß und Vitamine. Dieses glatte Mehl, wie es in der österreichischen Küche heißt, eignet sich am besten für Biskuitmassen, Strudel und andere feinporige Teige. Dunkleres Weizenmehl mit der Typenbezeichnung »812« oder »1050« heißt in Österreich griffiges Mehl, da es etwas grobkörniger ist. Griffiges Mehl wird hauptsächlich für Knödel verwendet. In Ungarn gibt es außerdem ein spezielles Strudelmehl, das *rétesliszt*, das im Ausmahlungsgrad zwischen den beiden oben beschriebenen Mehltypen liegt.

Mehl enthält Gluten, einen Klebstoff, der in Berührung mit Feuchtigkeit Eiweißketten bildet, die durch Rühren und Kneten ein immer stabileres Gerüst bilden. Bei etwa 70 °C gerinnt das Gluten und bewirkt zusammen mit der im Mehl enthaltenen Stärke die Krumenbildung. In manchen Rezepten wird ein Teil des Mehls durch Speisestärke ersetzt, die kein Gluten enthält. Dadurch wird der Teig lockerer und das fertige Gebäck feiner und luftiger.

Mohn

Die blauschwarzen Samen sind wegen ihres charakteristischen, intensiven Geschmacks eine beliebte Backzutat für Teige und Füllungen sowie zum Bestreuen von Gebäck. Zum Backen werden die reifen Samen der Mohnpflanze (Papaver somniferum) verwendet. Unreife Samen haben eine narkotische Wirkung; Opium beispielsweise wird aus den unreifen Samenkapseln des Mohns hergestellt. Bewahren Sie Mohn in einem luftdichten Behälter kühl und dunkel auf. Eingefroren hält sich ungemahlener Mohn bis zu 6 Monate.

Vor Gebrauch wird Mohn gemahlen, um das Aroma seines feinen Öls freizusetzen. Dafür gibt es spezielle Mohnmühlen, Sie können aber auch den Mixer verwenden. Gemahlenen Mohn sollten Sie allerdings immer gleich verbrauchen. Er lässt sich wegen des hohen Ölanteils schlecht länger aufbewahren und wird schnell ranzig.

Nüsse

Am häufigsten tauchen Mandeln, Walnüsse oder Haselnüsse in der Backstube auf. Sie werden in Teige gerührt, für Füllungen verwendet oder über fertige Gebäcke gestreut. Frisch gerieben sind alle Nüsse natürlich am aromatischsten. Gekaufte Packungen sollten Sie möglichst schnell verbrauchen, denn diese Nüsse verlieren ihr Aroma rasch und werden wegen des hohen Ölgehalts auch leicht ranzig. Luftdicht verpackt und eingefroren, können Sie Nüsse allerdings bis zu 6 Monate aufbewahren.

Nüsse rösten

Durch das Rösten wird das Aroma der Nüsse noch intensiver. Verteilen Sie die Nüsse gleichmäßig auf einem Backblech, und rösten Sie sie im vorgeheizten Backofen bei etwa 175 °C etwa 10 Minuten.

Haselnüsse schälen

Haselnüsse müssen vor der Verarbeitung immer geschält werden, da die Haut sehr bitter schmeckt. Rösten Sie die Nüsse erst wie oben beschrieben, bis die braune Haut aufspringt und sich von den Nüssen löst. Geben Sie die Nüsse portionsweise in ein sauberes Küchentuch, lassen Sie sie etwa 20 Minuten abkühlen, und reiben Sie dann die Häute kräftig ab. Bleibt etwas Haut an den Nüssen haften, ist das nicht schlimm, sie werden dadurch etwas würziger. Wenn Sie aber unbedingt alle Häute restlos entfernen möchten, geben Sie die Nüsse in ein Drahtsieb und reiben die verbleibende Haut am Sieb ab. Wenn Sie bereits geschälte Haselnüsse kaufen, rösten Sie sie trotzdem, denn das verbessert und intensiviert ihren Geschmack.

Nüsse reiben

Viele Rezepte schreiben die Verwendung gemahlener Nüsse vor. Wenn Sie eine Mandelmühle besitzen, mahlen Sie die Nüsse immer für jedes Rezept frisch, denn frisch gemahlene Nüsse schmecken natürlich am besten.

Wer keine Mandelmühle zu Hause hat, kann die Nüsse auch, wie in manchen Rezepten dieses Buches beschrieben, im Mixer zermahlen. In der Mandelmühle werden die Nüsse allerdings feiner und lockerer und verbinden sich dann besser mit dem Teig. Für den Walnusskuchen (siehe Seite 62) sollten die Nüsse deshalb unbedingt durch die Mandelmühle gedreht werden. Im Mixer zermahlene Nüsse setzen sehr viel Öl frei und kleben deshalb leicht zusammen. Um dem vorzubeugen, sollten Sie die Nüsse immer mit etwas Mehl oder Zucker im Mixer zermahlen, die das Öl aufnehmen können. Ein Vorteil des Mixers gegenüber der Mandelmühle ist, dass die Nüsse damit sehr viel schneller gemahlen werden können.

Quark

Quark wird in der österreichischen Küche auch Topfen genannt. Er ist eigentlich ein Frischkäse, der in verschiedenen Fettgehaltsstufen erhältlich ist – vom Magerquark mit fünf Prozent Fettanteil bis zum Sahnequark mit bis zu 40 Prozent. Gerade die österreichische Küche wäre ohne Quark undenkbar, denn er ist Grundlage für so typische Gerichte wie Strudel, Knödel, Palatschinken etc. Verwenden Sie Quark möglichst frisch, und lagern Sie ihn trocken und dunkel.

Rollholz

Mit diesem praktischen Hilfsmittel lassen sich Teige gleichmäßig und beliebig dick ausrollen. Die herkömmlichen Rollen bestehen – wie der Name schon sagt – aus Holz oder auch aus Kunststoff. Kugellager sorgen für eine leichte Handhabung. Dadurch lässt sich auch der Druck, den man beim Rollen auf den Teig ausübt, gut regulieren. Holzrollen sollten Sie niemals abspülen oder mit Spülmittel reinigen, da sonst das Holz dauerhaft beschädigt wird. Entfernen Sie einfach nur die Teigreste mit einem kleinen Messer und wischen Sie die Rolle mit einem feuchten Küchentuch sauber ab. Etwas kostspielig, aber lohnenswert ist die Anschaffung einer schweren Edelstahlrolle, an der der Teig kaum noch festklebt und die gekühlt oder auch erwärmt werden kann.

Sahne

Süße Sahne, in Österreich auch Schlagrahm oder Schlagobers genannt, ist flüssig oder geschlagen eine unverzichtbare Zutat für alle Arten von Cremes oder Tortenfüllungen. Ihr Fettgehalt liegt bei etwa 30 bis 36 Prozent. Süße Sahne sollte immer in einer gekühlten Schüssel geschlagen werden, damit sie ihre Konsistenz möglichst lange behält. Saure Sahne, oder Sauerrahm, wird aus süßem Rahm hergestellt und mit Milchsäurebakterien gesäuert. Ihr Fettgehalt liegt zwischen 15 und 40 Prozent.

Salz

Am häufigsten wird Salz in der süßen Küche – natürlich in kleinen Mengen – im Hefeteig verwendet, denn dort hemmt es die Triebkraft der Hefe und sorgt dafür, dass der Teig nicht zu schnell aufgeht. Aber auch bei den meisten anderen Rezepten ist es empfehlenswert, eine kleine Prise Salz zuzufügen, da sie den Geschmack zusätzlich unterstreicht. Eine Prise entspricht etwa 1/8 Teelöffel. Normales Speisesalz, möglichst jodiert, eignet sich am besten für die süße Küche. Meersalz ist meist grober gemahlen und deshalb nicht so leicht zu dosieren.

Schokolade und Kakaopulver

In Supermärkten, Delikatessenläden und auch schon im Internet gibt es Hunderte von verschiedenen Schokoladensorten zu kaufen. Zum Backen eignet sich allerdings am besten die eigens dafür ausgewiesene Back- oder Blockschokolade. Kakaopulver taucht fast genauso oft in Backrezepten auf. Milchschokolade wird dagegen meist nur in geringen Mengen zum Garnieren verwendet, denn durch ihren hohen Milch- und Zuckeranteil geht beim Backen ein Großteil des Schokoladenaromas verloren.

Schokolade wird aus Kakaobohnen gewonnen, die zunächst geröstet und dann aufgebrochen und zermahlen werden. Die dabei entstehende, klebrige Masse nennt man Kakaomasse. Sie besteht zu 53 Prozent aus einem gelblichen Fett, der so genannten Kakaobutter. Durch Pressen wird der Kakaomasse ein großer Teil der Kakaobutter entzogen. Während die Kakaobutter anderweitig verwendet wird, wird die verbliebene Kakaomasse erneut getrocknet, gemahlen und gesiebt und ergibt so das Kakaopulver, das noch etwa 10 bis 20 Prozent Fett enthält.

Jeder Hersteller fügt seiner Schokolade ein ganz eigenes Rezept aus Süß- und Geschmacksstoffen zu und verarbeitet sie auch anders. Für die unzähligen, im Handel erhältlichen Schokoladenprodukte gibt es aber eine genau festgelegte Klassifizierung. Die Schokolade wird, ihrem Kakaoanteil und den jeweiligen Zusätzen entsprechend, in Sorten eingeteilt, wobei jedes Land ganz eigene verbindliche Vorschriften für unterschiedliche Schokoladensorten und Zutaten hat.

In Deutschland ist die Sorteneinteilung, verglichen mit anderen Ländern, relativ unkompliziert gehandhabt. Schokoladenmasse ist die fest gewordene Kakaomasse. Sie enthält weder Zucker noch Milchpulver oder andere Zusätze. Schokoladenmasse wird vor allem in der Industrie zur Herstellung von Backwaren und Pralinen verwendet. Trotz des starken Schokoladenaromas ist sie so bitter, dass sie pur nicht genießbar ist.

Dunkle Schokolade hat einen relativ hohen Kakaoanteil und ist ein Oberbegriff für mehrere Schokoladensorten, die sich je nach Geschmacksrichtung klassifizieren lassen. Zartbitter- oder Halbbitterschokolade enthält mindestens 50 Prozent Kakao, Bitterschokolade dagegen mindestens 60 Prozent Kakao. Auch die zum Backen verwendete Blockschokolade fällt meist in diesen Bereich. Der dunklen Schokolade werden häufig noch zusätzlich verschiedene Emulgatoren, also Bindemittel, zugesetzt.

Milch- und Vollmilchschokolade haben einen Kakaoanteil von mindestens 25 Prozent bzw.

30 Prozent. Sie setzen sich aus unterschiedlichen Anteilen von Milchpulver, Zucker und Aromastoffen zusammen, die mit Kakaobutter vermischt werden und die Schokolade besonders süß und cremig machen.

Die weiße Schokolade schließlich enthält keine Kakaomasse, ist also streng genommen überhaupt keine Schokolade. Sie wird aus Kakaobutter hergestellt, der Kondensmilch oder Milchpulver sowie Zucker und Vanilleextrakt zugesetzt werden. Sie ist meist süßer und cremiger und schmilzt auch schneller als Milchschokolade. Zum Backen eignet sie sich daher ebenso wenig wie Milchschokolade.

Kuvertüre ist ein Schokoladenerzeugnis, das meist zum Glasieren und Überziehen von Kuchen und Torten verwendet wird. Ihr Kakaoanteil beträgt mindestens 17,5 Prozent. Ihr hoher Anteil an Kakaobutter (mindestens 35 Prozent) verleiht ihr eine hohe Fließfähigkeit, macht sie aber auch zum Backen ungeeignet.

Der Vorgang der Schokoladenherstellung ist eine sehr komplexe Kunst, denn es ist schwierig, zwei so unterschiedlich reagierende Substanzen wie Zucker und Kakao zu einer homogenen Masse zu verbinden. Dafür wird die Kakaomasse mit Zucker und Kakaobutter vermischt, erhitzt und so lange verrührt, bis eine geschmeidige Paste entsteht. Diesen Rührvorgang nennt man konchieren, und in der Länge des Konchierens liegt vielen Schokoladenherstellern zufolge das Geheimnis wirklich guter Schokolade. Durch das Konchieren werden die vielen Enzyme in der Kakaomasse aktiviert, und je länger das Konchieren dauert, desto zarter und cremiger wird die Schokolade. Nach dem Konchieren wird die Schokolade gekühlt, was einen Kristallisierungsprozess bewirkt, an dessen Ende schließlich die fertige Schokolade steht.

Kakaopulver

Kakaopulver wird aus gepresster Kakaomasse gewonnen, der ein Großteil der Kakaobutter entzogen wurde. Es wird nach dem Fettanteil, also dem Anteil der verbliebenen Kakaobutter, klassifiziert. Normales Kakaopulver hat einen Fettgehalt von 20 Prozent, beim fettarmen Kakaopulver liegt er nur bei 8 Prozent. Zum Backen wird meist reines Kakaopulver ohne Zuckerzusatz verwendet. Bei der Herstellung von Kakaopulver unterscheidet man grundsätzlich zwei Arten: Unbehandeltes, natürliches Kakaopulver findet man in deutschen Supermärkten eher selten, denn es ist sehr säurehaltig. Verwendet man beim Backen allerdings häufig künstliche Treibmittel, wie etwa Backpulver, eignet sich dieses Kakaopulver gut, denn die enthaltene Säure reagiert mit dem basischen Backpulver und sorgt durch reichlich Kohlendioxidbildung dafür, dass das Gebäck sehr gut aufgeht.

Normalerweise bekommt man im Supermarkt aber das nach der holländischen Methode behandelte Kakaopulver zu kaufen. Der Niederländer Coenraad Van Houten entwickelte 1828 eine Methode, um den hohen Säuregehalt des Kakaos zu reduzieren. Beim so genannten Dutching werden dem Kakaopulver basische Verbindungen, wie etwa Natriumkarbonat, Natriumhydroxid, Kalium oder Magnesium, zugesetzt, um den Säuregehalt zu minimieren. Diese Methode ergibt einen dunkleren Kakao mit etwas bitterem, aber intensiverem Geschmack.

Schokolade ist als Backzutat ein eher empfindliches Produkt, deshalb wird im Folgenden genau beschrieben, wie Schokolade behandelt werden sollte, um ein optimales Ergebnis zu erzielen.

Schokolade reiben

Nur geriebene oder gehackte Schokolade kann beim Erwärmen zügig und gleichmäßig schmelzen. Dabei gilt, je größer die Oberfläche, desto gleichmäßiger schmilzt die Schokolade. Es ist also in der Regel leichter, Schokolade in einem großen, flachen Topf im Wasserbad zu schmelzen als in einer kleineren Schüssel in der Mikrowelle.

Hacken Sie die Schokolade am besten auf einer sauberen, trockenen Arbeitsfläche mit einem großen Küchenmesser so gleichmäßig wie möglich in kleine Stücke. Wenn Sie in Ihrer Küche über zwei getrennte Arbeitsflächen verfügen, nutzen Sie am besten eine nur zum Bearbeiten von Schokolade, Trockenfrüchten, Nüssen und anderen süßen Zutaten zum Backen. Die andere Arbeitsfläche sollte zum Schneiden und Bearbeiten von herzhaften Zutaten wie Kräutern oder Gewürzen reserviert sein. So können Sie verhindern, dass sich die Aromen süßer und herzhafter Zutaten beim Bearbeiten vermischen. Wenn Sie die Schokolade fein reiben möchten, benutzen Sie eine feinporige Küchenreibe. Verwenden Sie zum Reiben und Hacken von Schokolade nie den Mixer oder die Küchenmaschine, da die Schokolade durch die entstehende Wärme vorzeitig schmelzen kann.

Schokolade schmelzen

Schokolade kann man auf zweierlei Arten schmelzen – entweder im Wasserbad oder in der Mikrowelle. In jedem Fall ist Schokolade aber sehr empfindlich, so dass man beim Schmelzen eher behutsam und langsam vorgehen muss. Wird die Schokolade zu heiß, d.h., übersteigt die Temperatur 50 °C, kann die Schokolade leicht anbrennen oder fest und bröckelig werden. Dadurch verliert sie außerdem an Geschmack.

Sorgen Sie dafür, dass keine Flüssigkeit an die Schokolade gerät – außer das jeweilige Rezept sieht das vor. Denn die Flüssigkeit bindet die Schokolade und lässt sie sofort fest werden. Nur einige Tropfen Wasser genügen, und die Schokolade wird gebunden und fest. Schreibt ein Rezept allerdings eine größere Menge Flüssigkeit vor, d.h. etwa zwei Esslöffel pro 50 Gramm, so reicht das aus, um diesen Bindungsprozess zu stoppen, so dass die Schokolade wieder gleichmäßig schmelzen kann und auch flüssig bleibt. Um Schokolade im Wasserbad zu schmelzen, geben Sie die geriebene Schokolade in einen breiten, flachen Topf und stellen diesen in einen größeren Topf mit heißem Wasser. Das Wasser sollte während des Schmelzvorgangs nicht kochen. Schmelzen Sie Schokolade immer im offenen Topf, da sich im Deckel Kondenswasser bilden, in die Schokolade tropfen und diese binden kann. Rühren Sie die Schokolade gelegentlich um, so dass sie gleichmäßig schmilzt. Um die Schokolade in der Mikrowelle zu schmelzen, geben Sie die geriebene oder gehackte Schokolade in eine Schüssel und erhitzen diese bei 50 Prozent Leistung für 2–4 Minuten. Unterbrechen Sie den Vorgang etwa alle 30 Sekunden, um die Schokolade etwas umzurühren. Da hier die Oberfläche meist kleiner ist, besteht die Gefahr, dass die Schokolade nicht ganz gleichmäßig schmelzen kann.

Schokolade aus einer Papiertüte spritzen

Um flüssige Schokolade zum Dekorieren auf Torten oder Kuchen zu spritzen, füllt man sie am besten in eine kleine, gedrehte Papiertüte (siehe Abbildungen Seite 220). Spritzbeutel mit Blechtüllen eignen sich nicht, denn sobald die flüssige Schokolade mit dem kühlen Metall in Berührung kommt, wird sie schnell fest und lässt sich nicht mehr nach Wunsch aufspritzen.

Schmelzen Sie zunächst die Schokolade, und lassen Sie sie einige Minuten abkühlen. Ist die Schokolade nämlich zu heiß, behält sie nach dem Aufspritzen nicht die gewünschte Form.

Für die Papiertüte schneiden Sie aus Backpapier oder normalem Papier ein großes Dreieck aus. Die Grundlinie sollte dabei mindestens 30 Zentimeter lang sein. Zum leichteren Verständnis nennen wir die Spitze des Dreiecks A, die linke Ecke B und die rechte Ecke C. Halten Sie das Dreieck an den Ecken B und C, so dass A nach oben weist. Bringen Sie nun die Ecken B und C jeweils schräg nach oben, und führen Sie sie ineinander, so dass eine Tütenform entsteht, deren Spitze sich genau gegenüber der Ecke A befindet (Bild 1). Drehen Sie die Tüte noch fester zusammen, bis unten eine dünne, geschlossene Spitze entsteht und sich B und C an der Spitze A treffen. Falten Sie die drei Ecken nach innen, so dass ein gleichmäßiger Rand entsteht (Bild 2). Setzen Sie die Tüte mit der Spitze nach unten in ein hohes Glasgefäß (Bild 3). Gießen Sie die flüssige Schokolade nun in die Papiertüte. Die Spitze sollte so eng sein, dass keine Schokolade ausläuft. Drücken Sie die Papiertüte oben leicht zusammen, und falten Sie die linke und rechte Ecke nach unten, damit die Tüte gut verschlossen ist (Bild 4). Schneiden Sie die unterste Spitze der Tüte mit der Schere ab, so dass eine kleine Öffnung entsteht. Die Öffnung sollte nicht größer als etwa 15–20 Millimeter sein, damit man damit dünne Schokoladenlinien zeichnen kann.

Schokoladenflocken herstellen

Wer zum Garnieren von Torten und Kuchen keine gekaufte Borkenschokolade verwenden möchte, kann zu Hause ganz einfach selbst Schokoladenflocken herstellen. Dazu brauchen Sie ein Stück (ca. 75 Gramm) Blockschokolade. Um die Schokolade gut bearbeiten zu können, muss sie leicht angewärmt werden. Dazu legen Sie die Schokolade am besten für 30 Minuten an einen warmen Ort, etwa in die Nähe des Backofens. Sie können die Schokolade aber auch auf niedriger Stufe einige Sekunden in der Mikrowelle anwärmen. Die Schokolade sollte in jedem Fall warm sein, aber nicht schmelzen.

Legen Sie ein Backblech mit Backpapier aus. »Schälen« Sie nun mit einem Gemüseschälmesser kleine Schokoladenflocken ab, und lassen Sie sie auf das Backblech fallen. Je fester Sie drücken, desto dicker werden die Flocken. Brechen die Flocken leicht, so ist die Schokolade zu kalt – wärmen Sie sie also noch einige Minuten an. Behalten die Flocken andererseits ihre Form nicht und zerfließen leicht, ist die Schokolade zu warm und Sie sollten sie vor dem Weiterverarbeiten einige Minuten bei Zimmertemperatur abkühlen lassen. Geben Sie die fertigen Schokoladenflocken in eine Schüssel, und stellen Sie sie bis zum Gebrauch in den Kühlschrank. Versuchen Sie, die Flocken dabei so wenig wie möglich zu berühren, da sie sonst leicht schmelzen können.

Schokolade aufbewahren

Wird Schokolade bei zu hoher Temperatur aufbewahrt, so löst sich die Kakaobutter von den Feststoffen des Kakaos, sammelt sich als heller Film an der Oberfläche und verhärtet. Das macht die Schokolade zwar sehr unansehnlich, mindert aber beim Backen die Qualität nicht, denn durch den Schmelzvorgang wird die Kakaobutter wieder völlig eingebunden. Ist die Schokolade allerdings bröckelig und körnig, so bedeutet das, dass sich der Zucker von den restlichen Inhaltsstoffen gelöst hat – ein Zeichen, dass die Schokolade zu feucht gelagert wurde. Da diese Schokolade nicht gleichmäßig schmilzt, kann man sie auch zum Backen nicht mehr verwenden.

Schokolade sollte an einem kühlen, trockenen Ort gelagert werden – der Kühlschrank ist zwar kühl, aber zu feucht und scheidet deshalb aus. Die ideale Lagertemperatur liegt bei ca. 20 °C. Bewahren Sie Schokoladentafeln immer in ihrer ursprünglichen Verpackung auf. Angebrochene Blockschokolade lässt sich am besten in Alufolie gewickelt aufbewahren.

Spatel und Teigkarten

Zum Glasieren von Torten und Kuchen eignen sich am besten dünne, flexible Metallspatel, die vorne eine gerade oder eine schräge Kante haben können. Mit der schrägen Kante lässt sich Glasur leichter gleichmäßig verstreichen.

Gummispatel gibt es in verschiedenen Größen. Achten Sie aber darauf, feuerfeste Spatel zu kaufen. Gummispatel sind gut geeignet, um Schüsseln oder Töpfe sauber auszukratzen, wenn Massen, Teige oder Cremes umgefüllt werden müssen. Auch eine Teigkarte, meist eine rechteckige, an einer Seite abgerundete Kunststoffkarte, wird dazu verwendet, Teige oder Massen aus einer Schüssel zu entnehmen und in eine Backform oder einen Spritzbeutel zu füllen.

Spritzbeutel und Tüllen

Um Cremes oder Sahne dekorativ aufzuspritzen, verwendet man am besten einen Spritzbeutel. Baisermasse und auch manche besonders leichten Teige werden ebenfalls mit dem Spritzbeutel zum Backen auf ein Backblech gespritzt. Am praktischsten sind relativ große Spritzbeutel, mit einer Länge von mindestens 35 Zentimeter, denn sie fassen auch große Teigmengen, und lästiges Nachfüllen entfällt. Achten Sie trotzdem darauf, den Spritzbeutel immer nur bis zur Hälfte zu füllen, damit Sie ihn oben zusammenraffen und so fest verschließen können. Wer gerne aufwändige Kuchen bäckt, sollte am besten zwei oder drei Spritzbeutel zur Hand haben, denn in manchen Rezepten müssen verschiedene Massen nacheinander aufgespritzt werden. Es gibt Spritzbeutel aus imprägniertem Stoff, die zwar nach jedem Gebrauch ausgekocht werden müssen, aber auch stabiler sind als andere Beutel. Achten Sie beim Stoffbeutel darauf, dass die Naht immer außen ist. Es werden auch Einwegbeutel angeboten. Sie können aber auch eine feste Plastiktüte, etwa einen Gefrierbeutel, als Spritzbeutel verwenden, eine Ecke mit der Schere abschneiden und die Tülle durch das Loch stecken.

Manchmal kann es schwierig sein, einen Spritzbeutel sauber zu füllen. Es gibt aber einen einfachen Trick, der Ihnen diese Arbeit sehr erleichtern wird. Stecken Sie zunächst die gewünschte Tülle auf den Spritzbeutel, stellen Sie den Beutel mit der Spitze nach unten in ein hohes Glas und stülpen Sie die überstehenden Enden des Beutels nach außen um das Glas. So ist der Beutel gleichmäßig geöffnet und gleichzeitig fest fixiert, und Sie können ihn problemlos füllen.

Zur Grundausstattung von Spritzbeuteln gehören Loch- und Sterntüllen in verschiedenen Größen, damit Sie beim Aufspritzen genügend Variationsmöglichkeiten haben.

Tortenständer

Dies ist eine Kuchenplatte, meist aus Edelstahl, mit einem kleinen Sockel. Darauf kann man die Torte leicht drehen und so von allen Seiten gleichmäßig bearbeiten und verzieren. Allerdings funktioniert jeder breite, flache Gegenstand, wie etwa eine große Konservendose mit einer Tortenunterlage darauf, genauso gut.

Tortenunterlage

Diese Unterlagen sind meist dünne Scheiben aus Edelstahl, es gibt sie aber auch aus fester, stabiler Pappe. Sie können sich also auch aus jedem stabilen Karton Tortenunterlagen in der passenden Größe selbst zurechtschneiden, oder Sie verwenden einfach den Boden einer großen Springform. Tortenunterlagen sind sehr hilfreich beim Zusammensetzen, Füllen und Glasieren aufwändiger Torten.

Zackenmesser

Ein Zackenmesser, also ein Schneidemesser, das keine gerade, sondern eine leicht gezackte Klinge hat, eignet sich am besten, um Torten oder Böden längs zu halbieren oder zu dritteln. Um einen geraden Schnitt zu erzielen, sollte das Messer mindestens 30 Zentimeter lang sein.

Zesten und Schalen von Zitrusfrüchten

Frisch abgeriebene Orangen- und Zitronenschale gibt vielen Kuchen und Gebäcken eine besonders frische und herbe Note. Sie sollten allerdings immer darauf achten, unbehandelte Früchte zum Abreiben zu verwenden. Selbst diese sollten aber vorher gründlich gewaschen und abgetrocknet werden. Reiben Sie immer nur den farbigen Teil der Schale ab, denn darin sitzen die aromatischen ätherischen Öle.

In den meisten Rezepten wird fein abgeriebene Zitronen- oder Orangenschale verlangt; diese reiben Sie am besten mit einer feinporigen Küchen- oder Käsereibe ab. Achten Sie aber immer darauf, dass die Reibe vor Gebrauch sauber und trocken ist. Mit einem Zestenreißer, einem Schälgerät mit sehr feinen Lochungen, können dagegen feinste Schalenstreifen (Zesten) von den Zitrusfrüchten abgezogen werden, die dann als Würze im Teig oder aber als Dekoration auf dem fertigen Kuchen oder Gebäck verwendet werden können.

Zwetschken

Zwetschken sind in der Regel kleiner als Pflaumen. Außerdem haben sie die typische ovale Form und sind dunkler in der Farbe. In Österreich heißen die Zwetschken Powidl, vom althochdeutschen Wort *powidlen*, was so viel heißt wie »aus Böhmen stammend«. Und aus Böhmen stammen auch heute noch mit die besten und aromatischsten Zwetschken.

Das Zwetschkenmus ist ein unverzichtbarer Bestandteil der österreichischen Küche. Wenn Sie den Geschmack von gekauftem Zwetschkenmus noch verfeinern möchten, geben Sie einfach etwas gemahlenen Zimt, Nelkenpulver und einen Esslöffel braunen Rum zu.

Kleiner Kaffeehaus-Führer

Es ist schlichtweg unmöglich, alle Kaffeehäuser in Wien, Budapest und Prag zu besuchen, denn davon gibt es in den drei Städten Tausende. Viele berühmte Cafés hatten großen Einfluss auf Kultur und Geschichte ihrer Stadt. In der nachfolgenden Liste sind die bekanntesten und traditionsreichsten Kaffeehäuser zusammengestellt. Sie hat keinerlei Anspruch auf Vollständigkeit, sondern will nur eine kleine Anregung für den nächsten Besuch in Wien, Budapest oder Prag geben. Die Vielfalt der Kaffeehäuser ist geradezu unüberschaubar. Denn nicht allen kommt es nur auf Nostalgie und Tradition an. Moderne Kaffeehäuser mit ganz eigenem Stil und großer Individualität werden jedes Jahr neu eröffnet, und auch dort fühlt sich der Gast gleich wohl. Neben den bewährten Klassikern enthält diese Aufstellung auch einige neue, moderne Kaffeehäuser. Die Bezeichnung »Café« im Namen der Häuser taucht zwar in der Liste auf, wird aber bei der alphabetischen Auflistung nicht berücksichtigt.

Außerdem sind zur leichteren Orientierung zu jedem Kaffeehaus eine nahe gelegene Sehenswürdigkeit und die nächste U-Bahnhaltestelle aufgeführt. Die Liste konzentriert sich zudem auf die Innenstädte, die man als Besucher meist zu Fuß erkundet. Nur wenige der aufgeführten Kaffeehäuser sind etwas außerhalb des Stadtzentrums gelegen.

Wien

Wien ist in 22 Bezirke unterteilt, die sich von der Stadtmitte kreisförmig nach außen fortsetzen. Zwei große Wahrzeichen der Stadt, Stephansdom und Hofburg, liegen im ersten Wiener Bezirk, also direkt im Stadtzentrum. In der folgenden Liste ist jedem Café zur leichteren Orientierung der jeweilige Bezirk oder eine berühmte Sehenswürdigkeit zugeordnet. Außerdem enthält die Liste Öffnungszeiten und Angaben, wann in den Cafés gewöhnlich Livemusik dargeboten wird.

Blaues Café (Nähe Kunsthistorisches Museum)
Eschenbachgasse 7 (Ecke Nibelungengasse)
Tel. 00 43/1/5 87 63 08
ÖFFNUNGSZEITEN: Montag bis Freitag, 16–2 Uhr; Samstag und Sonntag, 18–2 Uhr
U-BAHNHALTESTELLE: Babenberger Straße
Dies ist das schrägste Café in ganz Wien. Suchen Sie einfach nach der blauen Tür – denn es gibt kein Schild –, und gehen Sie die Treppe hinunter ins Untergeschoss. Hier herrscht spärliche Beleuchtung und eine leicht angestaubte und dennoch durch und durch lebenslustige Atmosphäre. Dieses kleine, legere Café mit bunt gemischtem Publikum trennen Welten von den Kristalllüstern und goldumrahmten Wandspiegeln der vornehmen Ringstraßencafés.

Café Bräunerhof (Nähe Dorotheum)
Stallburggasse 2
Tel. 00 43/1/5 12 38 93
ÖFFNUNGSZEITEN: Montag – Freitag, 8–21 Uhr; Samstag, 8–19 Uhr; Sonn- und Feiertag, 10–19 Uhr
U-BAHNHALTESTELLE: Stephansplatz
Dieses kleine Kaffeehaus, in der Nähe des Dorotheums, des ersten Wiener Auktionshauses gelegen, ist ein wahres Schmuckkästen. Die wunderschöne Musik des hauseigenen Kammermusikensembles rundet das perfekte Erlebnis ab. Nirgends klingen Schubertlieder schöner zum Kaffee als hier im Café Bräunerhof.

Café Central (Nähe Hofburg)
Herrengasse 14 (Ecke Strauchgasse)
Tel. 00 43/1/5 33 37 64 24/26
ÖFFNUNGSZEITEN: Montag – Samstag, 8–22 Uhr; Sonntag, 10–18 Uhr, und Feiertag 10– 22 Uhr
U-BAHNHALTESTELLE: Herrengasse
Das Café Central erlangte als zentraler Treffpunkt bedeutender österreichischer Literaten des 20. Jahrhunderts große Berühmtheit. Das hohe Deckengewölbe mit den reichen, filigranen Verzierungen gibt dem Besucher das Gefühl, viel mehr in einem Palast als in einem Kaffeehaus zu sitzen. Die große Auswahl an warmen Mehlspeisen ist hier besonders zu empfehlen. Wenn Sie es eilig haben, können Sie auch in der kleinen Bäckerei gegenüber, die ebenfalls zum Café Central gehört, eine kurze Pause einlegen.

Café Diglas (Nähe Stephansdom)
Wollzeile 10
Tel. 00 43 / 1 / 5 12 57 65
ÖFFNUNGSZEITEN: täglich 7–23.30 Uhr;
MUSIK: Mittwoch, Freitag und Samstag,
20–23 Uhr
U-BAHNHALTESTELLE: Stubentor / Stephansplatz

Eines der wenigen Kaffeehäuser in Wien, in denen es zum Frühstück, Mittag- und Abendessen jeweils eine reichhaltige Auswahl gibt. Der Besitzer Hans Diglas, dessen Familie schon seit Jahren im Gastronomiebereich tätig ist, weiß ganz genau, worauf es ankommt: Bei ihm fühlen sich die Gäste wohl, für viele ist sein Café wie ein zweites Zuhause. Viele Details der Innenausstattung sind seit der Eröffnung im Jahr 1923 bis heute unverändert geblieben. Die Süß- und Mehlspeisen werden in der angeschlossenen Diglas-Bäckerei nur einige Häuser weiter ganz frisch gebacken und zubereitet. Die Schaumschnitten sind hier besonders zu empfehlen.

Café Dommayer (Hietzing, Nähe Schloss Schönbrunn)
Dommayergasse 1
www.dommayer.at
Tel. 00 43 / 1 / 8 77 54 65
ÖFFNUNGSZEITEN: täglich 7–24 Uhr
MUSIK: 1. Mai–31. Oktober, Samstag und Sonntag, 14–16 Uhr
U-BAHNHALTESTELLE: Schönbrunn

An einem sonnigen, beschaulichen Samstagnachmittag gibt es wohl nichts, was wienerischer wäre, als bei einer gemütlichen Tasse Kaffee im Café Dommayer zu sitzen und dem Spiel der »Wiener Walzermädchen« zu lauschen, einem Damenorchester in Blumenkleidern und Strohhüten. (Vom ersten Café Dommayer aus, das ganz in der Nähe lag, trat der Walzer vor 150 Jahren seinen Siegeszug um die ganze Welt an). Bei Dommayer wird besonderer Wert darauf gelegt, alte Traditionen zu bewahren. So finden hier regelmäßig musikalische Darbietungen und Dichterlesungen statt. Im Sommer sind die Theaterabende auf der Freilichtbühne im Garten eine besondere Attraktion. Nach einem Besuch in Schloss Schönbrunn ist das Café Dommayer der ideale Ort, um sich bei einer süßen Köstlichkeit zu entspannen und alle schönen Eindrücke zu genießen.

Café Frauenhuber (Nähe Stephansdom)
Himmelpfortgasse 6
Tel. 00 43 / 1 / 5 12 83 83
ÖFFNUNGSZEITEN: täglich 8–23 Uhr
U-BAHNHALTESTELLE: Stephansplatz

Dies ist das älteste bis heute betriebene Kaffeehaus Wiens. Für Musikliebhaber ist das Frauenhuber ein Muss, denn sowohl Mozart als auch Beethoven gaben hier einst ihre große Kunst zum Besten.

Café Goldegg (4. Bezirk, Nähe Belvedere)
Argentinierstraße 49
Tel. 00 43 / 1 / 5 05 91 62
ÖFFNUNGSZEITEN: Montag bis Donnerstag, 8–22 Uhr; Freitag, 8–21 Uhr; Samstag: Sommer / 8–15 Uhr, Winter / 8–21 Uhr; Sonntag, 10–18 Uhr
U-BAHNHALTESTELLE: Südtirolerplatz

Dieses denkmalgeschützte Café aus dem Jahr 1910 liegt an einer ruhigen Nebenstraße in der Nähe von Schloss Belvedere. Mit seinen vielen kunstvollen Holzeinlegearbeiten und dem großen, frei im Raum stehenden Kachelofen hat es einen besonders beschaulichen Charme. Im Goldegg hat sich im Laufe der Jahrzehnte fast nichts verändert, am liebsten kommen nach wie vor die Stammgäste aus der näheren Umgebung hierher – auf große Touristenströme war und ist man hier nicht angewiesen.

Café Griensteidl (gegenüber der Hofburg)
Michaelerplatz 2
Tel. 00 43 / 1 / 5 35 26 92
ÖFFNUNGSZEITEN: täglich 8–23.30 Uhr
U-BAHNHALTESTELLE: Herrengasse

Das erste Café Griensteidl war die Heimat des Jungen Wien, einer Gruppe eigenwilliger Literaten, die die Wiener Kunst- und Literaturszene Ende des 19. Jahrhunderts maßgeblich beeinflussten. Als das alte Café 1897 abgerissen wurde, zogen die Stammgäste mitsamt Schreibfeder ins nahe gelegene Café Central um. Fast 100 Jahre später eröffnete an derselben Stelle das neue Café Griensteidl. Dort trifft man zwar heute meist keine großen Literaten mehr an, aber die ruhige, entspannte Atmosphäre lädt immer noch dazu ein, ein bisschen länger zu bleiben und die mächtige, prunkvolle Wiener Hofburg gegenüber zu bewundern.

Cafe im Habighof (Nähe Karlsplatz und Oper)
Wiedner Hauptstraße 15
Tel. 00 43 / 1 / 5 03 80 33
ÖFFNUNGSZEITEN: Montag – Freitag,
11–24 Uhr; Samstag und Feiertag, 18–24 Uhr;
Sonntag geschlossen
U-BAHNHALTESTELLE: Karlsplatz

Dies ist eines der schönsten neueren Kaffeehäuser, denn hier wird sehr stilvoll Altes mit Modernem vereint. In den Räumen des heutigen Café-Restaurants befand sich ursprünglich eine berühmte Schneiderei, die lange Jahre die Kaiser und Könige der Donaumonarchie mit maßgeschneiderter, neuester Mode ausstattete. Viele der handgeschnitzten Möbelstücke und Accessoires aus dieser Zeit sind in den heutigen Caféräumen ausgestellt, und beinahe erwartet man, dass gleich der Kaiser persönlich zur Tür hereinkommt und statt nach einer Tasse Kaffee nach einem passenden Hut für den nächsten Ball am Hof fragt. Da das Café ganz in der Nähe der Oper liegt, eignet es sich perfekt, wenn man vor oder nach einem Opernbesuch noch etwas Gutes essen möchte.

Café Hawelka (Nähe Dorotheum)
Dorotheergasse 6
www.hawelka.at
Tel. 00 43 / 1 / 5 12 82 30
ÖFFNUNGSZEITEN: Montag, Mittwoch – Samstag,
8–2 Uhr; Sonntag, 16–2 Uhr; Dienstag
geschlossen
U-BAHNHALTESTELLE: Stephansplatz

Das Café für Nachteulen. Die legendären Besitzer, Leopold und Josefine Hawelka, heute beide Ende achtzig, machten aus ihrem Café im Laufe der Jahre einen Treffpunkt für Lebenskünstler und Bohemiens. Die vielen Gemälde an den Wänden wurden meist von bekannten Wiener Künstlern gestiftet, die hier oft und gern zu Gast sind, und sind wahrscheinlich ein kleines Vermögen wert. Auch der Literaturnobelpreisträger Elias Canetti war in jungen Jahren Stammgast im Hawelka. Ein besonderes Highlight sind hier die wunderbaren Buchteln, die in der winzigen Küche ganz frisch gemacht und jeden Abend gegen 22 Uhr warm serviert werden.

Café Imperial (Nähe Musikverein)
Kärntner Ring 16
www.luxurycollection.com/imperial
Tel. 00 43 / 1 / 50 11 03 89
ÖFFNUNGSZEITEN: täglich 7–23 Uhr
MUSIK: Samstag und Sonntag, 15.30–18.30 Uhr
U-BAHNHALTESTELLE: Karlsplatz

Im Jahr 1873, gerade rechtzeitig zu den Feierlichkeiten zu Ehren von Kaiser Franz Josephs 25. Thronjubiläum, wurde im ehemaligen Palais Württemberg das Hotel Imperial eröffnet. Das dazugehörige Café entwickelte sich sehr bald zum Lieblingscafé der Reichen und Schönen an der vornehmen Wiener Ringstraße. Das Café liegt ganz in der Nähe des Konzerthauses der Wiener Philharmoniker, und so sieht man dort oft viele bekannte Musiker unter den Gästen sitzen. Auch Karl Kraus, einer der exzentrischsten und egoistischsten Literaturkritiker Wiens, hielt hier Hof, nachdem er seinem früheren Stammlokal, dem Café Central, unter großem Medienaufsehen den Rücken gekehrt hatte.

Café Im KunstHaus Wien (im KunstHaus/
Hundertwassermuseum)
Weißgerberlände 14
Tel. 00 43 / 1 / 7 12 04 97
ÖFFNUNGSZEITEN: täglich 10–24 Uhr
MUSIK: Montag – Freitag, 19–22 Uhr;
Samstag und Sonntag, 12–16 Uhr
Trambahnlinie N

Friedensreich Hundertwasser ist einer der umstrittensten und meist diskutierten Künstler Österreichs. Seine kräftigen, bunten Farben, glänzenden Kunstfliesen und unregelmäßig geschwungene Linienführung müssen für das Architekturbewusstsein einer Stadt, die fast wie eine zu Stein gewordene mehrstöckige Hochzeitstorte aussieht, geradezu schockierend wirken. Dieses Café befindet sich im Komplex des KunstHaus Wien, einem Museum, das Hundertwasser ganz im Stil seiner Kunst bauen ließ, um dort seine Werke auszustellen. Hier kann man – neben einem wunderbaren Apfelstrudel – also Hundertwassers Kunst auch im und um das Café herum ganz direkt erleben.

WIENER CAFÉS

Kleines Café (Nähe Stephansdom)
Franziskanerplatz 3
Tel. 00 43/1/9 85 45 74
ÖFFNUNGSZEITEN: Montag – Samstag, 10–2 Uhr;
Sonntag, 13–2 Uhr
U-BAHNHALTESTELLE: Stephansplatz

Nach einem Rundgang durch die Wiener Innenstadt mit all ihren prachtvollen Sehenswürdigkeiten ist das Kleine Café der ideale Ort, um sich in gemütlicher Atmosphäre etwas auszuruhen. Es macht seinem Namen alle Ehre. Mit seinen zwei winzigen Räumen – früher soll es sogar nur einen einzigen Gastraum gegeben haben – steht das Kleine Café in krassem Gegensatz zur weitläufigen Offenheit anderer klassischer Kaffeehäuser. Auch dieses kleine Schmuckkästchen wurde – wie das MAK Café – von dem Architekten Hermann Czech entworfen und geplant.

Café Landtmann (Nähe Rathaus)
Dr.-Karl-Lueger-Ring 4
www.cafe-wien.at
Tel. 00 43/1/24 10 0
ÖFFNUNGSZEITEN: täglich 7.30–24 Uhr
MUSIK: Sonntag, 19–22 Uhr
U-BAHNHALTESTELLE: Schottentor

Dies war das Stammcafé des Psychoanalytikers Sigmund Freud, ja er soll es sogar manchmal vorgezogen haben, Sitzungen mit seinen Patienten hier im Café abzuhalten, anstatt in seinen Praxisräumen. Heute trifft man im Landtmann vornehmlich Vertreter der lokalen Politik vom gegenüberliegenden Wiener Rathaus. Aber auch Schauspieler vom Burgtheater nebenan sitzen hier gern bei einer Tasse Kaffee zusammen. Ein kleiner Nebenraum ist mit prächtigen Wandreliefs verziert, auf denen edle Damen ihren Kaffee genießen – dies erinnert noch heute an die Zeit, als Männer mit ihren qualmenden Zigarren zu diesem Raum keinen Zutritt hatten. Neben süßen Köstlichkeiten bietet das Landtmann auch sehr gute herzhafte Gerichte an.

MAK Café (im Museum für Angewandte Kunst)
Stubenring 5
Tel. 00 43/1/7 14 01 21
ÖFFNUNGSZEITEN: Dienstag – Sonntag, 10–24 Uhr; Montag geschlossen
U-BAHNHALTESTELLE: Stubentor

Dieses Café im Museum für Angewandte Kunst – kurz MAK genannt – ist ein weiteres Meisterwerk des Architekten Hermann Czech. Er entwarf einen hochmodernen Raum, der gleichzeitig in perfekter Harmonie zu den ehrwürdigen, über 100 Jahre alten Museumsräumen steht. Dies erreicht er unter anderem durch eine sehr funktionale Industrie-Deckenbeleuchtung, die die alten, hohen Räume voll zur Geltung bringt, sie aber in keiner Weise beherrscht. Inzwischen ist das MAK Café viel mehr als nur ein Ort, an dem man kurz eine Tasse Kaffee trinkt, um sich vom Museumsbesuch zu erholen. Längst ist das Café zu einem beliebten Treffpunkt für Studenten der nahe gelegenen Hochschule für Design geworden. Im Museum für Angewandte Kunst kann man zahlreiche künstlerisch gestaltete Gebrauchsgegenstände aus allen Bereichen des täglichen Lebens bewundern – von Tischdecken und Bettlaken bis hin zu Schmuckstücken. Eine permanente Ausstellung des Museums zeigt außerdem typisches Wiener Kaffeehausmobiliar aus mehreren Jahrzehnten. Passend dazu ist das MAK Café natürlich auch mit solch traditionellen Möbeln ausgestattet.

Das Möbel (Spittelberg)
Burggasse 10
www.dasmoebel.at
Tel. 00 43/1/5 24 94 97
ÖFFNUNGSZEITEN: täglich 10–1 Uhr
U-BAHNHALTESTELLE: Volkstheater

Dieses ultramoderne Café liegt in einer kleinen Nebenstraße mitten im Herzen des alten Wien – und ist doch eines der einfallsreichsten und ungewöhnlichsten Cafés der ganzen Stadt. Gewöhnen Sie sich allerdings nicht zu sehr an bestimmte Möbelstücke – alles hier steht zum Verkauf, und Ihr Lieblingssessel könnte beim nächsten Besuch schon nicht mehr da sein. Das Möbel ist eine ganz individuelle Mischung aus Möbelpräsentationsraum und Kaffeehaus – die Tische, Stühle, Lampen und anderen Einrichtungsgegenstände werden etwa alle sechs Wochen völlig umgebaut und verändert. Anders als in einem traditionellen Kaffeehaus, wo man sich manches Mal fast wie im Museum vorkommt, erlebt man hier bei jedem Besuch eine völlig neue Atmosphäre, was auch die Stammgäste aus der näheren Umgebug zu schätzen wissen. Denn so ultramodern diese Caféidee auch sein mag – hier fühlen sich alle wohl: Touristen und Einheimische, Ältere und Jugendliche, die hier ganz »cool abhängen« können.

Café Mozart (Nähe Albertina)
Albertinaplatz 2
www.cafe-wien.at
Tel. 00 43/1/24 10 0
ÖFFNUNGSZEITEN: täglich 8–24 Uhr
U-BAHNHALTESTELLE: Karlsplatz

Dieses Café wurde durch den Wiener Filmklassiker »Der dritte Mann« weltberühmt. Heute allerdings ist es fast nicht mehr wieder zu erkennen; ganz modern ausgestattet zieht es täglich riesige Touristenströme an. Das Café Mozart hat denselben Besitzer wie das Café Landtmann und bietet fünf verschiedene Sorten heiße Schokolade an – ein Paradies für Schokoladenliebhaber.

Café Museum (Nähe Oper)
Friedrichstraße 6
Tel. 00 43/1/5 86 52 02
ÖFFNUNGSZEITEN: täglich 8–24 Uhr
U-BAHNHALTESTELLE: Karlsplatz

Dieses schlichte Kaffeehaus ist eines der ersten Hauptwerke des Wiener Architekten Adolf Loos. Er verzichtete völlig auf jede Art von Schmuck oder Verzierung, und so bestimmt hier die Funktion die Form. In Wien findet man noch einige weitere von Loos entworfene Gebäude – heute wirken sie fast unscheinbar, zur Zeit der Jahrhundertwende aber schockierte diese neue Architektur die Wiener Öffentlichkeit. Und wirklich muss das kahle, schmucklose Café Museum, das im Jahr 1899 gebaut wurde, inmitten der reich verzierten Prachtbauten der nahe gelegenen Ringstraße ein merkwürdiger Anblick gewesen sein, weswegen Kritiker ihm auch den Beinamen »Café Nihilismus« gaben.

In den Jahren vor dem Ersten Weltkrieg gingen im Café Museum viele bedeutende Wiener Künstler und Schriftsteller ein und aus, unter ihnen die Maler Klimt, Schiele und Kokoschka. Und auch bedeutende Wiener Architekten und Zeitgenossen von Adolf Loos, wie etwa Joseph Hoffmann, Otto Wagner und Joseph Maria Olbrich, der die weltberühmte Sezession gleich gegenüber des Cafés entwarf, waren hier gern zu Gast.

Café Prückel (gegenüber des MAK Café)
Stubenring 24
www.prueckel.at
Tel. 00 43/1/5 12 61 15
ÖFFNUNGSZEITEN: täglich 8.30–22 Uhr
MUSIK: Montag, Mittwoch und Freitag, 19–22 Uhr
U-BAHNHALTESTELLE: Stubentor

Dieses Kaffeehaus stammt aus der Zeit um die Jahrhundertwende, wurde aber während des Zweiten Weltkriegs schwer beschädigt. 1955 wurde es im neuesten Stil renoviert und wieder eröffnet. Das unverwechselbare Design der 1950er Jahre ist dem Café bis heute geblieben und macht es dadurch zu etwas ganz Besonderem.

Sacher (Nähe Oper)
Philharmonikerstraße 4
www.sacher.com
Tel. 00 43/1/5 12 14 87
ÖFFNUNGSZEITEN: täglich 8–23.30 Uhr
U-BAHNHALTESTELLE: Karlsplatz

Wer Schokolade liebt, für den gehört ein Besuch im Sacher zum Pflichtprogramm jeder Wienreise. Die Wände sind mit rotem Samt bespannt, der das gediegene Ambiente des Cafés perfekt unterstreicht. Ganz in der Nähe gibt es auch einen kleinen Sacher-Laden, in dem man die berühmte Sacher-Torte in allen Größen kaufen und mit nach Hause nehmen kann. Für den praktischen Transport sind die Torten in kleinen Holzkisten verpackt.

Café Savoy (Nähe Naschmarkt)
Linke Wienzeile 36
Tel. 00 43/1/5 86 73 48
ÖFFNUNGSZEITEN: Montag – Freitag, 17–2 Uhr;
Samstag, 9–18 Uhr und 21–2 Uhr
U-BAHNHALTESTELLE: Kettenbrückengasse

Vielleicht hängen im Savoy nicht die größten Wandspiegel von ganz Wien. Mit Sicherheit hängen – oder hingen – hier aber die schwersten Kronleuchter, denn davon zeugt noch heute ein großes Loch in der Decke. Am späteren Abend ist das Café Treffpunkt für die Wiener Homosexuellenszene. Das Savoy liegt ganz in der Nähe des Naschmarkts, des großen Wiener Lebensmittelmarktes, der nicht nur für Kenner eine besondere Attraktion ist.

Café Sperl (Nähe Theater an der Wien)
Gumpendorfer Straße 11
www.cafesperl.at
Tel. 00 43/1/5 86 41 58
ÖFFNUNGSZEITEN: Montag bis Samstag, 7–23 Uhr; Sonn- und Feiertag, 10–20 Uhr (im Sommer geschlossen)
U-BAHNHALTESTELLE: Kettenbrückengasse

Das Café Sperl ist vielleicht das klassischste aller klassischen Kaffeehäuser. Als es 1983 unter Denkmalschutz gestellt wurde, war ein Großteil der ursprünglichen Ausstattung und Einrichtung noch erhalten – wenn auch in keinem guten Zustand. In aufwändiger Renovierungsarbeit wurde das Café daraufhin erneuert und detailgetreu wieder hergestellt, ohne jedoch die alte Patina und die gemütliche Atmosphäre mit den weichen Plüschsofas, der alten ausladenden Theke und dem blanken Parkettboden zu zerstören. Im Café Sperl finden sich alle Merkmale des klassischen Kaffeehauses: der L-förmige Gastraum, von dem ein Teil für Billiardspiele reserviert ist, kleine Marmortische und schwere schmiedeeiserne Kleiderständer. Im Spätsommer ist der Zwetschkenkuchen hier besonders zu empfehlen.

Café Stein (Nähe Votivkirche)
Währinger Straße 6–8
www.cafe-stein.com
Tel. 0 043/1/3 19 72 41
ÖFFNUNGSZEITEN: Montag – Samstag, 7–1 Uhr; Sonn- und Feiertag, 9–1 Uhr
U-BAHNHALTESTELLE: Schottentor-Universität

Dies ist ein typisches Studentencafé ganz in der Nähe der Universität gelegen. Der Gastraum ist groß und immer mit viel Leben – und reichlich Zigarettenqualm – erfüllt. An den Wänden hängen Dutzende von Postern zu aktuellen Kunstausstellungen, Dichterlesungen oder politischen Kundgebungen. Auch die Toiletten sind hier einen Besuch wert, denn sie scheinen mit voller Absicht so angelegt, dass es ständig zu unfreiwilligen Begegnungen mit dem anderen Geschlecht kommt. Will man das vermeiden, muss man sich schon einige Minuten Zeit nehmen, um die Bilder an den beiden Türen dem richtigen Geschlecht zuordnen zu können. Im ersten Stock des Café Stein befindet sich außerdem ein Internetcafé.

Café Tirolerhof (Nähe Albertina)
Tegetthoffstraße 8
Tel. 00 43/1/5 12 78 33
ÖFFNUNGSZEITEN: Montag – Samstag, 7–22 Uhr; Sonntag, 9.30–20 Uhr
U-BAHNHALTESTELLE: Karlsplatz

Obwohl das Café Tirolerhof mitten im Herzen von Wien liegt, verirren sich hierher nur selten Touristen. Zwar ist es nicht das luxuriöseste seiner Art, aber es hat zweifellos Seele und Ausstrahlung. Und der Apfelstrudel schmeckt hier so herrlich wie zu Großmutters Zeiten.

Wiener Konditoreien mit angeschlossenen Cafés

Demel (Nähe Hofburg)
Kohlmarkt 14
www.demel.at
Tel. 00 43/1/5 33 55 16
ÖFFNUNGSZEITEN: täglich 10–19 Uhr
U-BAHNHALTESTELLE: Herrengasse

Für jeden, der die süße Wiener Küche liebt, ist eine Reise nach Wien ohne einen ausgiebigen Besuch beim Demel geradezu undenkbar. Hier sind alle Süßspeisen vom Feinsten – und zwar für das Auge genauso wie für den Gaumen, denn Demels Liebe zum Detail ist schon legendär. Es dauert eine kleine Ewigkeit, bis man die herrliche Auswahl an Torten, Kuchen und Gebäcken in der großen Vitrine ausgiebig betrachtet hat – und natürlich fällt die Wahl schwer. Ganz besonders zu empfehlen sind die vielen Spezialitäten des Hauses Demel, darunter die Annatorte, eine Trüffeltorte mit Schoko-Haselnuss-Glasur, oder die Burgtheatertorte, eine Schokoladentorte ohne Glasur, dafür aber mit feinherbem Orangenaroma. Im vorderen Teil des Cafés werden auch herzhafte Gerichte zum Mittag- oder Abendessen serviert – natürlich an den typischen runden Marmortischen. Die Kellnerinnen tragen alle ein einfaches schwarzes Kleid mit schlichter weißer Schürze, die der Uniform einer nahe gelegenen Klosterschule nachempfunden ist und an die Zeit erinnert, als die Schülerinnen in ihrer Freizeit beim Demel bedienten.

Gerstner (Nähe Oper)
Kärntnerstraße 13–15
www.gerstner.at
Tel. 00 43 / 1 / 5 12 49 63
ÖFFNUNGSZEITEN: Montag – Samstag,
8.30–20 Uhr; Sonn- und Feiertage, 10–18 Uhr
U-BAHNHALTESTELLE: Stephansplatz
Bei einem Spaziergang durch die Kärntnerstraße im Herzen von Wien, eine Fußgängerzone, kann man die Bäckerei Gerstner gar nicht verfehlen – und vorbeigehen kann man schon gar nicht. Besonders im Sommer ist es einfach zu verlockend, an einem der gemütlichen Kaffeetische im Freien zu sitzen und das Treiben um sich herum zu beobachten.

L. Heiner (Nähe Stephansdom)
Wollzeile 9
Simmeringer Hauptstraße 423
Kärtnerstraße 21–23
www.heiner.co.at
Tel. 00 43 / 1 / 7 69 68 58
Unterschiedliche Öffnungszeiten der Filialen
U-BAHNHALTESTELLE: Stephansplatz
Es ist unmöglich zu entscheiden, welche der unzähligen Bäckereien in der Wiener Innenstadt wohl die beste ist. Die Bäckerei Heiner beispielsweise gibt es schon seit über 160 Jahren, und hier bekommt man alle typischen und traditionellen Wiener Süßspeisen serviert – in hervorragender Qualität. Besonders die heinerschen Eisbecher sind als kleine Erfrischung an heißen Tagen sehr zu empfehlen. In der Kärntnerstraße kann man im Sommer auch im Freien sitzen.

Lehmann (Nähe Stephansdom)
Graben 12
Tel. 00 43 / 1 / 5 12 18 15
ÖFFNUNGSZEITEN: Montag – Samstag, 8–19 Uhr
U-BAHNHALTESTELLE: Stephansplatz
Dies ist eine weitere Wiener Institution in Sachen Kaffee und Süßspeisen. Auch die Bäckerei Lehmann kann auf eine lange Tradition zurückblicken und liegt ganz in der Nähe des Stephansdoms an Wiens exklusivster Einkaufsmeile, dem Graben.

Oberlaa (Nähe Dorotheum)
Neuer Markt 16
Babenberger Straße 7
Landstraßer Hauptstraße 1
Kurbadstraße 12
Währinger Straße 108
Tel. 00 43 / 1 / 5 12 29 36 0
Unterschiedliche Öffnungszeiten der Filialen
U-BAHNHALTESTELLE: Stephansplatz
Oberlaa liegt voll im Trend, denn hier setzt man so weit wie möglich auf Lebensmittel aus ökologischer Landwirtschaft – und das kommt bei den Gästen gut an. In der Weihnachtszeit sind die Panettone mit Marzipan oder auch die hausgemachten kandierten Früchte eine besondere Köstlichkeit. Neben der Bäckerei am Neuen Markt mitten im Stadtzentrum Wiens betreibt Oberlaa noch drei weitere Kaffeehäuser. Auch ein Besuch im Stammhaus und Kurhotel Oberlaa lohnt sich, das ganz modern mit viel Glas und Messing ausgestattet ist; man muss allerdings mit der Trambahn ein Stück aus Wien hinausfahren.

Sluka (Nähe Rathaus)
Rathausplatz 8
www.sluka.at
Tel. 00 43 / 1 / 4 06 88 96
ÖFFNUNGSZEITEN: Montag – Freitag, 8–19 Uhr;
Samstag, 8–17.30 Uhr
U-BAHNHALTESTELLE: Rathaus
Das gemütliche Café duckt sich in eine der Arkaden rund um das Wiener Rathaus und steht hier seit über 100 Jahren für Dessertgenuss allerhöchster Qualität. Ein kleines Messingschild an der Tür weist Sluka sogar als Preisträger einer Wiener Kochkunstausstellung im Jahr 1898 aus. In der kalten Jahreszeit sind die vielfältigen Maronensüßspeisen hier ganz besonders zu empfehlen.

WIENER KONDITOREIEN

Budapest

Die Donau, die mitten durch Budapest fließt, teilt die Stadt in drei Teile. Buda (mit Burgviertel) liegt am rechten Donauufer, Pest (das wirtschaftliche Zentrum der Stadt) befindet sich entlang des linken Donauufers, und Óbuda mit seinen Hügeln und Wäldern erstreckt sich im Nordwesten von Buda. Die römischen Zahlen am Anfang jeder Adresse beziehen sich auf die Postleitzahlen innerhalb der Stadtteile; der erste Bezirk von Buda hat also die Zahl I, usw.

Die Qualität der Süßspeisen in Budapest kann sehr unterschiedlich ausfallen. Dem Vergleich zu den hervorragenden Desserts im Haus Gerbeaud können andere Kaffeehäuser leider oft nicht standhalten. Viele kleine Cafés bieten allerdings noch wirklich hausgemachte Spezialitäten an. Außerdem sind die meisten Budapester Kaffeehäuser schon wegen ihrer typischen, stilvollen Ausstattung einen Besuch wert, Atmosphäre und Ambiente stimmen immer.

Angelika Cukrászda (Buda)
I. Batthyány tér 7
Tel. 00 36/1/2 12 37 84
ÖFFNUNGSZEITEN: täglich 10–22 Uhr
U-BAHNHALTESTELLE: Batthyány tér

Dieses Café befindet sich in einem historischen Gebäude mit hohen Deckengewölben in der Nähe der St.-Anna-Kirche in Buda. Hier bekommt man eine große Auswahl verschiedener Teesorten serviert, was in Budapest eher eine Seltenheit ist.

Astoria Kávéház (Pest Zentrum)
V. Kossuth Lajos utca 19–21
Tel. 00 36/1/3 17 34 11
ÖFFNUNGSZEITEN: täglich 7–23 Uhr
U-BAHNHALTESTELLE: Astoria

Das Astoria ist Budapests altehrwürdiges Grand-Hotel. Darin befindet sich auch das Café Astoria, ein riesiges, helles Café mit hohen Decken, großen Fensterfronten und Tischen, die groß genug sind, um selbst die großformatigste Tageszeitung aufschlagen zu können. Und ist dem Gast einmal nicht nach Lesen zumute, kann er sich mit einem Blick auf das geschäftige Leben, das sich draußen vor den Fenstern abspielt, problemlos die Zeit vertreiben.

Central Kávéház (Pest Zentrum, Nähe Markthalle)
V. Károlyi Mihály ú 9
Tel. 00 36/1/2 66 45 72
ÖFFNUNGSZEITEN: Sonntag – Donnerstag, 8–24 Uhr; Freitag und Samstag, 8–1 Uhr
U-BAHNHALTESTELLE: Ferenciek tér

Neben dem Café New York war das Café Central eines der wichtigsten Stammcafés bedeutender Schriftsteller des alten Ungarn. Nachdem das Café jahrzehntelang leer gestanden hatte und zusehends verfiel, konnte es endlich nach umfangreichen Renovierungsarbeiten 1999 wieder eröffnet werden und erstrahlt nun im alten Glanz. Einheimische und Touristen gleichermaßen legen hier nach einem Bummel durch die nahe gelegene Fußgängerzone Vaci utca gerne eine kleine Pause ein. Ganz in der Nähe befindet sich auch die alte Markthalle, ein wunderschönes Gebäude aus dem Jahr 1897, in der viele Händler täglich lautstark ihre Waren anpreisen. Ein Besuch gehört unbedingt zum Pflichtprogramm jeder Budapestreise.

Gerbeaud Cukrászda (Pest Zentrum)
V. Vörösmarty tér 7
www.gerbeaud.hu
Tel. 00 36/42 90 00
ÖFFNUNGSZEITEN: täglich 9–21 Uhr
U-BAHNHALTESTELLE: Vörösmarty tér

Bei Gerbeaud sind die Desserts echte Weltklasse. Die besondere Spezialität des Hauses sind die Gerbeaudschnitten, sehr dünne, leichte Teigschichten mit verschiedenen Frucht- und Nussfüllungen und einer cremigen Schokoladenglasur. Auch aus Maronen, die in Ungarn besonders beliebt sind, werden hier allerlei köstliche Desserts gezaubert. Gleich um die Ecke des Stammhauses gibt es noch ein kleineres Gerbeaud-Café, das ideal für einen kurzen Zwischenstopp ist.

Lukács Cukrászda (Botschaftsviertel)
Andrássy utca 70
Tel. 00 36/1/3 02 87 47
ÖFFNUNGSZEITEN: Montag – Freitag, 9–20 Uhr; Samstag und Sonntag, 10–20 Uhr
U-BAHNHALTESTELLE: Vörösmarty utca

Hier kommen Teeliebhaber auf ihre Kosten. Dieses Café im Jugendstil wurde ursprünglich als Teil einer

Bank gebaut, was an dem sehr geschäftsmäßig anmutenden Eingangsbereich noch deutlich zu erkennen ist. Die Eisbecher sind hier besonders zu empfehlen. Das Café eignet sich perfekt für eine kleine Verschnaufpause nach der Besichtigung des Heldenplatzes oder eines der nahe gelegenen Museen.

Mûvész Kávéház (Pest Zentrum)
VI. Andrássy út 29
Tel. 00 36 / 1 / 3 52 13 37 oder 3 51 39 42
ÖFFNUNGSZEITEN: täglich 9–24 Uhr
U-BAHNHALTESTELLE: Oper

Dieses Café serviert als Einziges entkoffeinierten Cappuccino. Auch hier sind die Räume sehr traditionell und stilvoll ausgestattet, allerdings ist das Café meistens überfüllt. Nach einem Opernbesuch – die Oper liegt direkt gegenüber – bietet sich das Mûvész für einen kleinen Schlummertrunk an.

Café New York (Elisabethstadt)
VII. Erzsébet körút 9–11
Tel. 00 36 / 1 / 3 22 38 49 oder 3 22 16 48
ÖFFNUNGSZEITEN: täglich 7–22 Uhr
U-BAHNHALTESTELLE: Blaha Lujza tér

Im imposant ausgestatteten Café New York fühlt sich wohl so mancher Gast wie ein kleiner König. Auch wenn nicht alles auf der Speisekarte ganz einem königlichen Standard entspricht, die Abendmenüs sind hier sehr zu empfehlen, und die unvergleichliche Atmosphäre ist in jedem Fall einen Besuch wert.

Pierrot (Burgviertel)
I. Fortuna utca 14
Tel. 0036 / 1 / 3 75 69 71
ÖFFNUNGSZEITEN: täglich 11–1 Uhr
Buslinie: Schloßberg, Haltestelle Moszkva tér

Das Pierrot ist ein ultramodernes Kaffeehaus, in dem trotzdem eine warme, gemütliche Atmosphäre herrscht. Das interessante Museum für Handel und Gastgewerbe, eines der ungewöhnlichsten, aber sehenswertesten Museen überhaupt – vor allem für alle, die gutes Essen lieben –, liegt nur ein paar Häuser weiter.

Ruszwurm Cukrászda (Burgviertel)
I. Szentháromság utca 7
www.ruszwurm.hu
Tel. 00 36 / 1 / 3 75 52 84
ÖFFNUNGSZEITEN: täglich 10 – 19 Uhr
Stadtseilbahn: Von Clark Ádám tér zum Schlossberg

Schon seit 1838 serviert diese winzige Bäckerei mit angeschlossenem Kaffeehaus ganz in der Nähe der Budapester Burg ihren adeligen und nichtadeligen Kunden die köstlichsten Spezialitäten. Es grenzt an ein Wunder, dass es den Besitzern gelungen ist, die wunderschöne Innenausstattung des Cafés im Empirestil durch zahllose Kriege und Revolutionen hindurch fast unbeschadet zu retten. Inzwischen steht das Café unter Denkmalschutz und wird vom nahe gelegenen Museum für Handel und Gastgewerbe instand gehalten. Jede der hier angebotenen typisch ungarischen Köstlichkeiten ist eine Kaloriensünde wert.

Prag

Die Prager Innenstadt besteht aus fünf Stadtvierteln: Hradcany erstreckt sich um die Burg Hradschin herum, Kleinseite sind die Hügel, die vom Westufer der Moldau bis zur Burg hinaufreichen, Josefstadt ist das ehemalige Judenviertel; dann gibt es noch die Altstadt mit vielen Sehenswürdigkeiten im gotischen Stil, wie etwa der Astrologischen Uhr, und die Neustadt. Die meisten der klassischen Kaffeehäuser findet man in Alt- und Neustadt. Wie auch in Budapest lohnt sich in Prag ein Besuch in so manchem Kaffeehaus eher wegen der wunderschönen Ausstattung und der typischen Atmosphäre als wegen der Süßspeisen. Dennoch hat jedes Kaffeehaus seinen ganz besonderen Reiz.

Café Evropa (Wenzelsplatz)
Václavské nám. 25
Tel. 00 42 / 24 22 81 17
ÖFFNUNGSZEITEN: täglich 7–24 Uhr
U-BAHNHALTESTELLE: Mústek

Hier im Café Evropa am Wenzelsplatz kann man den alten Glanz und die weltmännische Eleganz des vorkommunistischen Prag noch erahnen. Um den gesamten Gastraum im ersten Stock läuft ein wunderschön verzierter Balkon, und es macht Spaß, sich vorzustellen, welche Intrigen hier im Laufe der Jahrhunderte wohl schon gesponnen wurden.

Café Milena (Altstadt, Nähe Astrologische Uhr)
Staromestské nám. 12
Tel. 00 42/21 63 26 02
ÖFFNUNGSZEITEN: täglich 10–20 Uhr
U-BAHNHALTESTELLE: Staromestská
Dieses modern ausgestattete Café ist nach der Geliebten Franz Kafkas, Milena Jesenska, benannt. Ein Besuch lohnt sich schon deshalb, weil man vom Gastraum im zweiten Stock einen grandiosen Blick auf die berühmte Astrologische Uhr hat und so die dort stündlich erscheinenden zwölf Apostel fern vom Menschengetümmel von einem gemütlichen Logenplatz aus bei einer Tasse Kaffee verfolgen kann.

Kavárna Obecní dům (Stadthaus-Café, Altstadt, Nähe Pulverturm)
Námestí Republiky 5
Tel. 00 42/22 00 27 77
ÖFFNUNGSZEITEN: täglich 7.30–23 Uhr
U-BAHNHALTESTELLE: Námestí Republiky
Das Café im alten Stadthaus ist ein grandioses Meisterwerk des Jugendstils und mit Sicherheit einer der wunderbarsten Orte, um eine Tasse Kaffee zu genießen. Nicht nur für Jugendstilliebhaber lohnt sich auch eine Besichtigung des gesamten Stadthauses mit seinen Festsälen, Bars und Restaurants.

Café Slavia (Neustadt, Nähe Nationaltheater)
Národní 1 und Smetanovo nábrezí
Tel. 00 42/2 24 21 62 44
ÖFFNUNGSZEITEN: täglich 9–23 Uhr
U-BAHNHALTESTELLE: Národní Trida
Dieses Café im schlichten Art-déco-Stil liegt direkt gegenüber des Nationaltheaters und bietet einen wunderschönen Blick auf die Moldau. Dem Kaffeeliebhaber hat das Slavia einiges zu bieten, denn neben der regulären Auswahl an Kaffeegetränken wird hier noch eine Reihe besonderer Spezialitäten des Hauses angeboten. Auch Absinth können Sie probieren.

Internet und E-Commerce

www.chocosphere.com (englische Seite)
Hier werden verschiedenste Schokoladensorten aus der ganzen Welt vorgestellt und vertrieben.

www.dasmoebel.at
Speisekarte und Öffnungszeiten stehen eher im Hintergrund, man hat vielmehr die Möglichkeit, sich über die laufenden und geplanten Ausstellungen im Café zu informieren, den aktuellen Möbelkatalog durchzublättern und seine Lieblingsstücke gleich online zu bestellen.

www.demel.at
Hier kann man viele der berühmtesten Demel-Spezialitäten, wie etwa Burgtheatertorte, Guglhupf, Christstollen oder Schokoladentorte, direkt bestellen und sich nach Hause liefern lassen.

www.dommayer.at
Hier findet man neben ausführlichen Informationen über die interessante Geschichte des Café Dommayer auch genaue Angaben zu den jeweiligen Tagesspezialitäten und natürlich alles über die zahlreichen kulturellen Veranstaltungen im Haus Dommayer – alles untermalt mit stimmungsvollen Walzerklängen. Wer mehr über die typische Wiener Walzermusik wissen will, findet hier außerdem interessante Links.

www.meinl.at
Dies ist der offizielle Internetauftritt der Julius-Meinl-Geschäftsgruppe. Hier gibt es neben vielen anderen Kaffeesorten die echte Wiener Röstung zu bestellen; außerdem viele wichtige Accessoires, die für den wahren Kaffeeliebhaber unerlässlich sind.

www.sacher.com
Die einzige »Original Sacher-Torte« kann man hier, quasi direkt im Hotel Sacher, per Internet bestellen.

DANKSAGUNG

Dieses Buch widme ich Karitas Sigurdsson-Mitrogogos, die mich in Wien unter ihre Fittiche nahm und mir mit großer Begeisterung all die wunderbaren Kaffeehäuser und Bäckereien der Stadt zeigte. Karitas war für mich Fremdenführerin, Dolmetscherin und Vermittlerin zugleich, indem sie mich mit zahlreichen Wienern bekannt machte, die die wunderbare Welt der Wiener Kaffeehäuser ganz genau kennen.

Viele Menschen haben sich für mich Zeit genommen. In Wien war das vor allem Irene Jenkins, die durch ihre unermüdlichen Recherchen und zahlreichen Verbindungen zu Wiens berühmten Kaffeehäusern das ganze Projekt überhaupt erst ins Rollen gebracht hat. Besonderer Dank gilt auch Vinzenz Bäuerle, der mich hinter die Kulissen der Oberlaa-Kurkonditorei blicken ließ, der Familie Bleuel vom Hotel Tulbingerkogel im Wienerwald, die mich an einem sehr informativen und amüsanten Abend in die Geheimnisse ihrer süßen Küche eingeweiht hat. Herzlich danken möchte ich auch Christian Bär vom Hotel Sacher, Hans Diglas vom Café Diglas, der mich die tägliche Routine eines Kaffeehausbetriebs hautnah miterleben ließ, und Dietmar Furthmayr für seine ausführliche und informative Führung durch die Hauptbäckerei der Aida-Kette. Weiter gilt mein Dank Gert Gerersdorfer vom Café Dommayer für viele nützliche Tipps, Gerda Hofer für eine köstliche Jause und ihre ganz persönlichen Backgeheimnisse, Raimund Höflinger für einen amüsanten und aufschlussreichen Besuch im Café Central, Wolfgang Leschanz und seinem Assistenten Fujiwara für ihre praktischen Demonstrationen zum Thema Strudel und Sachertorte, dem Architekten Joerg Nairz, Leiter der Restaurierung des Café Sperl, für eine intensive Diskussion über die typische Innenausstattung Wiener Kaffeehäuser, Paul Skop, Direktor der Berufsschule für den Lebensmittelbereich, für eine interessante Führung durch seine Schulräume, und Frans-Jan Soede vom Café Demel für viele kleine und große Gefälligkeiten. Er stellte mir nicht nur Rezepte, Bücher und viele historische Informationen zur Verfügung, sondern zeigte mir auch ganz genau, wie es hinter den Kulissen bei Demel zugeht. Steffi Kren, Evelyn Petros-Gumpel und Audrey Stotler möchte ich für ihre Unterstützung und Freundschaft danken. Danke auch an Ken Balbon de Mapayo, der mir im Café Hawelka die ganze Familie Hawelka vorstellte.

In Budapest hätte ich meine Kaffeehausrecherchen niemals durchführen können ohne die Hilfe eines großartigen und großzügigen Mannes. George Lang betreibt zwei der besten Restaurants der Stadt, Gundel und Bagolyvár, und hat sich außerdem als Besitzer des Cafés des Artistes in New York City auch im internationalen Restaurantgewerbe einen Namen gemacht. An dieser Stelle geht besonderer Dank an Krisztina Péter, Langs Leiterin der Öffentlichkeitsarbeit und zugleich mein Sprachrohr in Budapest. András Huvös Récsi und Andrea Németh, Chefkonditoren bei Gundel und Bagolyvár, weihten mich in die Geheimnisse ihrer Spezialitäten ein. Auch Mária Ágoston Reichné vom Café Lukács machte mich mit der Welt der ungarischen Süßspeisen vertraut. Im Haus Gerbeaud ließen mich Geschäftsführer Sándor Kovács und Küchenchef Andrea Szappanos einen Blick hinter die Kulissen werfen. Krisztina Bacsi war es, die mich bereitwillig durch das ebenso berühmte Café New York in Budapest führte. Und mein Übersetzer Péter Koltai half mir, die immer wieder auftauchenden Sprachbarrieren zu überwinden.

Vor meiner ersten Reise nach Prag rief ich meine Bekannte Berta Ledecky in New York City an, die sich sofort für mich ins Zeug legte und auf ihre findige Art viele wertvolle Verbindungen herstellte. Zunächst stellte sie mich ihrem alten Freund Dr. Karl Zeman vor, der mich in Prag nicht nur von Café zu Café führte, sondern mir nebenbei auch noch die faszinierende Geschichte seiner Heimat erzählte. Auch Milan Kousal gab mir als Fremdenführer in Prag so manche wertvolle Hilfestellung.

REGISTER

A
Äpfel im Schlafrock 134
Apfel-Mohn-Walnuss-Schnitten *(Flódni)* 132
Apfelschnitten *(Almás Pites)* 135
Apfelstrudel 96

B
Bäckerei Oberlaa (Wien) 114
Bananenguglhupf 49
Beerenschaumschnitten 137
Birnenstrudel aus Blätterteig 102
Bischofsbrot 52
Biskuitrouladen
– Haselnussroulade mit Mokkacreme 60
– Heidelbeerroulade 56
– Schoko-Kirsch-Roulade 58
Biskuitteig 20ff.
– Biskuitteig, kalter 23
– Biskuitteig, warmer 21
Blätterteig 20, 29f.
Böhmische Dalkerl 180
Böhmische Quarktaschen *(Buchty)* 109
Bowle 213
Brandteig 30
Briochestriezel 108
Buchteln 111
Burgtheatertorte 46ff.

C
Café Demel (Wien) 25
Café Dommayer (Wien) 59
Café New York (Budapest) 143
Café Slavia (Prag) 57
Christstollen 124ff.
Cremeschnitten mit Kaffeeglasur 150

D
Dalmatinische Kolatschen *(Domazlicze Kokace)* 116
Diostorte 82
Dobostorte 87ff.
Dommayerschnitten 63

E
Erdbeerknödel 188
Erdbeer-Obers-Torte 83
Esterházyschnitten 146

F
Faschingskrapfen 168ff.
Fiaker 208
Filoteig 99
Fondantglasur 31
– Kaffee-Fondantglasur 31
– Rosa Fondantglasur 31

G
Gerbeaudschnitten 148
Germguglhupf 119
Germteig 20
Germzwetschkenflecken 120ff.
Gewürztee 211
Glühwein 211
Goldene Nockerln *(Aranygaluska)* 115
Grundteige
– Biskuitteig 20ff
– Blätterteig 20, 29ff.
– Brandteig 30
– Germteig 20
– Mürbteig 20, 31
– Plunderteig 20, 24ff.
Guglhupf 118
– Bananenguglhupf 49
– Marmorguglhupf 50
– Mohnguglhupf 49
Gundeler Palatschinken *(Palacsinta Gundel Modra)* 176

H

Haselnussroulade mit Mokkacreme 60
Hefegebäck
– Böhmische Quarktaschen *(Buchty)* 109
– Briochestriezel 108
– Buchteln 111
– Christstollen 124ff.
– Dalmatinische Kolatschen *(Domazlicze Kokace)* 116
– Germguglhupf 119
– Germzwetschkenflecken 120ff.
– Goldene Nockerln *(Aranygaluska)* 115
– Kipferln 112
– Nussschnecken 114
– Ungarische Walnussrouladen *(Beigli)* 126
Heidelbeerroulade 56
Heiße Schokolade mit Schlagobers 213
Himbeer-Joghurt-Torte 86
Himbeerschnitten 137
Husaren 167

I

Indianerkrapfen 143ff.
Ischler Törtchen 158ff.

K

Kaffee »Maria Theresia« 208
Kaiserschmarren 176
Kalter Biskuitteig 23
Kardinalschnitten 152
Kipferlkoch 194
Kipferln 112
Kirsch-Mandel-Schnitten *(Meggyes Piskóta)* 43
Kirschstrudel 98
Kokosbusserln 162
Kuchen
– Bananenguglhupf 49
– Bischofsbrot 52
– Burgtheatertorte 47
– Dommayerschnitten 63
– Haselnussroulade mit Mokkacreme 60
– Heidelbeerroulade 56
– Kirsch-Mandel-Schnitten *(Meggyes Piskóta)* 43
– Marillenflecken 42
– Marillenkuchen 42
– Marmorguglhupf 50
– Maronischnitten *(Gesztenyeszelet)* 51
– Mohnguglhupf 49
– Rehrücken 44
– Sandkuchen 54
– Schoko-Kirsch-Roulade 58
– Walnusskuchen *(Babka)* 62
– Zwetschkenflecken 55
– Marillenflecken 42

L

Leschanz-Sachertorte 75
Leschanztorte 79
Linzer Augen 164
Linzertorte 68ff.

M

Malakofftorte 70
Marillenglasur 32
Marillenkuchen 42
Marmorguglhupf 50

Maronenkartoffeln *(Kastanové Bramburky)* 163
Maronischnitten *(Gesztenyeszelet)* 51
Milchrahmstrudel 100
Mohnguglhupf 49
Mohnkuchen 54
Mohnnudeln 190
Mohr im Hemd 199
Mokka-Eclairs 139
Mürbteig 20, 31

N

Nussschnecken 114

O

Obstpalatschinken 177
Omelett Stephanie 183
Orangentorte 78

P

Palatschinken 176
Panamatorte 85
Plätzchen
— Ischler Törtchen 158ff.
— Kokosbusserln 162
— Linzer Augen 164
— Maronenkartoffeln *(Kastanové Bramburky)* 163
— Pressburger Kipferln *(Pozsony Kipfli)* 166
— Schokoladenbusserln 161
— Vanillekipferln 165
— Husaren 167
Plunderteig 20, 24ff.
Powidltascherln 191
Pressburger Kipferln *(Pozsony Kipfli)* 166
Punschtorte 72

R

Rehrücken 44
Reis Trauttmannsdorff 198
Reisauflauf mit Kirschen 201
Rote-Johannisbeer-Schnitten 137

S

Sachertorte 74ff.
Salzburger Nockerln 182
Sandkuchen 54
Schaumobers 35
Schaumrollen 142
Schlagobers 35
Schnitten
— Apfel-Mohn-Walnuss-Schnitten (Flódni) 132
— Apfelschnitten (Almás Pites) 135
— Beerenschaumschnitten 137

– Cremeschnitten mit Kaffeeglasur 150
– Esterházyschnitten 146
– Gerbeaudschnitten 148
– Himbeerschnitten 137
– Kardinalschnitten 152
– Kirsch-Mandel-Schnitten *(Meggyes Piskóta)* 43
– Maronischnitten *(Gesztenyeszelet)* 51
– Rote-Johannisbeer-Schnitten 137
– Schokoladen-Bananen-Schnitten 140
– Ungarische Schokoladencremeschnitten *(Rigó Jancsi)* 138
Schoko-Kirsch-Roulade 58
Schokoladen-Bananen-Schnitten 140
Schokoladenbiskuitteig 24
Schokoladenbusserln 161
Schokoladen-Kirsch-Torte *(Lúdlábtorta)* 90
Schokoladenknödel mit Schlagobers *(Somlói Galuska)* 196
Schokoladenglasur 32
Schokoladensauce 34
Spanische Windtorte 80
Spritzkrapfen 171
Stadthaus-Cafe (Prag) 120
Strudel
– Apfelstrudel 96
– Birnenstrudel 102
– Grundteig 94

– Kirschstrudel 98
– Milchrahmstrudel 100
– Topfenstrudel 102
– Weintraubenstrudel mit Weinchaudeau 98

T

Topfenknödel mit Zwetschkenröster 190
Topfenpalatschinken 179
Topfenstrudel 102
Topfentorte 40
Torten
– Diostorte 82
– Dobostorte 87ff.
– Erdbeer-Obers-Torte 83
– Himbeer-Joghurt-Torte 86
– Leschanztorte 79
– Leschanz-Sachertorte 75
– Linzertorte 68ff.
– Malakofftorte 70
– Orangentorte 78
– Panamatorte 85
– Punschtorte 72
– Sachertorte 74ff.
– Schokoladen-Kirsch-Torte *(Lúdlábtorta)* 90
– Spanische Windtorte 80
– Topfentorte

U

Ungarische Hefeküchlein *(Pogáscas)* 154
Ungarische Schokoladencremeschnitten *(Rigó Jancsi)* 138
Ungarische Walnussrouladen *(Beigli)* 126

V

Vanillekipferln (165)
Vanillesauce 34

W

Walnusskuchen *(Babka)* 62
Warmer Biskuitteig 21
Weintraubenstrudel mit Weinchaudeau 98

Z

Zwetschkenflecken 55

LITERATURHINWEISE

Auinger-Pfund, Edith, et al., *Lehrbuch der Konditorei*. Linz: Trauner Schulbuch Verlag, 1997.

Balázs, Mester. *Történeteck Terített Asztalokról És Környékükről*. Budapest: Pallas Stúdió, 1999.

Beyreder, Adelheid. *Wiener Mehlspeisen*. München: Gräfe und Unzer Verlag, 1993.

Gajdostíková, Hana. *Czech National Cookbook*. Václavská: Jan Kanzelsberger Publishing House, 1998.

Gergely, Anikó. *Ungarische Spezialitäten*. Köln: Könemann Verlagsgesellschaft Gmbh, 1999.

Hargitai, György. *Konyha Magyar Édességek*. Budapest: Média Nova, 1998.

Holub, Karel. *Velká Kavárna Slavia*. Prague: Ars Bohemica, Holub & Artner, 1998.

Kellerman, Monica. *Das Große Sacher Backbuch*. Weyarn: Seehammer Verlag, 1994.

Maier-Bruck, Franz. *Das Große Sacher Kochbuch: Die österreichische Küche*. Weyarn: Seehammer Verlag Gmbh, ca. 1980.

Mayer, Eduard. *Wiener Süßspeisen*. Linz: Trauner Verlag, 1993.

Mayer-Bahl, Eva. *Das große Buch der österreichischen Mehlspeisen*. München: BLV, 1999.

Neumann, Petra. *Wien und seine Kaffeehäuser: Ein literarischer Streifzug durch die berühmtesten Cafés der Donaumetropole*. München: Heyne Verlag, 1997.

Oberleithner, Peter. *Süßes Bäcken: Weltberühmte Mehlspeistradition aus Wein*. Wien: Michael Lechner Verlag, 1989.

Schratt, Katharina. *To Set Before the King: Katharina Schratt's Festive Recipes*. Iowa City: University of Iowa Press, 1996.

Wagner, Christoph. *Die Wiener Küche*. Frankfurt am Main: Insel Verlag, 1998.

Wiesmüller, Maria. *Österreichische Mehlspeisen*. Innsbruck: Kompass, 1999.

Witzelberger, Richard. *Das Wiener Zuckerbäcker Handwerk*. Wien: Mayer & Comp., 1947.